湘潭大学非洲法文库
XIANGTAN DAXUE FEIZHOUFA WENKU
◎ 洪永红 总主编

非洲六国法律环境报告

◎ 洪永红 张小虎 主编

湘潭大学出版社

2021 年度湖南省商务厅委托课题“第二届中非经贸博览会——非洲六主宾国经贸投资法律环境报告”最终成果

2021 年度湖南省中非经贸合作研究院委托课题“非洲法律研究报告”阶段性成果

2020 年度国家社会科学基金重大项目“非洲国家和地区法律文本的翻译、研究与数据库建设”(项目编号:20&ZD181)阶段性成果

主　编：洪永红　张小虎
副主编：郭　炯　刘功奇

撰稿人：洪永红　张小虎　郭　炯　刘功奇
龙　婷　张智豪　易可欣　李　敏
曹　磊

目　录

阿尔及利亚经贸投资法律环境报告

埃塞俄比亚经贸投资法律环境报告

加纳经贸投资法律环境报告

肯尼亚经贸投资法律环境报告

卢旺达经贸投资法律环境报告

塞内加尔经贸投资法律环境报告

阿尔及利亚经贸投资法律环境报告

第一章　阿尔及利亚基本概况

阿尔及利亚民主人民共和国（The People's Democratic Republic of Algeria），简称“阿尔及利亚”，位于非洲西北部。北临地中海，东部与突尼斯、利比亚为邻，南部与尼日尔、马里和毛里塔尼亚接壤，西部与摩洛哥、西撒哈拉交界。海岸线长约 1200 公里。北部沿海地区属地中海气候，中部为热带草原气候；南部为热带沙漠气候。每年 8 月最热，最高气温 29℃，最低气温 22℃；1 月最冷，最高气温 15℃，最低气温 9℃。阿尔及利亚的国土面积超过 238 万平方公里，排名世界第十位，是非洲面积最大的国家。人口数量约为 4370 万（2020 年），大多数是阿拉伯人，其次是柏柏尔人（约占总人口 20%）。少数民族有姆扎布族和图阿雷格族。官方语言为阿拉伯语，通用法语。伊斯兰教为国教。

中国与阿尔及利亚自 1958 年建交以来，在两国政府和企业的共同努力下，双边经贸合作不断加强。1964 年 9 月，两国签署第一个政府间贸易协定。1996 年 10 月签署投资保护协定。2006 年 11 月签署避免双重征税和防止偷漏税协定。1982 年 1 月，签署经贸和技术合作混合委员会协定，至今已召开 7 届经贸混委会。第 7 届会议于 2015 年 4 月在阿尔及尔召开。2014 年，两国宣布建立全面战略合作关系。2018 年中非合作论坛北京峰会期间，两国签署共建“一带一路”谅解备忘录。迄今为止，中国与阿尔及利亚签订的双边条约共计 55 份。①

---

① 中华人民共和国驻阿尔及利亚民主人民共和国大使馆：经贸合作［EB/OL］.（2019 - 01 - 04）［2020 - 7 - 1］. http://dz. china - embassy. org/chn/zagx/jmhz/t1713106. htm

第一节　阿尔及利亚国家概况

公元前 3 世纪，在阿尔及利亚北部建立过两个柏柏尔王国。后罗马、拜占庭、阿拉伯、西班牙、土耳其入侵。1830 年法国开始入侵，阿尔及利亚逐步沦为法殖民地。1958 年 9 月 19 日阿尔及利亚临时政府成立。1962 年 7 月 3 日正式宣布独立，7 月 5 日定为独立日。1963 年 9 月，本 · 贝拉当选首任总统。1965 年 6 月，胡阿里 · 布迈丁政变上台，成立革命委员会，自任主席兼总理。1976 年 12 月布当选为总统。1979 年 2 月，沙德利 · 本 · 杰迪德上校当选总统。1992 年 1 月，沙辞职，以穆罕默德 · 布迪亚夫为首的五人最高国务委员会成立并行使总统职权。1992 年 7 月，卡菲继任最高国务委员会主席。1994 年 1 月，最高国务委员会主席卸任，拉明 · 泽鲁阿勒被任命为总统。1995 年 11 月，泽当选总统。1995 年至 1997 年间，阿尔及利亚完成修宪公投，通过政党法并先后举行总统、立法、地方及民族院（参议院）的选举，各级政权建设基本完成。1998 年 9 月 11 日，泽宣布提前卸任。1999 年 4 月 15 日，阿尔及利亚举行总统选举，阿卜杜勒阿齐兹 · 布特弗利卡当选总统，并于 2004 年、2009 年、2014 年三度连任。

2019 年，阿尔及利亚局势发生重大变化。2 月以来，阿尔及利亚爆发多轮大规模民众示威游行，抗议布特弗利卡总统谋求第 5 任期。4 月 2 日，布特弗利卡总统宣布辞职。9 日，阿尔及利亚议会两院全会投票确认总统职位空缺，由民族院（上院）议长本萨拉赫任临时总统。6 月 2 日，阿尔及利亚宪法委员会宣布推迟原定于 7 月 4 日举行的大选。12 月 12 日，阿尔及利亚举行大选，前总理阿卜杜勒 · 马吉德 · 特本首轮胜出，当选总统。现政府于 2020 年 1 月成立，2020 年 6 月、2021 年 2 月两度小幅改组。

一、阿尔及利亚的人文和地理环境

阿尔及利亚是非洲陆地面积最大的国家，地形分为地中海沿岸的滨海平原与丘陵、中部高原和南部撒哈拉沙漠三部分。沙漠面积逾 200 万平方公里，约占国土总面积的 85% 。阿尔及利亚属于东 1 时区，比北京时间晚 7 小时，没有夏令时。阿尔及利亚地方行政机构划分为省（wilaya）和市镇（commune）两级，全国共 58 个省（2019 年 11 月，部长理事会决定在南部增设 10 省，将总数由 48 省提升至 58 省）、1541 个市镇。阿尔及利亚国土辽阔，但大部分地区被沙漠、森林和细茎针茅植被覆盖，耕地面积约 800 万公顷，水资源紧缺。渔业资源较丰富，可供捕鱼的海洋面积约 9.5 万平方公里，鱼类储量达 50 万吨。石油、天然气和页岩气储量丰富，石油探明储量约 13.4 亿吨，占世界总储量 1%，居世界第十五位，非洲第三位，属撒哈拉轻质油，油质较高。阿尔及利亚北部沿海地区属地中海气候，年平均温度约为 17℃，1 月最低温度约 5℃，8 月最高温度约 38℃；阿尔及利亚高原地区属大陆性气候，干燥少雨，冬冷夏热，1 月最低温度在 0℃以下，山区降雪；撒哈拉地区为热带沙漠气候，5—9 月最高温度可达 55℃，昼夜温差大；沙漠绿洲、高原和沙漠中的盐湖地带自成小气候。

据阿尔及利亚国家统计局最新统计数据，截至 2019 年 1 月 1 日，阿尔及利亚总人口约为 4370 万（2020 年）。阿拉伯人约占阿尔及利亚总人口的 80%，其次是柏柏尔人（约 700 万）、图瓦雷格人和姆扎布人（30 万）。阿尔及利亚官方语言为阿拉伯语，塔马兹特语（柏柏尔人方言），从 2002 年起被定为国语，法语是通用语言。伊斯兰教是阿尔及利亚的国教。居民中穆斯林约占 99%，属逊尼派。全国有清真寺 1.4 万个。此外还有少量天主教徒。

二、阿尔及利亚的政治和经济环境

阿尔及利亚为统一的民主人民共和国。总统每届任期 5 年，可连选连任，总统在国家政治生活中居主导地位。现任总统为阿卜杜勒马吉德·特本，于 2019 年 12 月当选。国家高级法院拥有审判总统、总理背叛行为或渎职罪的权利。总统任最高安全委员会主席和武装力量最高统帅，并兼任国防部长。最高安全委员会为最高军事决策机构。国防部为政府军事机关，是军队最高领导机构。全国划分为 6 个军区，下设若干军分区。根据 1996 年 11 月通过的宪法修正案和 1997 年 2 月通过的政党法，阿尔及利亚原有 30 多个合法政党。

阿尔及利亚经济规模在非洲位居前列。石油与天然气产业是阿尔及利亚国民经济的支柱，多年来其产值一直占阿尔及利亚 GDP 的 30% 左右，税收占国家财政收入的 60% 左右，出口占国家出口总额的 95% 以上。粮食与日用品主要依赖进口。2009 年金融危机后，阿尔及利亚加强对金融机构的监督和引导，加大对油气领域投资，加快实施能源多元化战略，积极开发核能、太阳能等新能源。2014 年油价下跌后，阿尔及利亚政府优先支持国家发展急需的重要项目和已启动的项目，其他项目被迫搁置或取消。据世界银行数据显示，2018 年，第一产业、第二产业、第三产业占 GDP 的比重分别为12%、39.6%和48.4%。2017年，阿尔及利亚财政收入529.4亿美元，财政支出为628.5亿美元，财政赤字为99.1亿美元。《2020年财政法补充法案》规定，阿尔及利亚2020年预算收入为5.39万亿第纳尔（419.1亿美元），预算支出为7.37万亿第纳尔（573亿美元），预算赤字为1.98万亿第纳尔（154亿美元），约占GDP的10.4%。据阿尔及利亚中央银行报告，截至2019年12月底，阿尔及利亚外汇储备为620亿美元。2019年，阿尔及利亚通货膨胀率为1.95%。阿尔及利亚自2005年起实行不再举债的政策。同时，随着国家财政状况好转，政府采取了提前偿还外债的政策，以期减少偿息支出，改善阿尔及利亚经济的外部形象，加强国家金融安全。截至2018年底，阿尔及利亚外债余额为40.42亿美元。

第二节　阿尔及利亚法律概况

阿尔及利亚法律的起源可以追溯到法国殖民地的建立。成文法早在1830年法国入侵之前就已经存在。除了伊斯兰教法的人身法外，法国成文法一直适用于阿尔及利亚，直到1962年独立。阿尔及利亚的法律制度深受法国模式的启发，并在其中加入了伊斯兰法律传统。阿尔及利亚在所有领域都通过了许多法典：民事、刑事、商业、社会、行政、刑事诉讼、民事和行政程序等。由于制度和共同的司法文化，这些法典采用了许多法国法律，但受穆斯林法律规则启发的家庭法典，主要法律渊源为宪法、宗教法、习惯法与国际条约。①

一、阿尔及利亚的立法体系

阿尔及利亚实行两院制，由国民议会（众议院）和民族院（参议院）组成。两院共同行使立法权，对政府行使监督权，并有权弹劾政府。政府首脑和国民议会议员均拥有法律提案权。国民议会通过的法案须经民族院四分之三多数通过后方能生效。立法权由议会行使，议会由人民国民议会和国民议会两院组成。议会拥有制定法律和投票的主权。人民国民议会选举产生，任期5年。其人民国民议会议员是通过直接普选和无记名选举产生的。议会

① L'organisation Juridictionnelle De l'algérie［EB/OL］.（2018－03）［2020－6－1］. https：//iedja. org/lorganisation－juridictionnelle－de－lalgerie/.

在宪法赋予他们的领域立法，包括：人民的权利和基本义务，特别是公民的公共自由和义务的模式；与人身法和家庭法有关的一般规则，特别是与婚姻、离婚、能力和继承有关的规则；有关国籍的基本立法等。组织法由绝对多数议员和参议院（国民议会）四分之三的成员通过。它在颁布前由宪法委员会进行一致性检查。①

二、阿尔及利亚的行政体系

阿尔及利亚为统一的民主人民共和国。总统每届任期 5 年，可连选连任，总统在国家政治生活中居主导地位。国家高级法院拥有审判总统、总理背叛行为或渎职罪的权利。现政府于 2020 年 1 月 2 日成立，由总理、29 位部长、7 位部长级代表、4 位国务秘书和 1 位政府秘书长组成，共 41 名成员。其中，总理主持内阁会议，制定施政纲领，并提请议会讨论通过。阿尔及利亚国务委员会是 1998 年 5 月 30 日第 98 -01 号法律制定的行政命令的最高管辖权机构。它通过解决行政部门与公民之间的冲突，构成行政管辖活动的监管机构。作为一个咨询机构，它在部长会议审议之前就法案发表意见。

三、阿尔及利亚的司法体系

根据宪法，阿尔及利亚设最高司法委员会，主席和副主席分别由总统和司法部长担任。法院分三级：最高法院、省级法院和市镇法庭。不单独设立检察院，在最高法院和省级法院设检察长，均受司法部领导。2016 年 2 月修订的 1996 年《阿尔及利亚宪法》对阿尔及利亚司法权的独立性予以了法律形式上的确认。阿尔及利亚的司法系统具有司法与行政双重管辖的属性，从结构上看主要分为两大层级，即初审法院与上诉法院。其中，居于司法系统权力顶端的最高法院由民商事部门、社会保障与劳工部门、刑事部门、行政部门 4 个部门及民事庭、土地庭、社会庭、刑事庭、轻罪与违约庭、个人身份与地位庭、海事与商事庭、诉状审理庭 8 个分庭。上诉法院与初审法庭接受最高法院的监督，阿尔及利亚目前共有上诉法院 48 个，初审法庭 210 个，初审法庭又分为民事庭、刑事庭、劳资调解委员会与商事庭。体现在行政体系上，行政法庭与审计法院对国家委员会负责，受其监督。

---

① Dahmène Touchent：Algerian Law Guide［EB/OL］．（2006 -01）［2020 -6 -11］．https：//www. nyulawglobal. org/globalex/Algeria. html.

第二章　阿尔及利亚投资法律制度

外国投资主要集中在能源、基础设施和消费品生产等领域。主要投资国家是：法国、西班牙、美国、科威特等。阿尔及利亚对外国投资限制条件较多，根据世界银行公布的《2015 年全球营商环境报告》，阿尔及利亚营商环境在 189 个国家和地区中排名第一百六十三位。

第一节　阿尔及利亚外资概况

2009—2014 年期间，得益于国际油价的飙升，阿尔及利亚经济发展保持较快增长，国家财力日益雄厚。一方面政府大力投资基础设施建设，创造了大量的市场机会，另一方面也通过各种途径改善投资环境，在贸易、投资和工程领域采取了一系列优惠措施，以鼓励外来资本参与本国经济建设。阿尔及利亚内乱时期撤出市场的法国、意大利、西班牙、美国等欧美国家公司在近几年重新回到阿尔及利亚，并迅速抢滩各重要经济建设领域。2014 年下半年至今，油价下跌对阿尔及利亚经济影响较大，政府由于预算紧张逐渐减少公共领域投资。2020 年，受新冠肺炎疫情和国际油价“跳水”的双重影响，阿尔及利亚经济发展面临的外部环境更加艰难。

一、阿尔及利亚国内经济现状

阿尔及利亚经济规模在非洲位居前列。石油与天然气产业是阿尔及利亚国民经济的支柱，多年来其产值一直占阿尔及利亚 GDP 的 30%，税收占国家财政收入的 60%，出口占国家出口总额的 97% 以上。粮食与日用品主要依赖进口。2009 年爆发的国际金融危机未对阿尔及利亚金融体系造成较大冲击，但随着危机蔓延，阿尔及利亚石油收入锐减。为减弱金融危机影响，阿尔及利亚加强对金融机构的监督和引导，加大对油气领域投资，加快实施能源多元化战略。2010 年、2014 年，阿尔及利亚分别启动了旨在振兴经济、加快发展、改善民生的国家投资计划。世界银行《2020 年营商环境报告》显示，阿尔及利亚在全球 190 个经济体中，排第一百五十七位，与上一年度持平。在加拿大、德国和阿曼的国际研究机构联合发布的《阿拉伯世界经济自由度报告》中，阿尔及利亚在 20 个阿拉伯国家中排名最末。世界经济论坛《2019 年全球竞争力报告》显示，阿尔及利亚在全球最具竞争力的 141 个国家和地区中，排第八十九位。

二、阿尔及利亚外资经济现状

据联合国贸发会议《2020 年世界投资报告》，2019 年，阿尔及利亚吸收外资流量为 13. 82 亿美元；截至 2019 年底，阿尔及利亚吸收外资存量为 319. 56 亿美元。根据阿尔及利亚国家投资发展署（ANDI）发布数据显示，2018 年全年阿尔及利亚投资项目（包括与外国合作项目）共计 4125 个，投资总额达 16761 亿第纳尔（约合 169 亿美元），上述项目可创造 14. 3 万个就业岗位。其中，外商直接投资项目 20 个，外商投资占投资总额的 8. 7%，根据阿尔及利亚国家工商注册中心数据显示，截至 2020 年 5 月，在阿尔及利亚已进行工商注册的本国企业共计 208. 5 万家。主营领域分别为服务业、工业、进出口、零售与批发行业。截至 2020 年 5 月，外国公司中法国企业 2142 家，排名第一，叙利亚 2114 家、突尼斯 1609 家、土耳其 1381 家、中国 1197 家。阿尔及利亚主要外资来源国/地区为欧洲地区和阿拉伯国家，包括法国、西班牙、意大利、德国、埃及、阿联酋、沙特阿拉伯等国，此外还有美国等国家。

第二节　阿尔及利亚投资法律体系及基本内容

阿尔及利亚于 2001 年 8 月 20 日颁布了第 01 - 03 号《投资法》，并于 2006 年 7 月 15 日颁布了第 06 - 08 号法令，以更新《投资法》，从而增加了对外国投资的开放。阿尔及利亚对外国投资者实行国民待遇，除了受相关法律限制或不符合环境保护法规的投资活动外，没有专门针对外国投资者的限制区。投资于受相关法律限制的活动必须获得政府批准。政府鼓励在非碳氢化合物领域投资，特别是在工业和农业领域。外商投资受双边投资保护协议保护，投资者也可以与阿尔及利亚投资发展局协商签订投资协议。

一、2016年新《投资法》主要内容

2016年8月3日，阿尔及利亚开始实施一项旨在促进投资的新法规。这项法规的实施是阿尔及利亚发展战略的一部分，其目的是借助改善国家整体的营商环境来提振经济，同时通过吸引外国直接投资来减少进口的数量和实现出口的多样化。根据投资新法规的规定，投资项目根据其所处的地理位置以及对国家经济和社会发展产生的影响，可以享受不同税收减免的待遇。这项法规能够为投资者带来三个方面的利好：第一是所有合格投资的共享利益；第二是对优先考虑发展领域和能够创造就业的投资项目提供额外的优惠；第三是对于那些对国民经济发展具有重大意义的投资项目给予特殊补贴。

共享利益针对两部分投资：在阿尔及利亚北部的投资和南部的投资。阿尔及利亚北部的投资项目分为两个阶段：施工期和开发期。项目处于施工期时，可享受以下优惠：直接用于投资的进口货物免关税；直接用于投资的进口或当地采购的货物和服务免增值税；与投资相关的所有财产收购免转让税和土地广告费；与投资项目相关的已建和尚未兴建的地产一律免登记费、土地广告费和国有财产偿还金，不过这项福利仅适用于授予特许权的最短期限内。在投资的施工阶段，减除90%的服务业所规定的年度租赁费用。自购置之日起十年内免除用于投资项目的房地产税。免除法人行为和资本增值的登记税。项目进入经营期，由税务部门应投资者请求起草运营启动报告后的三年，可享受以下优惠：免缴公司利得税（即公司所得税）；免征营业税；减除50%的国家财产部门确定的年度租金金额。阿尔及利亚南部的投资项目分两个阶段：施工期和经营期。项目进入施工期后，所有在北部投资项目在施工期获得的优惠待遇同样适用于南部项目的施工期，包括国家财产部门确定的年度租金金额的减除、土地特许经营等。对位于高原地区和其他急需发展地区的投资项目，头十年每平方米用地仅象征性收取费用，十年之后收取年租金的50%。对位于南部地区的投资项目，头十五年每平方米用地仅象征性收取费用，十五年之后收取年租金的50%。项目进入经营期后南部项目可以在十年内享受北部项目在经营期的优惠待遇。

对优先考虑领域和创造就业的投资提供额外的优惠，在旅游、工业和农业领域，新的投资法规给予了投资者特殊的税收优惠和财务激励政策。对于政府鼓励的行业投资，或者能够提供不少于100个固定工作岗位的投资项

目，在经营期可以享受 5 年免税。对国民经济发展具有重大意义的项目给予特殊补贴，项目进入施工期后，按照已颁布的法规，享受所有投资项目在施工期的共享利益，包括减免关税、税收以及其他财务费用；同时要为它们提供补贴、扶持政策、财政援助和一切可能的便利措施。在得到国家投资委员会批准后，投资者获得的优惠条件就将转移给项目的缔约方，因为他们将代替投资者负责投资项目的实施。项目进入经营期后，可享受以下优惠：可以在十年内享受所有投资项目在经营期得到的共享利益 ；对于免增值税的货物，购买其生产所需的货物和材料可以免税；对于新兴产业的产成品可以在五年内减免关税、税收和增值税。

二、阿尔及利亚产业发展目标及政策

2001 年，阿尔及利亚开始实行经济复苏发展计划，2005—2009 年的五年规划提出投资 2000 亿美元进行基础设施建设，实施了道路网络、现代化的港口和铁路网络的扩建和现代化改造，经济发展得以巩固。2010—2014 年又投资 2860 亿美元加大了南部和高原省份的建设。阿尔及利亚政府目前正在实施第四个五年计划，即 2015—2019 年五年计划。从 2015 年到 2019 年的五年里，阿尔及利亚政府计划投资 2625 亿美元发展有竞争力的多元化经济。新计划将在过去的基础上继续增加投资，继续原有的发展计划，整合全国所有利益相关者的建议，总结经验，提高计划的实施和效果。但受油价下跌影响，计划实施面临严重资金困难，进度有所放缓。为应对当前经济形势，阿尔及利亚财政部公布“新经济增长模式”改革文件，主要包含 2016—2019 年国家预算战略和 2016—2030 年国家经济多元化和转型战略。阿尔及利亚政府现行预算政策存在低效和浪费问题，且因长期实行的社会福利导致物价失衡。阿尔及利亚政府此次制定的 2016—2019 年国家预算战略，旨在改善税收状况，减少财政赤字，促进国内金融市场资源流动，并提出四大改革方案。此外，针对电力、燃气、水利、铁路、通信等公共领域大企业，阿尔及利亚政府亦提出四项改革方案。2016—2030 年国家经济多元化和转型战略（2030 年远景计划）将通过鼓励大众创业、推动私人投资、改革工业发展政策、重组和整合工业土地资源、实施国家能源转型等政策逐步实现六大经济目标。2020 年 2 月 15 日，总理杰拉德提交的政府行动计划获得议会通过，行动计划主要包括五大方向：国家治理方式革新、金融和经济领域改革、社会和人文政策改革、开展积极主动的外交、强化国防和国家安全建设。

三、外国投资者的待遇标准

《投资法》确保外国投资者将利润汇往国外，并明确规定国内外对生产和服务行业的投资以及在转让业务和许可证范围内的投资可以享受法律规定的优惠待遇。为了吸引更多的投资，阿尔及利亚政府还建立了投资支持基金和优惠投资机制。投资支持基金主要用于资助政府的投资支出，特别是实现投资所必需的基础设施建设。优惠投资机制对一些特别需要发展的领域和对促进国民经济发展起重要作用的投资给予特殊的税收照顾和商业便利。外商投资享受国民待遇，所有符合法律要求的投资项目，经阿尔及利亚投资发展局申报批准后，享受一般优惠政策：

（1）投资实施阶段：①对直接用于投资的进口设备免征关税；②直接进口或在当地购买的产品和服务免征增值税；③投资范围内购买的全部房地产免征已缴纳的转让税；④投资范围内出售的所有房地产免征登记印花税、土地宣传税和土地所得税；⑤政府部门规定的地租每年降低90%。

（2）税务部门证明投资项目已进入经营阶段后（3、5年内）：①免征企业所得税（IBS）；②免征职业活动税（TAP）；③政府部门规定的开发税每年减免50%。

四、投资行业与投资方式的规定

阿尔及利亚2001年8月20日颁布了《投资法》NO.01－03号，并于2006年7月15日颁布了NO.06－08号法令对《投资法》进行更新，加大了对外国投资的开放力度。阿尔及利亚对外国投资者实行国民待遇，除相关法律限制或不符合环保规定的投资活动外，没有专门针对外国投资者的限制领域。投资开展相关法律限制的活动，须获得政府批准。政府鼓励非碳氢领域的投资，尤其是工业、农业领域的投资。外国投资除受双边投资保护协定保护外，投资者还可与阿投资发展局商签投资协议。2016年8月，为实现经济多元化发展，进一步吸引投资，阿尔及利亚出台了新《投资促进法》。新《投资促进法》重新制定了各项投资优惠政策，简化了办事手续，将促进投资的各项措施进行整合，旨在最大限度地为投资者提供便利和支持。阿尔及利亚拟通过《2020年财政法补充法》废除非战略领域外国投资“51/49%”股比限制。投资方式包括新建企业、扩大生产能力、企业重组，也包括以实物股或现金股形式参股经营，或在阿公有企业部分或全部私有化过程中进行并购，特许经营权或执照的授予（申请专利、注册商标等）也算是一种形式的投资。阿尔及利亚政府目前不接受 BOT 方式项目。

第三节　阿尔及利亚投资的监管与审批机构

一、国家投资管理委员会

委员会由阿尔及利亚总理主持，各部部长参加，有权决定对投资额 50 亿第纳尔以上或关乎国家利益的投资项目授予何种程度的优惠政策。所有外商投资项目都须提前经委员会审批。委员会每季度召开一次全体会议，如有需要，任何成员均可申请召开会议。

二、国家投资发展局

为行政公共机构，具备法人资格。其主要职责为：保证国内外投资的实施、发展与监督，给予常驻和非常驻投资者投资信息指导和支持，通过“一站式”服务简化创建公司的手续，保障投资优惠有效落实，管理投资扶助基金和投资范围内的不动产，负责收集整理各类投资信息，与阿尔及利亚和国外的公共私人机构建立合作关系，发现投资障碍并建议政府将其清除以创建良好的投资环境。为简化投资程序，缩短项目实施期限，该局已在全国 48 个省份建立“一站式窗口”办公机构，集中各相关政府机构（工商行政、税务、海关、城管、领土整治、劳动、土地等）职能，快捷办理手续。根据 2016 年新《投资促进法》，各“一站式窗口”办公机构计划将被四个中心取而代之，四个中心分别负责执行投资优惠政策、办理公司成立和项目实施相关手续、为公司成立和后续发展提供支持、促进地区投资发展。

三、工业和矿业部投资促进总司

制定国家投资政策，初步审批重大投资项目。

第四节　阿尔及利亚投资的法律风险与防范

阿尔及利亚对外国投资限制条件较多，根据世界银行公布的《2015 年全球营商环境报告》，阿尔及利亚营商环境在189个国家和地区中排名第一百六十三位。

一、投资阿尔及利亚的主要法律风险

（1）地缘政治风险高

阿尔及利亚属于“较高风险地区”，恐怖袭击、暴力骚乱、绑架勒索、抢劫财物等现象时有发生。伊斯兰马格里布基地组织一直伺机在阿尔及利亚境内或周边进行恐怖袭击，曾造成大量人员伤亡和财产损失。阿尔及利亚国民素质较低，当地人将失业归罪于外国人抢其“饭碗”。近年来，中国在阿尔及利亚建筑企业先后发生多起劳务纠纷事件，当地人采取游行示威、冲击营地设施、罢工等方式发泄心中不满，阻挠正常施工，严重影响了企业的生产经营活动。

（2）税法严苛、利润虚高

所得税税前费用抵扣定性随意，通过税务纠纷进行罚款，作为国家创收手段。阿尔及利亚税务监管很严，审计人员权力很大，如果认定企业的收入和成本确认不符合会计准则或税收法规，马上开出巨额罚单，企业需要自证清白，进入漫长的“讨价还价”阶段。阿尔及利亚税务局与海关密切配合，甚至通过海关之间的国际协助，想尽各种办法搜集价格信息，然后对企业进口的设备物资价值进行核定。中资企业发生的税务纠纷绝大多数是由关联交易之间的转移定价引起的，需要高度关注。

（3）设备进出口困难、海关纠纷多、处罚过严

阿尔及利亚海关系统官僚主义严重，办事效率较低，腐败现象时有发生，导致进口物资清关速度慢、周期长，中资企业不能及时获得运作项目所需的设备物资。企业经常为申请临时进口设备延期、办理转运许可的事情费尽周折，地方海关、特别是偏远地区的海关办事拖延跌宕，甚至无故刁难。部分海关以设备非法转运为由，不断发起新的法律纠纷，扣押设备，开出巨额罚单。企业为解决设备纠纷，聘请案件代理、顾问和律师，多方联系公关，费时费力费钱，同时又耗不起烦琐漫长的司法程序，最终不得不选择缴纳巨额罚款进行和解。

（4）外汇管制极为严格、外汇资金转移极为困难

阿尔及利亚外汇管制极为严厉，对外汇的支付和转移设置了诸多限制。投资者向阿尔及利亚境外支付设备物资款或汇出利润需要税务局、海关和央

行等一套严格、繁琐、漫长的审批程序，无形中加重了资金负担。阿尔及利亚银行系统落后，效率较低，工作中经常发生低级错误，客观上加大了经营风险。临时进口设备虽不需要缴纳增值税与关税，但需提交一定金额的银行保函，而设备返运程序和申请在阿尔及利亚报废手续极为繁杂，海关的低效率也导致保函长期扣押、保证金不能返还的情形时有发生。大部分项目都需要提供投标保函、履约保函、母公司保函，释放速度慢，经年累月，各类保函数量多、金额高，开立、延期和释放的难度极大。

二、投资阿尔及利亚法律风险的防范

（1）企业经营管理人员，特别是核心管理层一定要树立税务遵从意识。首先，对阿尔及利亚投资环境如政治经济形势、会计准则、税收政策、法律法规等深入调研。其次，企业纳税筹划和税务申报，应有可靠外账作支撑，外账核算应健全、规范，严格按照会计准则确定的原则、方法，按要求进行税务申报并及时、足额缴纳应纳税额，设备物资转移定价时保证文档流、资金流、物流一致，经得起第三方审计和税务检查。再次，规避风险，人才是关键，聘请当地会计师进行会计核算，选择强有力的外部审计进行日常业务的监督与指导。最后，遇到问题及时通过书面文件向税务局进行申诉，畅通沟通渠道，争取在问题发生前解决。如果通过税务协调难以解决，企业可以在法院以诉讼方式进行解决。对于税务机关提起的税务诉讼，企业应当积极应对，努力将诉讼影响和损失降到最低。

（2）加强安保培训，提高员工的安全防范意识和风险应对技巧。加大属地化管理力度，最大限度削减人员外出活动。禁止中方人员陆路长途旅行，在阿尔及利亚境内优先选择商业航班。严格执行当地的军警保护制度，制定详细的安保计划，作业现场申请驻军并聘用专业保安，落实各项安保措施。中方人员外出离开城市或者施工营地，必须提前周密计划并携带军警保护。聘用地方专业安保顾问，完善应急预案，建立健全应急联络网络，保持与当地政府、驻阿使馆和媒体的联络与沟通，及时获取最新安保信息，确保第一时间作出响应，及时得到外界援助。

（3）要加强前期调研，摸清设备物资进出口流程和海关法规，寻找当地有实力的专业清关公司作代理。理顺整个进出口流程，执行过程中注意细节。与海关搞好关系，树立遵纪守法的良好形象。了解阿尔及利亚人的思维方式，阿尔及利亚表面仍是民主制国家，任何已公布的意见再修改将非常困难，所以在遇到进出口问题前，要提前下手，把问题争取在海关立案调查或提起诉讼前解决，避免在案件处罚决定作出后再去想办法。工作中加强横向沟通，多与中资企业商会、行业协会、同行业单位商讨遇到的问题，集思广益，对有共性的问题统一申诉，以达到最佳效果。

（4）用不在当地注册的国际公司投标签约，客户将工程款直接汇入境外指定账户，以规避外汇管制。加大当地设备物资采购比例，提高物资采办和雇员本土化率，要求业主支付预付款，采取设备物资转移定价等手段将多余款项汇出境外。加大应收款的催收，提高资金周转效率，降低资金沉淀成本。派专人负责保函办理，加强与银行、海关和业主的沟通与联系，及时释放到期保函。

第三章　阿尔及利亚贸易法律制度

第一节　阿尔及利亚贸易管理体制

一、阿尔及利亚贸易主管部门

阿尔及利亚贸易部负责国内和对外贸易，包括国内市场流通、双边和多边经济合作、贸易促进、经济检查和反走私（政策）等。

二、阿尔及利亚货物进口管理机制

阿尔及利亚国有公司从事进口业务所采用的主要方式是国有招标。进口招标广告一般在当地报纸上刊登。投标企业要购买标书。根据招标情况，阿尔及利亚进口公司选择两三家报价较低者进行具体磋商，当面议价，最后宣布中标者。投标和签订标书一般用法语。

阿尔及利亚大部分产品可以自由进口，限制进口的产品只涉及违反公共秩序、不利于公共卫生和环境保护的产品，以及一些违禁物品。比如阿尔及利亚禁止进口猪肉产品，要求进口其他肉类产品要经过特殊检验并有标记；禁止进口二手设备，包括施工机械、原材料和零配件；禁止进口非汽车零部件生产企业供应的零部件；禁止进口未经原产国批准和认证的农药；禁止从以色列进口货物。进口货物在清关时必须有出口国有关当局签发的标准证书。此外，必须出具进口原产地证明，农产品加工的所有产品必须有检疫证明。

阿尔及利亚进口商品的检验措施也颇为严格，海关商检部门在收到报关材料后，对货物进行一般检验，检验的内容主要为核实单据内容与货物、货物与包装标签是否相符等；若商检员认为货物对消费者健康和安全存在隐患，或先前对于该货物质量信息已告知质检部门需要进一步核实的，则需取样送实验室进行深入检验。货物经检验合格后，海关商检部门出示合格通知，清关放行。若检验不合格，则出示不合格通知。商检部门应在 48 小时内作出检验决定。对于商检不合格的货物，进口商可申请对货物进行技术处理，使之符合规定。对货物进行处理的申请须在检验不合格通知下达 8 日内，向所在省政府商务局提出。申请必须明确提出处理货物的方法、所需时间和地点。商务局在收到该申请后 4 日内应作出评估判断。若商务局认为货物技术处理方案不可行，则货物必须予以再出口或销毁；若商务局认为方案可行，阿尔及利亚则向进口商下达一份货物临时扣留通知，进口商在指定的地点和期限内、在商检部门的监督下，对货物进行有关处理使其符合有关规定。对货物的处理可包括以下情况：

（1）对货物标签不符合要求的，须重新包装，更换符合规定的标签。但以下情况可不看作标签不符的情况：边境的易货贸易，对货物有另行规定的；货物的消费者仅限于外国公司和机构人员；免税店、有关旅游机构、红十字会等国际组织所采购的货物，其标签与其自身行业规定相符的。

（2）与货物本身固有性质相关的不符情况，则需看具体商品及其相关法规而定。一般情况下，须经过某一法定程序消除其不符因素。

（3）对检验不合格商品的处理方法还包括降低品级，使其作为进一步工业加工的对象，改变其用途等。对货物的技术处理不能改变货物本身的品质。货物经处理消除不符因素后，商检部门向进口商提供货物可自由支配的许可，进口商可继续办理提货出关手续。若在规定时间、规定条件下未完成有关处理，商检部门有权扣留货物，进行再出口或销毁。商品检验不合格后不能进行技术处理使之符合有关规定的商品有：各类奶制品、冻肉冻鱼制品、净菜、肉罐头、真空包装食品、禽蛋类及其他冷冻或易腐食品。为了提高阿尔及利亚质量分包装监督中心（CACQE）打击假冒伪劣产品的能力，阿尔及利亚政府将在现有的 21 个普通实验室和国家实验室的基础上，在各省设立新的实验室和增加科研人员，以便在全国范围内对产品质量进行抽查。

三、阿尔及利亚货物出口管理机制

除了限制棕榈苗、羊和历史文物的出口，阿尔及利亚政府基本上取消了其他出口限制。为了鼓励非石油产品的出口，阿尔及利亚政府成立了出口保险和担保公司，并设立了促进出口特别基金。为了保护国有资源和环境，鼓励高附加值加工，阿尔及利亚政府于2007年出台了废金属、旧设备、初级动物毛皮和初级软木出口管理措施。上述产品的出口商必须获得出口许可证和出口证书，并符合贸易部制定的有关产品出口的技术条件和要求，主要包括：出口商通过合法渠道取得拟出口产品，合法经营、严格遵循商业法规；仓储要求不得危害环境和人员健康并保证安全；产品运输的安全性；其他特殊要求，如出口的毛皮需从有执照的屠宰场获得，软木取得必须由地方森林管理局批准等。

四、阿尔及利亚进出口许可制度

海关管理主要依据《海关法》。阿尔及利亚基本实现了对外贸易自由化。只要持有外汇，任何法人或自然人都可以进口商业登记后不禁止进口的货物。进口必须通过信用证（L/C）或付款交单（documents against payment，D/P）来支付。外币账户必须用于黄金、其他贵金属和宝石的进口支付。自2009年3月起，进口商不得通过代理人办理进口手续，必须亲自或授权其配偶或直系亲属到进口地相关贸易管理部门办理。绝大部分产品可自由进口，限制进口的产品仅涉及违反公共秩序、不利于公共卫生和环境保护的产品以及部分禁止进口的商品。例如，阿尔及利亚禁止进口猪肉产品，并要求进口其他肉类产品必须经过特殊检验并有标记；禁止进口二手设备，包括施工机械、原材料和零配件；禁止进口非汽车零部件生产企业供应的零部件；禁止进口未经原产国批准和认证的农药；禁止从以色列进口货物。进口货物在清关时必须有出口国有关当局签发的标准证书。此外，必须出具进口原产地证明，农产品加工的所有产品必须有检疫证明。阿尔及利亚2020年版海关关税税率为免税、5%、15%、30%和60%五档，对于直接用于销售的进口行为征收银行票据付款税，进口货物每次申请开具银行票据需缴纳1万第纳尔的税金，对于服务进口，征收银行票据金额的3%。为加强对外贸易管理，自2016年9月18日起，阿尔及利亚海关将海关编码由目前的8位调整为10位，但不会影响税率，新政实行将有助于对产品分类进行细化。与阿尔及利亚开展贸易合作的企业可以通过海关网站查询到相关产品的关税税率，也可直接下载PDF表格进行查询（www. douane. gov. dz/spip. php? article154）。

第二节　阿尔及利亚贸易法律体系及基本内容

一、与贸易有关的主要法律

阿尔及利亚商贸领域相关法律法规主要包括：《海关法》《投资法》《商业法》《商标法》《市场法》《植物检疫和卫生控制条例》《劳动法》《税法》《公共合同法》《货币和信贷法》《银行保险法》《反走私法》等。《商业法》规定了商业运作的主体、营业执照的颁发、经营资质的鉴定以及商业机构的经营方式等，以保障正常的商业经营秩序。阿尔及利亚财政部每年公布的财政法令及其补充法令会对贸易、税收、投资领域的有关规定进行补充或变更。

二、贸易相关法律的主要内容

海关管理主要依据《海关法》。阿尔及利亚基本实现了对外贸易自由化，只要持有外汇，任何法人和自然人进行商业注册后，可以进口不被禁止进口的商品。进口必须使用信用证（L/C）或付款交单（documents against payment，D/P）方式付款。黄金、其他贵金属和珍贵宝石的进口支付必须使用外币账户。从2009年3月起，不允许进口商再通过代理商办理进口手续，需由进口商亲自或授权其配偶或直系亲属到进口地的相关贸易管理部门办理。

绝大部分产品可自由进口，限制进口的产品仅涉及违反公共秩序、不利于公共卫生和环境保护的产品以及部分禁止进口的商品。例如，阿尔及利亚禁止进口猪肉产品，对其他肉类产品的进口要求通过特别测试并进行标识；禁止进口二手设备，包括工程机械、原材料和零配件；禁止进口非汽车零部件制造商供应的零部件；禁止进口未获产地国批准认证的农药；禁止从以色列进口商品。进口货物在清关时须有标准合格证，该证书由出口国的相关权力部门出具。此外还须出具进口原产地证书，所有农产品加工的产品还须有检疫证书。

阿尔及利亚2020年版海关关税税率为免税、5%、15%、30%和60%五档，对于直接用于销售的进口行为征收银行票据付款税，进口货物每次申请开具银行票据需缴纳1万第纳尔的税金，对于服务进口，征收银行票据金额的3%。

为加强对外贸易管理，阿尔及利亚海关自2016年9月18日起将海关编码由目前的8位调整为10位数字，但不会影响税率。新政实行将有助于对产品分类进行细化。与阿尔及利亚开展贸易合作的企业可以通过海关网站查询到相关产品的关税税率，也可直接下载PDF表格进行查询（www. douane. gov. dz/spip. php? article154）。

阿尔及利亚为了适应入世的要求，制定了有关反倾销、反补贴和保障措施的规定。对于某一产品进口数量危及国内产业的情况可以采取关税和数量的限制措施，对于构成倾销、补贴的进口行为可采取关税措施。

第三节　在阿尔及利亚进行贸易的法律风险与防范

中国企业在阿尔及利亚经商，必须熟悉并适应当地的贸易环境，应注意：

（1）合同签订。中国企业与阿尔及利亚企业进行贸易往来时，要提高风险防范意识，与客户签订正规合法的商业合同，确定法律合同关系，明确双方责任和义务。一旦出现经济纠纷，企业可通过法律途径进行维权。

（2）支付方式。阿尔及利亚国际贸易支付方式规定为信用证（L/C）或付款交单（documents against payment，D/P）两种方式。建议中国企业在与阿尔及利亚国企业贸易往来前充分了解对方企业和相关银行的资信，优先考虑信用证方式，减少收款风险。

（3）海关规定。中国企业要提前了解海关规定，提供海关所需文件。出口产品应符合当地规定，尤其不能出口当地宗教忌讳的产品。此外，根据阿尔及利亚海关政策的相关规定：货物到港两个月无人提货海关将对该货物进行拍卖，拍卖收入归国家所有；货物回运、转运或转卖需获得原收货商出具拒收证明。为防止个别阿尔及利亚企业利用该政策进行诈骗，需充分了解该企业的资信。

（4）商品质量。中国企业应注意商品质量，避免出口价格过于低廉和质量不佳的产品。

（5）进口限制。自2014年油价下跌以来，为减少外汇支出，缓解财政压力，阿尔及利亚严控进口规模，限制诸多类商品进口。另外，为防止进口商偷漏关税，阿尔及利亚海关规定，从包括中国在内的部分国家进口的所有商品必须送至阿尔及利亚海关总署进行审价。实施该规定后，阿尔及利亚海关对从中国进口的产品开箱检查率明显增多，导致通关时间延长，应季商品错过贸易时机，使中国出口企业遭受损失。中国出口企业应在开展业务前通过阿尔及利亚贸易部等政府部门或进口商了解相关限制规定。

（6）滞港货物退运或转运规定。根据阿尔及利亚海关规定，出口到阿尔及利亚的货物，如果退运或转运别国，需要出具提单上标明的收货人或通知人的拒收证明，无拒收证明，任何人（包括货主或出口商）无权将货物退运或转运。在对阿尔及利亚贸易中，出口企业在收到阿尔及利亚进口商部分定金或预付款后即发货，货物到港后，一旦出现进口商拒绝或不能及时支付余款，且不出具拒收证明的情况，货主或出口商将无法退运或转运货物。由于该规定将收货人开具的拒收证明作为货物退运或转运的必要条件之一，所以，当发生上述情况后，出口企业只能任由阿尔及利亚海关没收和拍卖，或被迫主动与进口商协商，在最后期限前低价卖给进口商，导致重大的经济损失。该规定显然不利于保护出口商的利益，具有不合理性。此外，即便能够拿到拒收证明，出口商还需要通过一家当地公司向海关提供有关文件，办理进口和再出口的手续，程序复杂。中国企业已发生过多起上述问题，均未能得到妥善解决。①

第四节　阿尔及利亚知识产权法律制度

一、阿尔及利亚知识产权保护与管理机构

阿尔及利亚大部分知识产权保护和管理机构是国家工业产权协会（INAPI），如发明专利、商标保护、工业图纸和样品产权等。国家版权局（ONDA）接受版权保护，包括精神权利和财产权。前者终身不可转让，作者死后可由继承人继承；产权期限一般为作者生前及死后50年。

二、当地有关知识产权保护的法律法规

阿尔及利亚对工业知识产权和文化艺术知识产权均立法予以保护，有关

① 王素荣，许甲强. 投资北部非洲：税收政策及税务风险研究［J］. 国际商务财会，2020（06）：3－8.

工业产权涉及工业专利、商标、工业图纸和样品、集成电路构图、以原产地取名产品等。各类工业产权保护的规定都引入了反不正当竞争的措施。另外，阿尔及利亚是1883年有关知识产权保护的《巴黎公约》、有关商标国际注册的《马德里安排》、关于商标注册国际产品和服务分类的《尼斯安排》的缔约国。发明专利的保护法令保护专利拥有者享有该产品的独家制造、使用、出售权，禁止其他商家对其产品的使用、出售和进口。专利保护涉及各个领域，尤其是食品、化妆品、药品以及微生物。专利年限为20年，不可更新延续。专利申请获准之后将在专利公报上刊登。

商标保护法令保护商标注册人享有商标专用权，包括放弃、转让商标权，禁止任何人在类似产品或服务上使用该注册商标等。在阿尔及利亚境内，所有产品和服务均须有商标。商标种类包括：产品商标、服务商标、贸易商标、集体商标、认证商标和公认商标。注册有效期为10年，可无限期续延。

工业图纸和样品产权保护期限为10年，从第2年起需缴纳维护税。集成电路图产权保护法令保护构图注册者，禁止他人部分或全部复制，禁止以商业目的进口、销售该构图。保护期限为10年。原产地名称的保护申请由合法机构或在相关地域从事生产活动的法人、自然人提出，由产品相关政府部门确定。保护期为10年，可无限期续延。

以上知识产权保护受理机构均为国家工业产权协会（INAPI）。版权保护包括精神权和财产权，前者是终身的、不可转让的，作者死后可由继承人继承；财产权期限一般为作者生前及死后50年。受理机构为国家著作权办公室（ONDA）。

三、知识产权侵权的相关处罚规定

商标和集成电路图伪冒行为将被处以6个月至2年的监禁和250万至1000万第纳尔的罚款，或其中一种处罚；图纸和样品伪冒将被处以500至1.5万第纳尔的罚款，惯犯将处以1至6个月的监禁并没收假冒产品；原产地名称伪冒将被处以3个月至3年的监禁和2000至2万第纳尔的罚款，或其中一种处罚；文学艺术产权伪冒将处以50万至100万第纳尔的罚金和6个月至3年的监禁或其中之一，销毁非法介质及制造非法介质的工具，在媒体上公布判决结果，暂时（最长6个月）或永久关闭从事盗版的非法机构。

第四章　阿尔及利亚工程承包法律制度

中国与阿尔及利亚在工程承包领域的合作始于20世纪80年代。中国企业积极参与阿尔及利亚各类工程项目的建设，先后承揽了东西高速路、外交部大楼、国际会展中心、阿尔及尔大清真寺、阿尔及尔机场新航站楼等多个重大项目，阿尔及利亚是我国在非洲最重要的工程承包市场之一。目前，中国在阿尔及利亚工程项目企业60多家，管理、工程技术及劳务人员近3万人。

第一节　在阿尔及利亚进行工程承包的业务流程

一、阿尔及利亚进行工程承包的方式

阿尔及利亚2002年颁布的《公共合同法》对外国公司承包当地公共工程作出了特别规定。条例对适用范围、乙方签约方、合同相关条款、合同监督等有具体规定。2010年10月，阿尔及利亚颁布了新的公共合同法，规定由当地公司控制并使用当地产品和服务的企业在授予公共合同时享有25%的折扣。在阿尔及利亚参与投标的外国企业必须承诺与当地企业在相关领域开展投资合作，必须与阿尔及利亚公司组成财团共同投标。2011年3月修订，规定启动公共工程项目招标的有关部委、直属机构和国家机关可以自行确定对外商投资招标企业的投资要求。工程验收一般分为临时验收和最终验收。工程竣工后进行临时验收，工程保修期满后进行最终验收。

阿尔及利亚的承包工程招标可分为公开招标、有限招标、选择性咨询招标、拍卖招标和竞争性招标，其中公开招标最常见，谈判较少。正常情况下，世界银行、国际货币基金组织、欧盟国家银行、非洲开发银行、伊斯兰开发银行、阿拉伯开发银行等国际金融机构和组织资助的所有项目。采用国

际招标方式选择承包商。此外，阿尔及利亚政府和阿尔及利亚国家石油天然气公司、阿尔及利亚国家电力天然气公司等大型国有公司对自己出资的项目采取国际招标方式，特别是吸引外资从事油气田区块风险勘探、生产项目改造和油气输送管道建设。国际招标项目合同价格一般三分之一以外汇支付，其余三分之二以当地货币第纳尔支付。对于以外汇支付的项目，如果承包商愿意接受所有当地货币，可以在从第三国进口设备和材料时申请外汇。承包商获得的利润可以根据需要汇往国外。

二、阿尔及利亚进行工程承包的业务流程

（一）在阿尔及利亚设立公司

阿尔及利亚法律允许外商投资企业以下列形式在当地贸易公司注册：（1）合伙公司：合名公司、简单两合公司、合资公司；（2）资本公司：股份公司（SPA）、有限责任公司（SARL）、一人有限责任公司（EURL）、简单股份公司（SCS，不常用）、股份制股份公司（SCA，不常用）。最常见的是有限责任公司和股份公司，在阿尔及利亚设立的外国公司几乎都是有限责任公司，同时也可以采取集团、财团的形式。目前，联合体模式实际上适用于几家外国企业，或者外国企业和国内企业联合投标承接某一项目。从事该项目的外国公司财团中的每个成员公司必须在阿尔及利亚有自己的合法存在，即在阿尔及利亚注册的公司、子公司或其他稳定机构。此外，还有联络处、分支机构（必须在当地企业注册）、代表处和常设机构。阿尔及利亚国家商业注册中心（CNRC——Center National duRegistre du Commerce）是注册企业的受理机构，负责受理企业注册，该中心在各地设有分支机构。

企业注册的主要程序：（1）在阿尔及利亚国家商业注册中心填写申请表，确认所选名称未注册；（2）开立公司临时账户（注册公司需银行提供资金划转证明），所需材料包括公司章程（草案）、公司名称、公司注册地租赁证明、公司法定代表人签名样本、公司法定代表人身份证明；（3）租赁或购买该房屋作为公司注册地：本项目涉及的所有合同必须在阿尔及利亚公证处办理；（4）到阿尔及利亚公证处办理公司章程签字手续，所需文件如下（股东为企业的情况下）：股东法人营业执照；经证明的股东法人章程；股东中有自然人的，需提供自然人股东的出生证明和无犯罪证明（中国公民必须在中国公证，然后由中国外交部领事司和阿尔及利亚驻华使馆认证）；股东作为法人任命甲公司法定代表人的决定书；法人股东应在阿尔及

利亚设立公司董事会的决定书；股东法人授权自然人代表签署公司章程的授权书（以上文件需翻译成法文或阿拉伯文，并经驻外使领馆认证）；公司注册地房屋所有权或租赁的公证书；阿尔及利亚国家商业登记中心出具的公司名称未提前登记的证明函；资金转移证明；（5）在阿尔及利亚官方公报和一份全国性日报上公布公司章程；（6）向工商局登记，所需文件如下：企业名称证明；公司设立申请表（表格由阿尔及利亚国家商业登记中心提供，须经股东会批准）；公司章程两份（原件和一份经证明的复印件）；刊登在阿尔及利亚官方公报和国家日报上的公司章程副本；拟设立公司的董事、监事、总经理等所有人员的出生证明和无犯罪记录证明；公司注册地房屋所有权或租赁证明；当前单据证明的印花税完税凭证；工商局登记税单；（7）税务局登记所需文件如下：营业执照复印件；公司税务登记申请书原件（法定代表人签字）；公司章程公司注册地址；法定代表人签名样本；法定代表人出生证明；（8）到社保局登记；（9）取得公章；（10）财务账册送法院认证；（11）从事法律有特殊规定的行业，应出示相关证照。

（二）在阿尔及利亚承揽工程项目的程序

（1）获取信息的招标公告刊登在阿尔及利亚的专业刊物或阿尔及利亚的几家主要报纸上，也刊登在相关部委和业主的网站上。

（2）招标公告在当地报纸上发布；招标人应对投标人的资格进行审查；投标人应在规定的期限内向业主提交投标文件；中标后，业主和中标人将进一步协商合同的执行，最终签署框架合同和执行合同。框架合同对项目性质和规模、项目实施地点、工期、项目合同总价、相关担保、工程变更、工程计量、争议调解等有具体规定。业主评标大致可分为以下三个步骤：一级评审（一级评审团，对投标文件进行技术和商务评审并排名），二级评审（部长级评审团，根据一级评审团的评审结果将某公司评为中标承包商），三级评审（国家合同委员会最终批准）。合同文本经国家合同委员会批准后，由业主签字后生效。阿尔及利亚国家石油天然气公司发布的重要国际招标项目，经二级评审后，由总统主持的部长会议批准，总统发布法令后合同生效。自本合同生效之日起，招标工作结束。

（3）投标时，必须与标书一起提交：签署的声明；投标人资格审查和专业资信证明的明确文本；投标企业的章程、工商登记证、资产负债表和银行资信证明；企业法定代表人无犯罪记录。

（4）中标后，需要办理：工商登记证；税卡；企业生存证明；海关物资进口许可证；外籍工人工作签证配额许可。

第二节 阿尔及利亚对外国公司工程承包法律制度

阿尔及利亚2002年颁布的《公共合同法》对外国公司承包当地公共工程作出了特别规定。条例对适用范围、乙方签约方、合同相关条款、合同监督等有具体规定。2010年10月，阿尔及利亚颁布了新的公共合同法，规定由当地公司控制并使用当地产品和服务的企业在授予公共合同时享有25%的折扣。在阿尔及利亚参与投标的外国企业必须承诺与当地企业在相关领域开展投资合作，必须与阿尔及利亚公司组成财团共同投标。2011年3月修订，规定启动公共工程项目招标的有关部委、直属机构和国家机关可以自行确定对外商投资招标企业的投资要求。工程验收一般分为临时验收和最终验收。临时验收在工程完工之后进行，最终验收在工程保质期届满时进行。

一、许可制度

阿尔及利亚2002年颁布《公共合同法规》对外国公司承包当地公共工程作出了专门规定。该法规对适用范围、乙方缔约人、合同相关条款、合同的监督等内容都有具体规定。2010年10月阿尔及利亚颁布新的公共合同法条例规定，由当地公司控股、使用当地产品和服务的企业将在公共合同授标中享有25%的优惠，在阿尔及利亚参与投标的外国企业必须承诺在相关领域与阿尔及利亚当地企业开展投资合作，并且在投标时必须与阿尔及利亚公司组成联合体共同投标。2011年3月经修订，规定可由发起公共工程项目招标的有关部委和直属机构、国家机关自行确定对外资投标企业的投资要求。工程验收一般分为临时验收和最终验收。临时验收在工程完工之后进行，最终验收在工程保质期届满时进行。

二、禁止领域

阿尔及利亚对外国承包商在当地承包工程没有规定禁止领域。2015年12月，阿尔及利亚公共交通部部长发表讲话称今后除特殊情况外，公共交通领域项目将仅允许当地公司参与竞标，不允许外国公司参与。但阿尔及利亚政府尚未公布该政策具体细则和落实情况。

三、招标方式

施工合同标的金额在600万第纳尔以上、设计合同标的金额在400万第纳尔以上的项目需进行招标。招标分为公开招标、有限招标、选择性咨询招标、拍卖招标和竞赛招标等方式，最普遍的是公开招标。公共工程项目亦可通过议标形式授予特定企业，属于国家紧急需要、确保经济正常运行、有利于国内生产发展以及应标企业在该领域拥有绝对优势的情况，可按照简单议标程序进行，应标企业不受新合同法关于投资承诺的限制。

第三节　阿尔及利亚工程承包的法律风险与防范

一、阿尔及利亚工程承包项目的主要风险

（一）项目投标阶段的主要风险

1. 合同风险

阿尔及利亚石油工程总承包项目合同文本是项目招标（ITT，即 Invitation To Tender）文件的重要组成之一。例如，阿尔及利亚国家石油公司索纳塔克公司的 ITT 文件中所附的合同文件通常为标准文本，各油田同类工程项目间通用，而且已应用多年，原则上合同条款是不能更改的，即使在投标澄清阶段承包商提出了很多问题，但是想通过后期谈判更改合同条款的可能性仍然很小。而且该合同内容不完整，甚至存在表述模糊、前后矛盾的情况。另外，由于项目合同和官方正式文件均用法语起草，这些都给中国公司带来很大困难。不同于国外整建制（集设计、采办、施工和试运为一体）的国际工程公司，很多走出国门的中国油田地面工程承包队伍是由各油田的设计院和油田建设单位临时组成，存在重技术、轻商务的问题，尤其是在国际物资采购和投产试运方面。此外，这些中国企业缺乏国际化项目管理人才，国际项目管理经验和能力不足，对阿尔及利亚的合同条款研究不深、不透，对其中的违约赔偿、延期罚款、本地化义务、质量担保、性能测试和政府机构审批等重要条款重视不够，造成报价失真，给后期项目执行带来巨大风险。

2. 报价风险

对承包商而言，报价风险是工程投标阶段的最大风险。报价不准将直接导致投标失败或项目执行失败，严重的还会给企业带来巨大亏损。在工程投

标报价时，我国石油工程企业，特别是油田地面工程企业，存在一些不足：

一是过度依赖和局限于国内工程量的测算，忽略了对合同商务条款中隐性费用的测算，如：违约罚款、性能保障、汇率及财税等费用，但是这些隐性费用往往会占到工程总费用的大约 40%。

二是过度依赖国内定额和经验。工程定额是国内工程造价估算的主要依据，然而，国际工程项目分布在世界各地，其设备、材料和劳务价格随着各国经济社会环境的不同而千差万别，无法以定额方式进行测算。

三是过度依赖先中标、再索赔的惯性思维。国内部分石油工程企业经常存在先中标，然后在项目执行过程中再进行索赔的幻想。实际上，国际工程项目索赔是个难度极大、风险极高的复杂工作。由于很多中国石油工程企业国际项目管理经验和能力不足，资源国业主的强势地位和地方保护倾向性较强的执法体系，依赖索赔而挽回项目损失的成功案例极少。

四是国际工程造价数据和国际工程造价估算的人才储备严重不足。由于基础数据不足、不准，估算方法不当，导致报价失真。

五是进度计划管理能力不足。中国石油工程企业常因国内项目的经验主义，对阿尔及利亚石油工程项目工期的测算过于乐观，影响投标报价的准确性，造成项目实施阶段的工期延误，导致费用超支。

（二）项目实施阶段的主要风险

1. 进度风险

时间、成本和质量是项目管理的核心三要素。工期延误是国际工程项目面临的普遍风险，是最终导致项目超出投资，甚至失败的主要原因。在阿尔及利亚执行国际工程项目，影响项目工期的因素，除国际工程项目普遍存在的因素外，还要特别注意三个方面：

一是军队保护，也称宪兵保护制度。阿尔及利亚现有 30 多个在产油田，主要分布在该国的中部和邻近利比亚边境。由于特殊的地理位置，对于由外国公司承担的生产作业和工程项目活动，必须在该国军队的保护下进行。在测算项目工期和制定项目实施计划时，承包商必须考虑军队保护的因素，要严格按照负责提供保护的军队而不是承包商的作息时间制定项目实施计划，通常军队每天工作时间仅有 6 小时，而且夜间不能作业和赶工。

二是较低的工作效率。首先是业主的工作效率低。通常，阿尔及利亚油田职工执行 1：1 的休假制度，且个人可以按照这个比例灵活安排休假，也就是说业主项目管理团队成员可以自主决定工作一周、休息一周或者工作一个月、休息一个月。这就造成在项目执行全过程中，业主项目管理团队成员平均一半时间都在休假，致使业主文件审批等工作严重滞后。其次是政府部门的工作效率低，如：海关。由于管理体制、工作习惯和办事效率等因素，阿尔及利亚海关的工作效率很低，平均海港清关周期约为两个月。

三是机构监管。阿尔及利亚工程项目中的工程设计、物资采购、现场施工、试运投产和工程验收等各个环节都涉及该国政府机构的审批，如：阿尔及利亚碳氢化合物管理局（ARH）、土建工程技术审批局（CTC）、国家法制计量局（ONML）、国家质检公司（ENACT）和能矿部危险品监管局（DPEM）等，这些机构审批环节多、周期长、要求严格，且不可控，对项目进度和成败影响极大。以 ARH 为例，其是隶属于国家能矿部的权威检验机构，负责对该国境内石油化工项目的相关设备、材料进行检验，范围包括压力容器、储罐、压缩机、油气管道、阀门、电气设备及材料和消防系统设施及材料等。ARH 审批所涉及的设备、材料的初始文件和最终文件，参与出厂检验和投产试验，签发项目投产许可证。每个环节没有得到 ARH 的审批不得进入下个环节，如：初始文件未得到 ARH 的审批，厂家不能开始制造。上述初始文件和最终文件包含大量的资料、文件和证书等，如：最终文件中要求提供厂家所在国商会和阿尔及利亚大使馆的认证，通常办理这一项需 1 至 2 个月时间。按照合同规定，出厂检验和试运投产前需要提前 45 天向 ARH 提交邀请函，但由于 ARH 人员少、管理项目多，以及一贯的官僚作风，往往要拖延很长时间才会作出反应，给项目执行带来极大困难。

2. 采购风险

国际物资采购是国际工程 EPCC 总承包项目实施阶段中决定项目工期和投资的关键环节，其管理界面多，阵线长，利益相关方分散，国际化管理能力要求较高。物资采购通常是业主干涉最多、管控最严的部分，也是风险较为集中的部分，如：供应商选择、国际运输及物资清关等。以供应商选择为例。在阿尔及利亚，供应商名单通常在投标阶段作为 ITT 文件的一部分，由业主提供，而且基本不可更改。索纳塔克公司提供的供应商名单更新慢，基本还是十几年前的版本，其中很多供应商因倒闭、转产和被收购等原因无法联系。然而，按照该国要求，项目询价阶段，总承包商必须对名单中所有相关供应商都进行询价，而且在最终少于 3 家回复的情况下，才可以向业主推荐名单外的供应商。通常，业主在审批前需要对供应商进行实地考察，从询价到最终推荐的供应商获得批准，要耗时数月，给项目执行带来严重影响。

（三）项目验收阶段的主要风险

按照合同规定，阿尔及利亚总承包工程项目的竣工验收分为临时验收和最终验收两个阶段。承包商完成项目单机调试、系统联调和进料投产后，将尾项整改清单中的必须整改项（A 类）整改完成后，由业主出具临时验收许可（PAC）。完成初步验收后，承包商需要继续完成剩余尾项整改清单中的协商整改项（B 类）和非必须整改项（C 类）的整改工作，完成竣工文件的编制和业主审批，在合同规定的自然环境和工况条件下完成主要设备的性能测试，并达到合同规定的技术参数指标，然后，业主进行最终验收，并出具最终验收许可（FAC）。项目验收阶段的主要难点和风险包括政府监管机构的测试和审批、尾项整改、性能测试、出具许可证和尾款支付等。其中，耗时最长、最为烦琐的是政府监管机构的审批。如：需要提前 45 天邀请 ARH 到现场进行验收测试，ARH 到场前要完成所有最终文件的审批。ARH 现场测试非常严格，必须保证受检范围的设备和系统（特别是消防灭火系统）100% 测试合格，否则需要重新邀请 ARH 到现场，重新邀请一次需要 3 至 6 个月。此外，性能测试工作也是难点之一。通常，合同规定性能测试要在最苛刻的自然环境下进行，设备和系统的运行指标要达到合同规定的限值，否则，将扣减工程款或者无法通过最终验收。

（四）阿尔及利亚工程承包项目风险的应对措施

承包海外工程时，中国石油工程企业要充分认识到国际工程总承包项目具有难度高、成本高、风险高的“三高”特点，一个项目的失败有可能直接导致一家公司严重亏损，甚至倒闭。为了有效地规避和化解合同风险，在阿尔及利亚的中国石油工程企业需要做好如下工作：

1. 重视商务合同条款谈判

（1）投标报价阶段

一是除对工程前期设计方案进行审查分析和澄清外，要高度重视对合同文本的研究和分析，特别是对合同义务、担保和保证、性能测试、移交等条款高度重视，并就具体合同条款与业主进行详细澄清，留存澄清记录。

二是进行报价估算时，要将惩罚性条款及财税费用、汇率风险等计算在内。

三是对 ARH、CTC、ONML 等机构的管理范围、程序、双方责权等进行详细澄清，并声明由于这些机构审批滞后导致的工期延误承包商不予负责，并保留向业主索赔的权利。

四是对港口清关、宪兵保护、业主休假制度等影响工期的关键问题逐项澄清，并在项目工期报价时予以考虑。

五是合同谈判。在签约前，要与业主方就相关条款，特别是与工期、本地义务、供应商名单等相关的内容进行谈判，尽全力对不利条款进行修改，或者通过签订合同补遗方式进行约定。关键条款不能让步，避免对中国石油工程企业造成损害。

（2）项目实施阶段

一是要制定严格的项目变更索赔管理程序文件，对变更程序、双方责权进行详细规定。

二是在项目执行过程中，要严格按照合同和项目管理程序文件的规定执行，注重项目过程文件管理，如：信函、会议纪要、工程量签证单和变更单等。

三是要配备专职的法律人员，有条件的项目要设立专门的法律合同部，并与项目所在国当地的律师事务所和会计师事务所签订服务合同。

四是要聘请对项目所在国监管机构熟悉的当地顾问和员工，专职负责与政府机构的协调工作。

2. 重视现场踏勘工作

对于在阿尔及利亚没有执行项目经验的中国石油工程企业而言，进行全面、详细的现场踏勘工作十分关键。除对项目所处自然环境、地形地貌、交通运输、工程地质条件、隐蔽工程和水、电、气资源等进行常规调查之外，还要对当地的法律法规、用工政策、本地化义务、技术标准、主管政府机构、司法部门、非政府组织（NGO）、海关、税务和劳动部门，以及当地的工程市场、劳务市场、工程物资供应和租赁市场等进行详细的调查和踏勘。在投标和项目实施阶段，根据现场踏勘了解的情况，对项目利益相关方进行详细分析，切实制定利益相关方管理计划。通过现场实地踏勘，承包商对项目现场条件及周边运行环境有了充分了解，对业主招标文件中的有关规定和参数给予核实和确认，对制定合理的投标策略和分包方案、提高投标报价的准确性和中标率、准确预判项目实施的潜在风险并提前采取相应的规避措施、确保项目的成功实施等具有至关重要的作用。

3. 重视人才，建立体系

从长远看，要从根本上规避国际工程项目执行风险，减少损失，关键在于全面提升企业自身实力。对中国石油工程企业而言，最亟待解决的是国际化经营管理能力的提升。一方面要加快引进、培养一批具有国际工程项目管理经验和能力的项目管理人才和具有国际视野、熟知国际标准和规则的国际工程企业经营管理人才，逐步实现中国石油工程企业经营国际化和项目管理国际化的双提升；另一方面要对标国际先进的石油工程企业，建立一套与国际接轨、符合国际惯例的中国石油工程企业管理体系和国际项目管理体系。只有建立完善的国际化管理体系，才能确保中国石油工程企业以国际通用和认可的方法、标准和程序运营企业、管理项目，才能确保中国石油工程企业赢得项目业主和国际同行的认可，才能最大限度地减少海外项目风险，进而规避和减少中国石油工程企业的运营风险。

第五章　阿尔及利亚劳工法律制度

阿尔及利亚劳动力总体过剩，2019 年失业率为 11.4%，劳工素质不高，技术水平较低，中青年管理人才缺乏，地区水平差异较大。阿尔及利亚本地熟练技工基本无法满足外国公司的需要。随着阿尔及利亚国内局势的稳定，各项基础设施亟待发展，水利建设、住房、机场、港口、道路的建设，均需大量劳动力。

第一节　阿尔及利亚劳工法及基本内容

1990 年的《劳动关系法》是阿尔及利亚目前劳动领域最重要的法律。这部法律较为全面地覆盖了劳动关系的各个层面。

一、劳动者的权利与义务

《劳动关系法》和《关于劳动卫生、安全和医疗的法律》都规定劳动者享有受工会保护、参与企业管理和集体谈判、休息、卫生、安全和劳动医疗、职业培训和工作提升、参与劳动纠纷的预防和解决等各项权利，同时规定劳动者应认真完成其工作岗位所赋予的任务、协助企业提高生产效率、执行企业领导的指示、遵守企业各项卫生和安全制度、接受医疗检查、参加企业组织的培训和进修、不泄漏企业内部资料等义务。对于雇员数量达到或超过 20 个人的公司，法律要求其必须制定内部管理规章，而工人代表应参与内部规章的制定。内部规章确定公司内部雇佣的各个方面，如劳动关系的建立、执行及终止等各个环节，劳动收益、条件、安全和纪律，工资支付方式和时间，社会保险额度，公司内部工会以及罢工等各个方面。内部管理章程须提交当地劳动监察部门审批，若无异议，8 天之内会得到劳动监察部门的批准。阿尔及利亚法律允许在公司内部成立工会组织，以保障工人的各项合法权益。政府有关部门制定了一整套程序和措施，以预防和处理雇主与雇员间的劳资纠纷。罢工只有在友好协商失败的情况下，且向雇主及劳动监察部门提前8天提出申请后才可进行。2011年3月由于茉莉花革命的影响，阿尔及利亚总统下令取消了原政府在社会动乱时期实行的“国家紧急状态法”，该法禁止任何政治团体、工会组织和个人在未经批准的情况下上街游行，违者将给予相应的民事或刑事处罚。自此，工会罢工游行无须审批，而只是简单的通报，这样工会游行的权利得以正常的行使。拥有20名雇员以上的公司必须对员工进行技能培训。雇主组织对雇员的培训以便其掌握必需的理论和实践知识。按法律规定，所有雇员必须参加雇主组织的培训或进修，以适应、加深或提高专业及技术知识。在经雇主同意的情况下，雇员可脱岗也可利用工作或休假时间参加职业或技能培训。雇主对15—25岁青年进行学徒培训，在学徒学习期间免交学员的各类社会保险费用。

二、劳动关系的建立与劳动合同

在招聘方式上，雇主可以自由招聘，或通过国家就业管理局招聘，但基本不存在私营的就业招聘机构。在招聘人员时，禁止对应聘人员有基于年龄、性别、社会地位、家庭关系、政治信仰等方面的歧视。劳动关系可以依书面合同或口头的方式来确立，但如果没有书面的合同或没有明确劳动合同的时间，劳动关系将被认为是无固定限期的。劳动合同可以是固定或无固定期限的，并且可以是全工合同或半工合同（工作时间不少于法定时间的一半）。法律上对于劳动者的年纪及对特殊人群保护有专门的规定。劳动者的年纪不得低于16岁。而从事夜班工作的劳动者年纪不得小于19岁。女性劳动者不得从事夜班工作。劳动合同可以约定试用期，但试用期不能超过6个月。对于高水平职位，试用期可以延长到12个月。试用期内，劳资双方可随时解除工作关系，一方无须向另一方提前通知并不需进行赔偿。试用期间，劳动者享有与其工作岗位相符的权利和义务。试用期结束后，雇主应对其薪金予以结算。

三、劳动报酬与社会保险

工资基本上分为3部分，即基本工资、补助和奖金。工资按月支付。最低工资根据相关法令在不同的领域适用。最低工资通常每年由政府根据国家经济情况和价格指数，与工会协商后确定。最低工资是指劳动者的税前工资，从2010年1月1日起最低工资不得低于15000第纳尔。发工资时，必须出具工资单。工资单上应包括雇主名称、地址、雇主社保注册号和社保机构名称、劳动者姓名、性别、家庭情况、工资数额、支付日期、雇主缴纳的社保经费的数额和雇主的签章。缴纳社会保险是强制性的，雇主必须缴纳劳动者的社会保险，包括疾病、工伤、退休、失业四方面。当工伤事故发生时，雇主应在知情后48小时内通知国家社会保险局（CNAS）。国家社会保险局是执行社会保险政策的专门机构，在执行社会保险事务方面享有特殊的权利。不管是阿尔及利亚人或者是在阿尔及利亚外籍人员，均须按规定缴纳各类社会保险费用，并享受各类社会保险待遇。社会保险的费用按照最新法律规定为工资总额的35%，其中个人负担9%，公司负担26%。

四、劳动时间、休假与退休

法定工作时间为每星期40小时，但最多不可超过48小时，除非是由于弥补事故损失或工作的中断会导致重大损失。对于40小时以外的额外工作时间要给予相对于正常工资至少150%的加班工资。每周至少休息一天，一般在星期五。如因工作需要，可以适当调整。法定休息日包括：一月一日（一天），五月一日（一天），七月五日（一天），十一月一日（一天），开斋节（二天），宰牲节（二天），伊斯兰历新年（一天），阿舒拉节（一天），牟噜德节（一天）。非穆斯林劳动者有权享有其他的节日。没有在法定假日休息的劳动者可以补休并获得加班工资。劳动者可以享有每年30天的带薪休假，或每个月2天半的带薪休假。阿尔及利亚国南部地区的劳动者可以享有10天额外的带薪休假。此年假每年不超过30天。休年假期间，劳资双方不得中止或解除工作关系，若有工作需要，雇员可随时被召回。不减发工资的事假包括：工会的事务、雇主同意的职业培训、参加行为或职业考试、劳动者的婚礼、第二代或第三代直系子孙的出生、直系子孙的婚礼、近亲属的葬礼、直系子孙的割礼、去圣城朝圣。对于事假，劳动者有权享受3个工作日的带薪假，但应告知雇主并提供相关的证明。此外，产妇可享受14周的带薪产假。按照法律规定，在至少工作15年后，男性达到60岁，女性达到55岁时可办理退休手续，享受退休金待遇。或者有32年工龄者亦可享受退休待遇。

五、劳动关系的解除

劳动关系的解除主要分为以下几种情况：劳动合同的失效与废止、固定期限劳动合同的到期、辞职、解雇、丧失工作能力、雇主经营活动终止、退休与死亡。劳动者可以提出辞职，但应以书面的形式提前通知雇主，提前通知的时间由劳动合同约定或由集体协议约定。辞职的劳动者无权申请任何离职补贴，但可要求雇主开出相应的工作证明。在试用期的解雇，无须提前通知和明确解雇理由，只需给出解雇通知，让劳动者签收。解雇应符合公司内部规定所明确的程序，并写在解雇证明中。对于解雇没有犯严重过失的劳动者，应给予其一个由集体协议所明确的期限以方便劳动者找工作。在这个期限里，劳动者享有每天 2 小时的工作时间，并有权根据工作时间获得相应的报酬。如果雇主没有给予这个期限，就应给予劳动者相应期限的报酬作为解雇补贴。对于在试用期以后的解雇，雇主必须给出客观且充分的解雇理由，否则将被认为是滥用解雇权。对于有严重过失的劳动者，可以实施惩罚性解雇。这种解雇没有提前通知也没有解雇补贴。劳动者的严重过失包括：刑法规定的受贿、滥用权利、伪造；无正当理由拒绝工作义务或不服从上级的正常领导；违反现行法律参加集体协定的停工；泄漏职业秘密；故意损坏劳动工具和与劳动地点有直接联系的财产物品；拒绝执行符合现行法律的征调命令；在工作场合吸毒饮酒；在工作场合有暴力行为；在罢工期间拒不执行最基本服务。雇主可以以经济原因为由，精简人员解雇劳动者，但应向劳动监察员申报，并说明具体原因。在解雇同时，雇主应给予劳动者相当于 3 个月工资的解雇补贴。按照法律规定，雇主有权根据公司业务发展的需要作出裁员。在裁员前，雇主应尽量采取缩减工作时间、转移工作部门、安排提前退休等保留员工就业机会的措施。遭到裁退的雇员应享受一定补贴。在公司合并、被吞并或被收购的情况下，雇主和劳动者的劳动关系不变。雇主对经验和技能不符合工作要求的雇员有权予以辞退。对在工作期间拒绝履行工作义务、违反规定擅自罢工、在公共场合酗酒或吸毒、实施暴力行为、发生刑事犯罪、泄漏公司机密的雇员，雇主可对其进行辞退处理。辞退前应该书面通知本人并听取其他雇员意见。

六、劳动争议

出现劳动争议后，可先进入内部协调程序，即雇员可直接向上级反映纠纷事件并寻求解决办法，具体的内部协调程序由公司内部章程约定。若雇员未得到直接上级的答复，可向公司人事主管或者公司最高管理者直接反映劳资纠纷，后者应在15天之内给予书面答复。在内部协调程序失败的情况下，雇员或雇主应将该争议交由地方劳动监察部门处理解决，并由劳动监察员进行调解，这个调解程序是必须的，是劳动争议诉讼案件的前置程序。如果在调解程序中双方达成和解，应在30天内执行和解协议，否则可能面临最少每天最低工资25%的罚款。如果调解不成，可向地方法院提请诉讼，通常是地方初级法院中的劳动争议庭实施管辖，一般也是单一法官独审制。一审法院判决是可执行判决，就是说，无论是否提请上诉，都要执行一审判决。对于这种判决必须执行，否则会被法院司法执达员强制执行。对于涉及外国公司的劳动争议案件，二审法院不是省级法院，而是阿尔及利亚最高法院。如果法院判决恢复劳动关系，雇主方有权拒绝执行，但要支付最多6到10个月的工资的赔偿。若双方迫不得已终止劳动关系，则雇员应得到一份注明招聘日期、工作关系终止日期以及从事岗位和相应期限的工作证明。

第二节　外国人在阿尔及利亚工作的规定

阿尔及利亚法律规定，雇主在缺乏生产或项目需要的本地熟练工人时，可以雇用外籍工人，一般来说，外籍劳工至少应该为有10年以上工作经验的技术工人和有5年以上工作经验的工程师及适当比例的翻译人员。可就业的岗位有工程技术管理、翻译、技术工人等。雇用外籍工人时，需向地方劳动部门提交申请获得外籍劳务指标，办理签证还需经过劳动就业部和外交部批准，手续较为复杂。外籍工人入境后，需办理劳动证，劳动证有效期2年，可延期；另外，还应向当地警局申请办理居住证。

在阿尔及利亚，外国企业雇用外籍工人时所征工资收入税分以下两种情况：未在阿尔及利亚常驻的外国企业，在给其外籍员工发放工资时应扣除所得税，一般为20%；在阿尔及利亚正式注册或常驻的外国企业，一律按照当地工资收入所得税规定从其员工工资扣缴税收。社会保险方面，外籍员工一律享受当地的保险（有国际协议另外规定的除外），企业必须按规定为外籍员工办理各类保险。外籍员工的工资纳税后可以汇出，需向当地劳动部门提交申请，但目前较多的情况是承包工程合同下的外籍员工，工资发放、流动均按照合同规定执行。

第三节 与阿尔及利亚进行劳务合作的法律风险与防范

一、与阿尔及利亚进行劳务合作的主要法律风险

在阿尔及利亚申请外籍劳务指标存在一定难度，如果未得到批准，则相关准备无效。阿尔及利亚招聘外籍员工不需要进行市场需求测试，但是要具备一定的条件，包括在阿体检合格，管理人员要提供大学学历证书公证件，技术人员要提供技术资格证书公证件。阿尔及利亚政府劳动主管部门负责包括外籍务工在内的相关政策和审批事务，但是没有明确的劳务援助机构。2020 年新冠肺炎疫情期间，阿尔及利亚政府采取了一系列包括实施封省、宵禁、交通限制等疫情防控措施，对控制疫情蔓延起到了一定的效果，但抗疫措施的实施直接导致了人员流动的受限。3 月 18 日阿尔及利亚政府宣布关闭国境，暂停一切往来国际航班，至今尚未恢复。外国务工人员与阿尔及利亚无法实现正常国际流动。同时，阿尔及利亚普通民众抗疫意识不强，很少有人佩戴口罩。

（一）工程开工前非法用工风险

阿尔及利亚基础设施类工程大都与部长或业主的政绩形象挂钩，业主出于政治和宣传的需要，一般会提前举行开工典礼，然后再为项目签发正式的开工令（ODS）。在此期间，大部分中国企业都会招聘一些零星的属地化员工，负责前期的场地平整、布置以及安保工作，并以现金的形式发放工资。按照阿尔及利亚劳动法规定，在项目没有取得正式的开工令（ODS），没有申请到社保账号（COMPTE DE EMPLOYEUR/ASSURANCE SOCIALE）的情况下，在法律层面来讲，项目是不存在的，是没有权利聘请当地员工，也不能为当地员工申报社保，办理工伤补助等，从而导致很多企业的项目尚未开工，便面临劳动监察局“非法用工”的起诉。

（二）招聘程序违规风险

由于阿尔及利亚失业率较高，地方劳动保护主义盛行，为平衡劳动力的区域差异，规范劳动力资源的雇佣市场管理，阿尔及利亚劳动部委托阿尔及利亚就业局（Agence nationale de l’emploi，简称 ANEM）负责阿尔及利亚劳动力资源的管理、储备及推荐工作，任何企业不得随意招聘。受中国劳务

管理思维影响，中国企业在阿尔及利亚会习惯性地越过就业局进行自主招聘，即通过员工、朋友互相介绍或广告等形式直接进行属地化员工招聘。就业局和劳动监察局会不定时对项目进行检查，如发现项目自行招聘属地化员工，特别是招聘跨省的属地化员工，监察局会根据具体情况对企业开具罚款单甚至提起法律诉讼。

（三）合同管理存在法律风险

阿尔及利亚劳动法将劳动雇佣合同分为无固定期限劳动合同（CDI）和固定期限劳动合同（CDD）两种，无论是哪种性质的合同，都必须先签订合同，再上岗工作。然而，部分在阿尔及利亚企业经常以工期紧，岗位缺人等原因，先安排工人上班，之后再补签合同。这样就会造成：其一，此种行为绕开了合同签订的首要环节，即构成了事实上的非法用工；其二，倘若在不签合同之前工人受伤，则不能申请到工伤补助及社保补助，一切责任均由企业承担。部分企业因不能完整区分开 CDI 和 CDD 的差别，不在合同“动机（MOTIF）”条款中列明“固定期限”的聘用原因，特别是在拟定合同的时候，往往汉语版本标注了详细原因，但法语或者阿拉伯语合同版本却没有进行详细规定，这样就会导致虽然签订了固定期合同（CDD），但在事实上却变成无固定期合同（CDI），企业将承担辞退无固定期合同员工的风险。对于表现优异的员工，在三个月合同期满后，大多数企业都会选择不间断自动续期。然而按照阿尔及利亚国劳动法规定，凡从事同一工作对象同一地点，只要合同续签三次以上的，即该固定期限合同（CDD）自动转变为无固定期限合同（CDI），也就是说这名属地化员工变成了企业的长期正式工。随着合同性质的转变，属地化员工的用工性质也发生了转变，也就预示着企业将承担更多的违约风险。

（四）薪酬管理不合法风险

在薪酬管理中有四种常见问题发生：低于最低工资：对于帮厨、保安及力工等辅助性岗位的工资标准低于国家最低月工资标准 18000 第纳尔。加班时间超时：属地化员工除了每月正常工作 173.33 小时外，累计加班时间超过了正常工作时间的 20%。节假日工资不计发或计算错误：扣除法定节假日休假人员的工资，对节假日加班的员工工资不按照 1.5 或 2 倍计算。工资单漏项：不发放餐补、交通补、风险津贴以及家庭妇女补助等，工资单漏项较多，违反劳动法相关规定。

（五）社保手续不完备风险

企业在与属地化员工签订合同后未能及时申报社保，或不能连续缴纳社保费用的，导致无保险或断保，对员工医疗、工伤及退休造成巨大影响，会受到社保监察局和属地化员工的诉讼，特别是期间员工受伤的，会对企业造成较大的经济损失。在恶劣天气发生后和员工申请年休假时，企业如不能及时进行社保补助的申报，属地化员工将不能收到恶劣天气和年休假补助，那么企业将承担相应的责任，需要为员工逐一补发相关补助，无形中增加了项目的成本，增加了属地化劳务管理的不稳定风险。

（六）辞退程序存在“无理辞退”风险

“无理辞退”，是中国企业在阿尔及利亚劳务案件中败诉的最主要原因，导致法官判定企业“无理辞退”的，最主要原因为辞退程序的不合规、不合法。主要表现在以下几个方面：

合同性质变化：签订固定期合同，由于原因限定不明，或连续续签合同，导致合同性质实际变更为无固定期合同，为“无理辞退”埋下隐患。没有内部规章：《内部规章》属地化劳务管理的依据，此文件需要向所在辖区法院和监察局盖章备案，然后实施。文件中其中对违反规定的处罚有详细的规定，也是辞退属地化员工的文件依据，但很多企业没有批复版的内部规章。内部管理随意性强：根据个人的好恶、没有用工计划，岗位设置不合理等主观原因，擅自开除属地化员工。不注重法律手段的运用：在属地化员工辞退前不签发警告信，不提前发送预告函，不办理最终结算，不使用挂号信，不使用司法执达员进行司法派送等。过程资料保管不善：属地化员工每次的违规记录、警告信，挂号信回执，司法执达员 PV 等资料的收集整理及归档不及时，不能提供有效的呈堂证供。

（七）劳务纠纷应对不及时风险

“打官司”，是中国企业最想回避的一个麻烦。然而，阿尔及利亚劳动法对劳动力的保护较为全面，监察机构可谓无孔不入，司法部门对劳动关系类案件尤其重视，加之阿尔及利亚员工的劳动保护意识强，从而导致“打官司”的事情在阿尔及利亚尤为常见。一旦与属地化劳务人员发生了纠纷，企业选择推脱责任或置之不理，则会引起劳动监察局的传唤。如不积极参加劳动监察局组织的调解，则监察局以缺席调解为由宣告调解失败，纠纷将进入司法诉讼程序。在司法诉讼环节，如企业对法院传票置之不理，或企业负责人不能准时参加庭审，法院会以被告缺席为由，根据原告单方面陈述裁定原告胜诉。

二、与阿尔及利亚进行劳务合作的防范措施

（一）全面了解阿尔及利亚劳动法法规

依法办事既是属地化劳务管理的前提也是保障。1990 年 4 月 21 日颁发的 90 - 11 号法令（Loin 90 - 11 du 21 avril 1990 relative aux relations de Travail Algérie），为阿尔及利亚劳动法，是对在阿尔及利亚一切劳动关系进行管理的法律依据，各企业属地化主管人员要认真研读此项法令及其配套的行政法规，只有这样才能做到依法办事，降低属地化劳务的管理风险。

（二）做好开工前的属地化劳务转移

鉴于阿尔及利亚基础设施工程大都存在进场早，正式开工令（ODS）签发晚的现状，为保证前期工作的正常开展，海外项目需要做好属地化劳务的转移工作。

首先，寻找企业内与新开项目最近的在施项目，以在施项目的名义与属地化劳务签订正式的劳动合同并办理社保等。其次，为相关的属地化劳务员工办理企业内部的出差令（ORDREDE MISSION），并要求新开项目业主开具允许工人进场施工的证明文件。最后，在项目取得正式的社保账号（COMPTE DE EMPLOYEUR/ASSURANCE SOCIALE）后，将相关人员资料转移至新开项目。虽然，劳动监察局可能会对项目进行异地用工指责，但鉴于时间相对较短，异地用工尚属监察局可接受的范围，并不违反法律，因此，工程前期属地化劳务的转移，能够规避企业非法用工的法律风险和经济损失。

（三）理顺三种招聘方式内在关系

属地化劳务的招聘有三种方式：通过本地就业局招聘、通过外地就业局招聘、自主招聘。通过当地就业局招聘：项目向就业局（ANEM）及时递交用工申请，就业局根据用工申请向项目派送应聘人员，应聘人员会持有就业局签发的“蓝卡（CARTE BLEU）”到项目报到。如果企业同意接收应聘者，需要在“蓝卡”上加盖项目公章，返还给就业局，换领“BULLETIN DEPRESENTATION”即就业局介绍证明的回执，完成招聘程序。通过外地就业局招聘：只有在取得书面的证明，本地劳动力不能满足的情况下，项目

可通过外地就业局进行招聘。招聘程序与当地招聘相同，但需要在当地就业局备案。自主招聘：在上述两种招聘都不能满足项目需求的情况下，项目可以进行自主招聘，招聘资料需在当地就业局备案。以上三种招聘形式，务必是逐级进行的，只有上一级招聘不能满足，且上一级就业局出具劳动力不足的书面证明时，才能启动下一级招聘程序。

（四）强化法律支撑，堵塞合同漏洞

阿尔及利亚劳动法规定，一般情况下企业必须跟员工签订无固定期限劳动合同（CDI），只有在以下特殊情况下，雇佣双方才可以签订全日制或非全日制的固定期限劳动合同（CDD）。

劳动者所做的工作与不可延续的工程或服务有关。为了替换暂时离开工作岗位的正式员工，雇主为被替代的劳动者保留了工作岗位。劳动或本身性质是间断性、固定期限的或者是临时性的。当工作增加时或季节性原因而需要增加工作时。

根据以上法律条款的要求，企业在与属地化员工签订固定期限劳动合同（CDD）时，务必要在上述4个条件中找到与合同内容相符合的理由，并详细地写在合同条款内。此外，在属地化员工合同续签上，要防止无固定期限合同的发生。按照劳动法规定，凡从事同一工作，只要合同续签三次以上的，即该固定期限合同（CDD）自动转变为无固定期限合同（CDI）。在实际工作中可以采取中间间隔3—5天的时间来续签合同，同时，可通过细化合同工作对象或工作地点来区分范围，以达到续签合同对象和工作地点，从时间上和空间上能直观区分开，以规避固定期合同转为无固定期合同的问题。

（五）严格关键节点把控，完善社保及薪酬

管理属地化员工社保的管理，要严格对关键节点的把控。入职10天内必须申报社保，24小时内申报恶劣天气，48小时内申报工伤补助等，要通过对节点的把控，提高社保管理的时效性。属地化员工的薪酬要严格按照法律规定计算，法定休息日为2倍工资，约定休息日为1.5倍工资。

（六）据理力争，积极应对劳务纠纷

中国企业要逐渐转变观念，面对因劳务纠纷引起的调解或是诉讼，都应准备充分的证据，积极应对。特别是对监察部门的调查函、法院的传票等法律性文件，不能置之不理，要主动出击，寻找专业的律师积极应诉，甚至要进行反诉，只有这样才能最大限度规避风险，树立跨国企业形象。

第六章　阿尔及利亚财税金融法律制度

第一节　阿尔及利亚财政金融情况

一、阿尔及利亚财政情况

阿尔及利亚经济规模在非洲居第四位，仅次于南非、尼日利亚和埃及。碳化氢产业（石油与天然气的统称）是阿尔及利亚国民经济的支柱，多年来其产值一直占阿尔及利亚 GDP 的 30%，税收占国家财政收入的 60%，出口占国家出口总额的 97% 以上。2005 年以来，特别是在 2014 年以前，国际油价长期走高，阿尔及利亚油气收入大增，经济稳步增长，经济重建全面开展。政府一方面继续实施财政扩张政策，加快大型基础设施建设，推动国有企业和金融体系改革，加大对中小企业的扶持；另一方面扩大经济开放，出台《新碳化氢法》鼓励外企参与阿尔及利亚油气开发，加强与欧、美的经贸合作。

二、阿尔及利亚金融环境

（一）当地货币

当地货币为阿尔及利亚第纳尔（Dinar），未实现完全可自由兑换。美元和欧元为阿尔及利亚主要对外结算货币。在对外结算时，阿尔及利亚允许进口商使用供货商总部所在国的流通货币或商品来源国的货币支付，而在与未签订支付协议的国家进行结算时，要求进口商使用美元、欧元等可自由兑换货币。阿尔及利亚央行于 2015 年 11 月 18 日通知各注册银行，称自 2015 年 12 月起，中阿贸易将采取人民币结算制度，请各银行做好相应准备。但该政策尚未执行，目前人民币与第纳尔不可直接结算。

（二）外汇管理

阿尔及利亚实行外汇管制，仅实现经常项目下部分可兑换，中央银行掌控所有外汇资源。自20世纪90年代外贸垄断体制被废除以来，阿尔及利亚外汇管制已大幅放宽，资金流入流出较以前更为自由。阿尔及利亚中央银行在外汇管制上有总管辖权，负责制定外汇交易管理法规并监督指定的银行实施法规。此外，中央银行把外汇管理权下放给阿尔及利亚国民银行、人民信贷银行、对外银行、地方发展银行、农业与乡村发展银行、互助储蓄银行6家国有商业银行，并允许在阿尔及利亚设立分行的美国花旗银行、法国兴业银行等少数外国银行或私人银行进行外汇业务操作。只有中央银行及其授权外汇银行才可进行第纳尔与其他外汇之间的兑换。除此之外，其他在阿尔及利亚境内的任何外汇交易都属非法行为。公司利润汇出需缴纳15%的红利税。

在阿尔及利亚境内的阿尔及利亚籍或外籍公民，无论法人或是自然人，均可用外币开设外汇结算账户。外国人开设的外汇账户可以接收来自国外的汇款，也可以接收来自阿尔及利亚不同银行外币账户的转款，甚至是等额的第纳尔，但在存储或支出时必须按向国外转汇的条件办理。对以个人名称开设的外币账户，只有在贷方有余额的情形下，才允许操作，不允许出现借方余额。在账户余额内，持有人可以取款或往国外转款。

（三）银行与保险公司

阿尔及利亚的中央银行为阿尔及利亚银行（Banque d’ Algérie），负责制定国家货币政策、发行货币、管理国家外汇储备等，尤其是监管对外信贷和资本流动。该行制定和执行比较严格和审慎的金融政策，并实行外汇管制，有总管辖权，负责制定外汇交易管理法规并监督指定银行实施这些法规。阿尔及利亚现有20家授权商业银行，1428个银行网点遍布全国。93%的银行贷款由国有银行发放。国有银行国际市场化程度较低，不按商业银行模式运作。

（四）融资服务

外国企业可在阿尔及利亚当地银行融资，但须以母公司名义申请，且母公司的资信状况须获得信用等级为一级的国际银行的证明。2015年，银行贷款利率为8%，存款利率为1.75%。

（五）信用卡使用

阿尔及利亚当地可以使用信用卡，但信用卡普及率和使用率极低，一般仅五星级酒店结账时可使用。中国国内发行的 VISA、MASTER 卡可在当地使用。

（六）证券市场

阿尔及利亚证券市场起步较晚，发展较为滞后。1993 年颁布法令建立有价证券市场，2003 年 2 月补充颁布了关于有价证券交易所的法律。阿尔及尔证券所由有价证券管理公司（SGBV）全权经营，该公司成立于 1999 年。调节部门为交易所运行监管和组织委员会（COSOB），该委员会自 1996 年起运行，并制定了管理证券市场的实质性规范文件。为鼓励企业参与证券市场，2002 年建立了 Algérie Clearing 公司，作为企业参与证券市场的中央受托人，该公司主要股东为银行。目前共有 6 家企业在阿尔及尔交易上市。

第二节　阿尔及利亚税收法律及基本内容

一、阿尔及利亚税收体系和制度

阿尔及利亚基本实行属地税制，纳税人须自觉申报、计算和缴纳。阿尔及利亚税务总局隶属于财政部，负责管理国家税收，拟定全国税收法律、法令和征收管理制度，组织国家财政收入，运用税收杠杆对经济进行宏观调控。阿尔及利亚政府还同时设置了独立于税务总局的税务监管局，对全国税收工作进行监督。阿尔及利亚现行税制以所得税为主体税种，其他税种为辅。主要税种包括个人所得税、企业所得税、工商营业税、增值税、地产税、遗产税、内部消费税、石油税收、注册税、印花税、营业税、海关关税等。征收方法包括源泉扣缴和查实征收两种方法，前者主要适用于对薪金及利息所得的征税，后者主要适用于对其他各项所得的征税。

阿尔及利亚制定了《公司税法规》（Corporate Tax Code）、《流转税法规》（Turnover Tax Code）、《注册登记法规》（RegistrationDuties Code）、《间接税法规》（Indirect Tax Code）以及《财税程序法规》（Fiscal Procedures Code）。《财税程序法规》主要规定了税务机关与纳税人之间的关系、各自的权利与义务、征管程序和诉讼程序等内容，以规范税收征收和缴纳行为。

自 1992 年的税改以来，阿尔及利亚的税收政策的适用性不断提高，通过税收杠杆协调国家和纳税人之间的利益，推进战略行业和重要地区的发展，完善市场经济内部运作机制。

二、主要税赋

阿尔及利亚基本实行属地税制，纳税人须自觉申报、计算和缴纳。目前，阿尔及利亚制定了《直接税和类似税法规》《营业税法规》《印花税法规》《间接税法规》，并在各省区设立省税务局对税收工作进行管理。阿尔及利亚税务总局隶属于财政部，负责管理国家税收、拟定全国税收法律、法令和征收管理制度，组织国家财政收入，运用税收杠杆对经济进行宏观调控。阿尔及利亚税务总局下辖税务法规司、税收征管司、税务纠纷司、信息组织司、资源管理司和审核研究司，此外阿税务总局在阿尔及尔、布利达、奥兰、塞蒂夫、谢里夫、安纳巴、君士坦丁、乌尔格拉和贝沙尔等 9 个省区设置了地方税务局，分管全国 48 个省区税务工作。此外，阿尔及利亚政府同时设置了独立于税务总局的税务监管局，对全国税收工作进行监督。

阿尔及利亚现行税制以所得税为主体税种，辅以其他税种。主要税种包括总收入所得税、公司利润税、工商营业税、增值税、地产税、遗产税、内部消费税、石油税、注册税、印花税等。征收方法包含源泉扣缴和查实征收两种。前者主要适用于对薪金及利息所得征税，后者主要适用于对其他各项所得征税。

（1）总收入所得税（IRG）：阿尔及利亚居民在阿尔及利亚境内或境外获取的收入，或者非阿尔及利亚居民在阿境内获取的收入，均须缴纳总收入所得税。征税对象主要为自然人，亦称个人所得税。纳税人总收入包括生产经营收入、财产转让收入、利息、股息与红利收入、财产租赁收入、特许权使用费收入、工资及薪金收入、劳动报酬所得、稿酬收入等。

（2）公司利润税（IBS）：阿尔及利亚有限责任公司、一人有限公司、股份公司、合伙公司、工商事业机构等单位，以及税法规定的其他法人实体均须按规定缴纳公司利润税。以阿尔及利亚公司的境内及境外所得和外国公司来源于阿尔及利亚的所得为征课对象。

（3）职业行为税（TAP）：在阿尔及利亚境内提供服务（旅游、饮食、运输、金融、文体、仓储、代理、广告、娱乐等）、转让无形资产（转让土地使用权、专利权、商标权、著作权等）或者销售不动产（销售建筑物及其他土地附着物等）的企业或个人应缴纳职业行为税。职业行为税的征收对象主要为服务提供者或者自由职业者。该税类似于中国的工商营业税。应纳税额 =（营业额 - 增值税）×税率。

（4）增值税（TVA）：在阿尔及利亚境内从事工业、商业或手工业、自由职业、金融保险、进口、批发零售、提供服务和智力支持、娱乐消费等职业者均须按规定缴纳增值税。课税主体包括生产商、进口商、批发商和零售商等在内的企业和个人。阿尔及利亚政府对部分出口行为选择性地征收增值税。增值税应纳税额 = 销售额×税率。

（5）地产税（TF）：阿尔及利亚地产税按无建筑物地产和有建筑物地产两类进行课税。其中，无建筑物地产主要包括农业用地、盐场、石场、露天矿以及可用于开发建设的土地等。有建筑物地产包括建筑地产、工商业地产以及在上述地产上所建的房屋、仓储室、工厂及各类商业设施等。无建筑物地产税以纳税人实际占用的土地市值为计税依据，依照规定税额计算征收。

（6）国内消费税（TIC）：国内消费税是阿尔及利亚政府对烟草、香烟、雪茄、酒精、火柴等特殊商品的生产消费行为所课征的一个税种。

（7）油气产品税（TPP）：阿尔及利亚政府对汽油、燃料油、柴油、液化石油气、丙烷、丁烷等油气产品消费所课征的税种。

（8）印花税（DT）：阿尔及利亚政府对在官方注册登记的购销合同、商业票据、营业证书、转讫收据、身份证件等有关凭证的企业或个人征收印花税。

三、税收征收和管理制度

阿尔及利亚基本实行属地税制，纳税人须自觉申报、计算和缴纳。目前，阿尔及利亚制定了《直接税和类似税法规》《营业税法规》《印花税法规》《间接税法规》，并在各省区设立省税务局对税收工作进行管理。阿尔及利亚财政部负责统管国家财政预算、税收，制定相关法律法规及政策，下属税务总局、海关总局、经济研究预测总局、审计局、国库总局、国土事务局。

阿尔及利亚税务总局隶属于阿尔及利亚财政部，负责管理国家税收、拟定全国税收法律、法令和征收管理制度，组织国家财政收入，运用税收杠杆对经济进行宏观调控。阿尔及利亚税务总局下辖税务法规司、税收征管司、税务纠纷司、信息组织司、资源管理司和审核研究司。此外阿尔及利亚税务总局在阿尔及尔、布利达、奥兰、塞蒂夫、谢里夫、安纳巴、君士坦丁、乌尔格拉和贝沙尔等 9 个省区设置了地方税务局，分管全国 48 个省区的税务工作。此外，阿尔及利亚政府还同时设置了独立于税务总局的税务监管局，对全国税收工作进行监督。

阿尔及利亚税务总局主要职能为制定税务法规、明细税种与税率、参与有关税务的各项研究工作、对外商签多双边税收协定、协调国际和国内的税收制度、制定税收收入预算、处理税收纠纷、打击偷漏税、保障各项税务工作有效进行、改善税务部门与纳税人之间的关系、制定税务报告、分析税收形势等。阿尔及利亚在各省区设立省税务局对税收工作进行管理，指导协助纳税人纳税，调解税务纠纷，方便纳税人履行纳税义务。阿尔及利亚政府还同时设置了独立于税务总局的税务监管局，对全国税收工作进行监督。

四、外国投资的税收优惠

（一）优惠政策框架。外国投资享受国民待遇，符合法律规定的所有投资项目，在向阿尔及利亚投资发展局申报并获批准后，享受一般优惠政策：

（1）实施投资阶段

①免征直接用于投资所进口的设备关税；

②免征直接用于投资所进口或当地购买的产品和服务增值税；

③免征在投资范围内购置的全部不动产的有偿转让税；

④免征在投资范围内出让的全部不动产的注册印花税、土地宣传税费和土地收入税；

⑤每年政府部门规定的土地租金减免 90%。

（2）税务部门证明投资项目进入经营阶段后（3 年或 5 年内）

①免征公司利润税（IBS）；

②免征职业活动税（TAP）；

③每年政府部门规定的开发税减免 50%。

（二）行业鼓励政策。对国家经济发展具有特别意义的投资，尤其是利用自主技术促进环境保护、自然资源保护、节约能源、促进可持续发展的投资，需由投资发展局代表国家与投资者谈判、签订有关协议，经国家投资委员会的批准方可给予相应的优惠政策，这类投资全部或部分享受以下优惠政策：

（1）在税务部门证明投资项目进入经营阶段后，最长 10 年内，享受一般优惠政策；

（2）免征或减免各项税收；

（3）在协商规定的时间内，国家提供补助、补贴或其他资金支持，并提供便利。国家投资委员会批准投资者享受免征或减免税收优惠政策的期限不得超过5年。

（三）地区鼓励政策。在国家特别扶持区域的投资，目前主要为阿尔及利亚南部和高原省份，额外享受以下优惠政策：

（1）实施投资阶段

①减免在投资范围内租用土地的租金；

②国家投资发展局估价后，国家全部或部分承担为实施投资所需要的基础设施建设费用；

（2）税务部门证明投资项目进入经营阶段后，10年内享受一般优惠政策。

给予外国投资的所有优惠，无论是一般性优惠还是特殊优惠都必须注明。可汇出境外的利润中必须扣除享受的这些海关、税收或其他优惠政策减免的同等金额。投资者须在停止享受优惠政策起4年内，将公司享受减免公司利润税（IBS）和职业活动税（TAP）所获得的利润的30%用于再投资。如公司拒绝再投资，将无法再享受税收优惠。

五、中阿税收协定

2006年11月6日，中国政府与阿尔及利亚政府在北京签署了《中华人民共和国和阿尔及利亚民主人民共和国政府关于所得和财产避免双重征税和防止偷漏税的协定》（以下简称“协定”）。协定共29条，主体部分从第1条至第26条，规定协定的适用范围、双重征税的解决办法、非歧视待遇、相互协商程序以及情报交换五大内容，其中双重征税的解决办法所占篇幅最大，详细规定了对于不动产所得、营业利润、海运和空运、联属企业、股息、利息、特许权使用费、财产收益、独立个人劳务、非独立个人劳务、董事费、艺术家和运动员、退休金、政府服务、学生和学徒、其他所得、财产等消除双重征税的解决办法，体现了税收协定把消除双重征税作为核心目的和宗旨。第27条规定代表和领事官员的税收特权，第28条和29条规定了协定生效和终止。

中国国家税务总局2007年8月28日下发《国家税务总局关于〈中华人

民共和国政府和阿尔及利亚民主人民共和国政府关于对所得和财产避免双重征税和防止偷漏税的协定〉生效及执行的通知（国税发［2007］102号），规定该协定自2007年7月27日起生效，自2008年1月1日起执行。

第三节　阿尔及利亚财税金融体系与政策

一、阿尔及利亚财税金融体系

阿尔及利亚独立前，金融体制和货币制度完全附属于法国。独立后才开始建立本国的金融机构和体制。1962年12月13日“阿尔及利亚中央银行”成立，1963年1月央行开始独立实行本国的金融体制，1964年4月央行首次发行本国货币——阿尔及利亚第纳尔。1990年颁布的9－10号法令是关于阿尔及利亚金融体制改革的一项法令，该法令旨在促使阿尔及利亚的金融体制从计划经济转向市场经济模式，适应市场经济发展的需要。央行放开了某些金融业务，由5家商业银行和1家投资银行共同经营阿尔及利亚的金融市场，同时允许外资银行进入阿尔及利亚的金融市场，开展自由竞争。央行负责制定有关金融业务、货币市场、金融交易、行际业务、货币兑换等方面的条例规定，并负有监控职责。为更好地发挥市场经济体制下的金融行业的作用，阿尔及利亚成立了“银行与金融机构协会”。1993年又成立了“有价证券交易所”，作为阿尔及利亚资本市场的组织机构。1999年“阿尔及尔交易所”正式营业，使阿尔及利亚的资本市场更加活跃，也使其金融体制更加市场化。

阿尔及利亚于2010年8月26日出台NO. 10－04法令，对2003年货币和信贷法令作出调整。根据新法令，如外国公司或个人投资当地银行业，须保证阿尔及利亚至少占股51%。国家在各私立银行和金融机构中均持有一定股份，但无投票权。如银行或金融机构股份发生转让的情况，国家享有优先购买权。银行和金融机构性质发生变化时，首先需要得到阿尔及利亚央行行长批准。在阿尔及利亚设立银行或金融机构，首先需要获得国家货币和信贷委员会的批准，然后在批准后12个月内向阿尔及利亚中央银行行长申请授权。在阿尔及利亚设立银行或金融机构有两种形式，一种是在当地注册的股份公司（SPA），另一种是外国银行或金融机构在阿尔及利亚的分行，两种形式的机构设立所需的程序是一致的。

二、阿尔及利亚财税金融政策

阿尔及利亚财政收入主要来自碳氢部门和国家各项税收，其中碳氢部门的收入占国家财政收入的60%以上；来自非税收和其他部门的收入由3%左右的比例上升到2001年的6%；其他收入的比重也在逐年增加。国家财政支出主要由经常项目支出和资本支出两部分组成：经常项目支出平均占财政总支出的75%；资本支出占25%左右。

第四节　在阿尔及利亚投资的财税金融风险与防范

首先，企业应建立必要的税务风险控制制度，做好税务风险评价。其次，做到本土化经营，与当地政府保持良好沟通，遇到税务纠纷积极寻求当地政府支持或中国使馆协助；与当地工会、居民形成良好关系，尊重当地风俗习惯、承担必要社会责任、保护生态、做好与媒体的公关、将中国文化与东道国的“入乡随俗”结合起来，减少税收纠纷。最后，国家税务机关，可以尝试在中资企业较多的东道国派遣税务专员，为中国企业降低海外投资税务风险和投资保值增值保驾护航。

防范关联交易纳税调整风险。阿尔及利亚要求向税务机关提供转让定价文件，税务机关有权进行审核和依据公平原则进行调整交易价格。所以，中资企业应严格遵循公平交易原则，避免引起东道国税务主管部门介入而带来关联交易纳税调整风险。

防范利息税前扣除带来的纳税调整风险。阿尔及利亚无资本弱化规定，目前，阿尔及利亚加入《BEPS多边公约》。BEPS行动计划使各国协调一致地应对税基侵蚀和利润转移问题，对政府来说是好事，但对企业来说，无疑加大了海外税务风险。阿尔及利亚只实施了衡量和监控BEPS和转让定价文档和国别报告2项。但随着各国对BEPS行动计划认识的深入，会逐渐扩大实施范围，中国企业应认真研究投资所在国执行BEPS行动计划的新政策，防止由此带来的税务风险。

第七章 阿尔及利亚环境资源法律制度

第一节 阿尔及利亚《土地法》的主要内容

一、主要内容

投资项目所需地皮，可租用或购买私人土地（房产），国有土地可通过特许经营和转让方式提供给投资者。租用私人土地（房产）只需通过公证人公证租房契约即可，但这一部分资源较少；政府为了进一步鼓励投资，于2006年出台了关于可提供给私人的国有土地的特许经营和转让办法，有关规定简介如下：

（1）基本原则：根据投资项目的需要，在遵守国家城市化的有关规定的条件下，可通过拍卖或者议标方式将国有可私人化土地出租（土地特许经营）或转让给企业、公共机构、自然人或法人。但排除以下情况：农业用地、国家旅游规划中所列有关旅游开发区、油气矿产勘探开发地区、规划中的房地产开发区。

（2）对于工业、旅游业、服务业投资项目所需土地，投资者可获得其特许经营权，期限最少20年，可续约，并在一定条件下（参见以下第6点）可将土地转让给投资者；在房地产开发项目框架下已规划好的有关项目地块可依据有关法规直接转让给投资者使用。

（3）土地的特许经营权授予通过拍卖或议标方式进行，其中位于阿尔及尔、安纳巴、奥兰、康斯坦丁省的所有市镇、北部省份的所有省政府、区政府的所在市镇、高原地区的省府所在市镇的土地通过拍卖转让经营权，位于其他地区的有关土地可通过议标方式转让经营权。

（4）土地的特许经营或转让需通过所在省省长根据职能部门的建议审

批或国家投资委员会有关授予投资项目优惠政策的决议批准，并通过行政契约确立，带有一份细则，规定投资项目的计划及土地经营权出让或土地转让的条件。土地特许经营权授予或转让是有偿的，应支付租金或转让费（拍卖价或市价）。通过议标方式进行出租的土地年租金大致为市价（或可拍卖底价）的5%。

（5）土地特许经营权受让人可在标地上建设有关建筑，且可利用房产抵押进行贷款。

（6）特许经营权的受让人，在投资项目建成并投产（根据行政契约细则的规定）后，可申请获得土地所有权（即土地的转让）。若特许经营权受让人在契约规定的期限内完成项目，并在完成项目两年内提出申请获得土地所有权的，可享受签订特许经营转让契约时确定的土地市价（拍卖价）获得土地并可扣除已付租金；若在完成项目两年后提出申请，则只能按照批准该申请时的市场价格获得土地，且不能抵扣租金。

（7）对于享受国家投资委员会审批的特殊优惠的投资项目，土地的租金、转让价格可另外作价。

（8）投资用地管理的职能机构为各个省设置的“产业布局、投资和地产调度促进协助委员会”（Comité d’assistance à la localization et à la promotion des investissements et de la regulation du foncier）。该机构由省长统领，负责该省可供投资土地的规划、管理和转让审批，并为投资者取得土地经营权提供必要的协助。

综上所述，对于阿尔及利亚国有土地的投资用地，投资者可先租地建设项目，待项目完成投产后获得土地的所有权，但私人土地一般采取出租的形式，购买难度较大，且需要省政府批准。

二、外资企业获得土地的规定

2010年8月15日，阿尔及利亚通过了新的《农村土地法》，规定了新的土地使用方式和条件。农民需要在18个月内到国家土地办公室（ONTA）重新登记申请土地有期限的土地租让使用权，如超过申请期限，则被视为放弃该权利，土地将被收回并将租让权转让给其他农民。新法律还给予农民更大的土地经营自主权，农民可以到银行申请贷款或与外资建立伙伴关系。

三、外资参与当地农业投资合作的规定

2010年8月15日，阿尔及利亚通过了新的《农村土地法》，规定了新的土地使用方式和条件。农民需要在18个月内到国家土地办公室（ONTA）重新登记申请土地有期限的土地租让使用权，如超过申请期限，则被视为放弃该权利，土地将被收回并将租让权转让给其他农民。新法律还给予农民更大的土地经营自主权，农民可以到银行申请贷款或与外资建立伙伴关系。

第二节　阿尔及利亚《矿业法》主要内容

一、矿产资源概况

阿尔及利亚矿产资源丰富，有石油、天然气、铁、磷酸盐、重晶石、汞、铅、锌、铜、铀等，主要矿藏集中在沿海一带，大高原、撒哈拉阿特拉斯山脉和大沙漠地区也有丰富的矿藏。阿尔及利亚的石油、天然气、磷酸盐为最重要的矿产资源，其产量居世界前几位。阿尔及利亚已探明石油储量约为90亿吨，可开采石油储量15.5亿吨。天然气储量为4.53万亿立方米，居世界第七位。阿尔及利亚的油气田主要分布在撒哈拉沙漠的偏北部地区，其储量大，又是低硫优质油，具有较高的开采价值和经济价值。阿尔及利亚有铁矿10多处，其中重要的铁矿有5处。最大的铁矿是位于廷杜夫附近的杰比勒特夫铁矿，蕴藏量约30亿吨，品位达58%。另外两个重要铁矿是位于东部的乌昂扎铁矿和布哈德拉铁矿，出产赤铁矿，品位在50%—60%之间，这两个铁矿的产量分别排在国内第一和第二，铁矿石主要向意大利和英国出口。阿尔及利亚的磷酸盐资源丰富，储量约10亿吨，居世界前列，主要磷酸盐矿分布在东部山区。阿尔及利亚的铀矿储藏量约5万吨；煤矿蕴藏量4000万吨。①

二、法律制度及矿业政策

阿尔及利亚于2016年政府颁布新版矿业法，规定了只有政府和相关企

① 张鑫刚，巴特尔，孙仁斌，元春华，韩九曦．阿尔及利亚矿产资源开发及矿业投资环境分析［J］．矿产勘查，2019，10（05）：1025－1030.

业才能开采的战略矿产，旨在通过更新的特许权使用费和收费制度、免除采矿许可证持有人所从事的地质基础设施、勘探和采矿作业的增值税以及各种激励措施，促进国外资本在矿业领域进行投资。根据新的矿业法，固体金属矿产的开采权利金税率为 1.5%，贵金属和半贵金属的开采权利金税率不超过 6%，而且对任何经营者 开放采矿活动，对所有投资者一视同仁。该法还通过一系列措施，提高了监管框架的灵活性，允许任何行业的公司从事采矿活动，允许运营商将许可证转让给其他公司，以及允许免费访问该国政府的地质数据库。

第三节　阿尔及利亚环境资源法律风险与防范

阿尔及利亚目前处于转型发展时期，需要矿产资源开发和综合利用，促进工业化发展进程。中资企业已经在阿尔及利亚矿业开发领域具有一定的基础，所以中阿两国具有良好的合作基础。针对其矿业开发的特点及存在的风险，提出如下建议：

（一）做好开发规划与策略的顶层设计

中资矿业企业应结合发展规划与经济实力，充分研判国内与境外的市场需求，首先确定国外投资矿种及成矿潜力区域，对目的国相关行政法规、矿产品品位及储量、人力资源市场、风土人情、人文信仰等内容作出理性分析和预判。与当地政府加强前期沟通，优选勘查区块并申请探（采）矿权，编制合理投资方案，详尽评估可能存在的风险。另外选择谙熟阿尔及利亚国法律、政策、风俗习惯和企业经营管理模式的职业矿业投资经理人，来对冲经济、文化和意识形态上的差异带来的风险。

（二）精准选择勘查矿种与合作方式

在勘查开发部署上逐步开发，重点聚焦优势矿产、中国急需紧缺的大宗战略性矿种上，以金矿、铁矿与磷酸盐为重点，以铁矿为突破口，由北部沿海地区逐步向内地开发。在首先摸清资源分布的基础上，重点开展优势矿产经济勘查开发综合评价；对于已探明的矿床，可采取矿权交易或参股、并购方式来参与。

（三）重视地质资料分析

历史缘故，阿尔及利亚大部分地质工作都是殖民国完成，通常能够收集到的地质资料都较老，而且不系统，很难在短期内对阿尔及利亚的地质、矿产特征有清晰的了解，对投资项目的地质前景往往难于判断或判断存在偏差，项目投资会存在一定风险。建议企业做好前期资料收集，避免投资风险。

（四）注意政策与环保要求

在投资建设项目前，必须先进行环境评估，将评估报告及相关材料递交有关环保主管部门，得到批准后方可进行项目建设。所有涉及业务扩展、设备变化等因素的改变或有关设施地理位置的移动，都必须重新提交项目的环保许可申请，应严格遵守各项法律规定的环保标准。

附　录

一、阿尔及利亚主要国家部委（涉及经贸领域）

（1）总理府 www. cg. gov. dz/fr/

（2）外交部 Ministère des Affaires Etrangères

地址：Plateau des Annassers, 16000, Rue Mohamed Garidi, ElMadania

电话：00213 –21504343

传真：00213 –21504141

网址：www. mae. gov. dz

（3）财政部 Ministère des Finances

地址：9 Rue Manaa Lakhdar, Ben Aknoun Alger

电话：00213 –21595151/595152

传真：00213 –21595125/731094

网址：www. mf. gov. dz/

职能：统管国家财政预算、税收，制定相关法律法规及政策。下属税务总局、海关总局、经济研究预测总局、审计局、国库总局、国土事务局。

（4）贸易部 Ministère du Commerce

地址：Cité Zerhouni Mokhtar El – Mohammadia. (Ex. les Bannaniers) – ALGER

电话：00213 –21890074/890075

传真：00213 –21890034

网址：www. commerce. gov. dz

职能：主管内外贸易，包括国内市场流通、双边多边经济合作、贸易促进、经济检查和反走私（政策）等。

（5）海关总署 Direction Générale Des Douanes

地址：19, rue du docteur Saâdane, Alger

电话：00213－21725959

传真：00213－21726000

网址：www. douane. gov. dz

职能：海关税收、进出口法规的实施、打击假冒、走私、执行有关贸易政策，保护国家利益和消费者利益。

（6）工业和矿业部 Ministère de l'Industrie et des Mines

地址：02, rue Ahmed Bey, Immeuble le Colisée, El－Biar, Alger

电话：00213－21239143／239428

传真：00213－21230694／239498

网址：www. mdipi. gov. dz/

职能：制定国家工业部门的发展战略和法律法规，管理产业发展、结构改革，负责各行业标准化和技术改造，为产业竞争力提升制定有关措施，监管工业企业的规范生产经营和生产安全等；组织协调国有企业私有化及其参股过程；研究提出促进投资的政策建议；负责内阁参股部门的秘书工作。

（7）能源部 Ministère de l'Energie

地址：Tour A, Chemin de Val d'Hydra, Ben Aknoun 16028

电话：00213－21488526／488523

传真：00213－21488557／488315

网址：www. energy. gov. dz

职能：制定和执行油气、矿产和其他能源资源的勘探开发、生产和能矿工业的政策、法律和法规，管理石油、天然气及其衍生物从勘探到销售的各个环节，管理矿产资源的开发利用，统领能源矿产领域各机构。

（8）水资源部 Ministère des Ressources en Eaux

地址：03, Rue du Caire, Kouba, Alger

电话：00213－21283901／283837／283951

传真：00213－21280100

网址：www. mre. gov. dz

职能：制定水资源开发利用政策法规，管理水坝、灌溉、水井、输水、水处理等项目的开发利用，统管国民经济各方面水资源使用。

（9）公共工程和交通部 Ministère des Travaux Publics et des Transports

地址：06, Rue Mustapha Khalef Ben－Aknoun Alger

电话：00213－21914947

传真：00213－21913585

网址：aaca. mtpt. gov. dz/mtpt2019/？lg＝fr

职能：负责国家城乡公路建设及桥梁和隧道建设，以及相关标准的制定和建设质量管理。制定交通运输和气象领域的政策法规，统领国家铁路、海运和航空基础设施建设和使用的管理和对内对外合作协调，管理气象领域的开发研究及运作。

（10）农业和乡村发展部 Ministère de l′Agriculture, du Développement Rural

地址：12, Boulevard Colonel Amirouche. Alger

电话：00213－21711712

传真：00213－21795986／718870

网址：madrp. gov. dz

职能：制定国家农业、林业、畜牧业的政策法规，管理和促进农、林、畜牧业资源的开发利用，协同有关部委管理农、林、畜牧业的工业化和食品安全等事宜。

（11）邮政、有线和无线通信部 Ministère de la Poste et des Télécommunications

地址：4 Boulevard Krim Belkacem, 16027, Alger, Algérie

电话：00213－21711220

传真：00213－21719295

网址：www. mpttn. gov. dz/fr

职能：制定邮政、电信和信息产业政策，负责邮政电信行业的战略开发和管理，管理国家电信网络等。

（12）住房、城市规划和城市部 Ministère de l′Habitat, de l′Urbanisme et de la Ville

地址：135 Rue Didouche Mourad, Sidi M′Hamed 16000

电话：00213－21740722

传真：00213－21745383

网址：www. mhuv. gov. dz

职能：制定住房战略规划和政策、管理不动产开发、建设和使用；城市化的规划开发，城市居民基础设施建设的管理。

（13）旅游、手工业和家庭产业部 Minisètre du Tourisme, de l’ Artisanat et du Travail familial

地址：90 Rue Didouche Mourad, 16000

电话：00213 -21432801/21432886

网址：www. mtatf. gov. dz

职能：制定手工业发展战略及相关政策法规，促进手工业领域投资及相关的分包，为其提供土地、融资、信息交流等方面的便利，组织该领域国际合作。

（14）劳动、就业和社会保障部 Ministère du Travail, de l'Emploi et de la Sécurité Sociale

地址：44, rue Mohamed Belouizded, Alger 16600 Algérie

电话：00213 -21659999

网址：www. mtess. gov. dz

职能：制定就业促进战略；支持促进就业的投资项目；促进劳动市场管理的优化和现代化；监管和评估劳动市场管理；促进青年就业；保障劳工利益。

（15）阿尔及利亚中央银行 Banque d’ Algérie

地址：8 Avenue Franklin ROOSEVELT, Alger

电话：00213 -21230023

电传：00213 -2166499 / 230371

网址：www. bank - of - algeria. dz（可查询在阿各银行及外国分行的联系方式）。

二、经贸行政机构及相关组织

（1）国家税务总局 Direction Générale des Imp ô ts

地址：Ministère des Finances Immeuble Ahmed Francis Cité Malki Ben Aknoun Alger 16306

网址：www. mfdgi. gov. dz

电邮：contact_ DGI@ mf. gov. dz

（2）国家商业注册中心 Center National du Registre du Commerce (CNRC)

地址：Route Nationale N° 24 Lido Bordj El Kiffan Alger BP N° 18,

16120 Algérie

电话：00213 - 21 - 201028 / 205538

传真：00213 - 21 - 201917

网址：sidjilcom. cnrc. dz/web/cnrc/accueil

职能：工商注册部门

（3）阿尔及利亚对外贸易促进局 Agence Nationale de Promotion du Commerce Extérieur

地址：Route nationale N° 5, Cinq maisons El Mohamadia, Alger

电话：00213 - 21521210

传真：00213 - 21521126

网址：www. algex. dz

职能：促进实施有关促进本国非油气产品出口的计划、政策等，分析国内外形势提出贸易促进建议，建立进出口信息沟通机制，服务于本国进出口商，对外交流、与外国和国际组织加强联系等。提示：可查询阿主要展会和出口促进会活动信息。

（4）国家投资发展局 Agence Nationale de Développement de l'investissement（ANDI）

地址：01 rue kaddour rahim, Hussein - Dey, Alger

电话：00213 - 21773262 / 63

传真：00213 - 21773257

网址：www. andi. dz

职能：促进和管理投资。接受投资申报、负责投资资格审查并协同税务、海关部门实施投资优惠政策；为企业的创办提供行政手续便利、各地方投资的协调工作；管理投资基金。

（5）国家土地中介和调节管理局 Agence Nationale d'Intermédiation et de Régulation foncière（ANIREF）

地址：13, Avenue Mustapha Sayed El - ouali（ex Claude Debussy） Alger 16000 Algérie

电话：00213 - 21716745

传真：00213 - 21716750

网址：www. aniref. dz

电邮：contact@ aniref. dz

职能：受工业和矿业部管理，为工商性质的公共机构，主要负责不动产的土地的中介、国家土地调节、为投资者提供土地信息等。

（6）阿尔及利亚国家保险委员会 Conseil National des Assurances

地址：30，Lotissement du Val d'Hydra，Lot n°50 －Hydra － Alger

电话：00213－21692037

传真：00213－21691524

网址：www. cna. dz（可查询在阿各保险公司、机构的联系方式）

（7）海关信息和统计中心 Center National de l'Informatique et des Statistiques（CNIS）

地址：17 rue des Mourabitoune，Alger Center

电话：00213－21715600

传真：00213－ 21430695

电邮：cnis@ douane. gov. cn

职能：国家经贸信息统计分析。

（8）国家统计局 Office National des Statistiques（ONS）

地址：rue Mohamed Belkacemi Oued Kniss Ruisseau Alger.

电话：00213－21777838／21639974

传真：00213－21777830

网址：www. ons. dz

（9）阿尔及利亚标准化协会 Institut Algérien de Normalisation

地址：5 & 7 Abou Hamou Moussa，Alger

电话：00213－21630589

传真：00213－21641761

网址：www. ianor. dz

职能：阿尔及利亚国家标准化组织，国际标准化组织成员，负责制定公布有关标准；对标准化工作进行协调和统一；负责阿尔及利亚境内的国际标准认证工作（ISO，CEI 等）；标准化研究、认证促进、国际合作等。

（10）阿尔及利亚国家工业产权协会 Institut National Algérien dePropriété Industrielle（INAPI）

地址：42，RUE LARBI BEN M'HIDI ALGER CENTER

电话：00213－21732358／736084

传真：00213－21735581/96

网址：e－services. inapi. org/SITE

职能：负责国内工业产权的保护，包括商标、专利、原产地品名等工业产权的注册和管理；促进国内发明和技术创新，为企业、学校、研究机构等获得专利技术方面的信息提供便利；通过分析、控制等手段为技术引进提供便利。

三、商会、协会、联合会

（1）阿尔及利亚工商会 Chambres de Commerce et d'Industrie Algériennes

地址：Palais consulaire 6，Bd Amilcar Cabral Place des Martyrs，Alger

电话：00213－21967777 / 966666

传真：00213－21967070

网址：www. caci. dz

（2）阿尔及利亚国家公证人公会 Chambre Nationale des Notaires

地址：2 Chemin Al－Bakri，Ben Aknoun

电话：00213－21420393；429522

传真：00213－21420394

网址：www. cn－notaires. dz

（3）阿尔及利亚出口商协会 Association Nationale des Exportateurs Algériens（简称 ANEXAL）

地址：Immeuble ALGEX（Ex Promex），Route Nationale N°5，Cinq Maisons，Mohamadia－Alger.

电话：00213－21824228

传真：00213－21824227

电邮：anexal_ export@ yahoo. fr

网址：www. exportateur－algerie. org

（4）阿尔及利亚企业家联合总会 Confédération Générale des Entrepreneurs et OpérateursAlgériens（简称 CGEOA）

地址：142 Lot BENHADDADI － Dar Eddiaf － Cheraga － Alger

电话：00213－21392145 / 674274

传真：00213－21392146 / 538645

网址：cgea－dz. org

（5）阿尔及利亚工业家和生产者联合会 Confédération des Industriels et

Producteurs Algériens（简称 CIPA）

地址：118，chemin de la wilaya，ZI Oued Smar，Alger，Algérie

电话：00213－21515791／516819

传真：00213－21516820／528612

电邮：mehenni－c@ wissal. dz

（6）阿尔及利亚雇主国家联合会（简称 CAP）Confédération Algérienne du Patronat

地址：Cité 1200 logs － Résidence《EL CHARIFA》Bab Ezouar Alger

电话：00213－21428142／748252

传真：00213－21717290／428148

网址：www. capalgerie. org

（7）阿尔及利亚企业主论坛（简称 FCE）Forum des Chefs d'Entreprises

地址：Rue Sylvain FOURASTIER N°08 El Mouradia，Alger

电话：00213－ 21699673、21699653、21690719

传真：00213－ 21690716

网址：www. fce. dz/

埃塞俄比亚经贸投资法律环境报告

第一章　埃塞俄比亚基本概况

有着“非洲之角”之称的埃塞俄比亚，是近代史上非洲未被殖民过的两个国家之一，也是非洲第二大人口国。其首都亚的斯亚贝巴是联合国非洲经济委员会（UNECA）和非洲联盟（AU）总部所在地，被誉为“非洲的政治心脏”，在非洲具有独特的政治地位。中国与埃塞俄比亚于1970年11月24日建交。近年来，两国关系呈现健康、持续发展势头。中埃经济技术合作始于1971年，两国签有贸易、经济技术合作等协定，迄今中国已为埃塞俄比亚建成了公路、兽医站、发电站和供水工程等30个成套项目。2020年，双边贸易额25.7亿美元，同比下降3.9%；其中中方出口额22.3亿美元，进口额3.4亿美元。1988年两国签订文化合作协定。双方文化代表团、演出团互访频繁。

目前，中国与埃塞俄比亚签订的重要双边文件共10份，其中有关经贸合作法律的主要有《中华人民共和国政府和埃塞俄比亚联邦民主共和国政府关于鼓励和相互保护投资协定》（1998年5月）、《中华人民共和国政府和埃塞俄比亚联邦民主共和国政府科学技术合作协定》（2011年10月）、《中华人民共和国政府和埃塞俄比亚联邦民主共和国政府关于经贸合作区的协定》（2014年5月）、《中华人民共和国政府和埃塞俄比亚联邦民主共和国政府关于共同推进丝绸之路经济带和21世纪海上丝绸之路建设的谅解备忘录》（2018年9月）、《中华人民共和国政府与埃塞俄比亚联邦民主共和国政府关于共同推进“一带一路”建设的合作规划》（2019年4月）。

第一节　埃塞俄比亚国家概况

埃塞俄比亚是有3000多年历史的文明古国。公元前8世纪，建立努比亚王国。公元前后，建立埃塞俄比亚帝国，又称阿克苏姆王国，曾是非洲的文化中心。10世纪建立扎格王朝。13世纪建立阿比西尼亚王国。19世纪初分裂成若干王国。1889年，孟尼利克二世称帝，统一全国，建都亚的斯亚贝巴。1928年海尔·塞拉西登基，并于1930年11月加冕为一世皇帝。1974年废黜帝制，成立“临时军事行政委员会”。1977年门格斯图·海尔·马里亚姆中校发动政变上台，自任国家元首。1979年成立以军人为主的“埃塞俄比亚劳动人民党组织委员会”，推行一党制。1987年9月，门格斯图宣布结束军事统治，成立埃塞俄比亚人民民主共和国。1988年埃塞俄比亚爆发内战。1991年5月28日，埃塞俄比亚人民革命民主阵线（埃革阵）推翻门格斯图政权，7月成立过渡政府，埃革阵主席梅莱斯·泽纳维任总统。1994年12月制宪会议通过新宪法。1995年5月举行首次多党选举。8月22日，埃塞俄比亚联邦民主共和国成立，梅莱斯以人民代表院多数党主席身份就任总理。在2000年、2005年、2010年三次大选中，梅莱斯均连任。2012年8月21日，梅莱斯总理不幸去世。9月15日，埃塞俄比亚执政党人民革命民主阵线通过决议，选举副总理兼外交部部长海尔马里亚姆为党主席。9月21日，埃塞俄比亚议会举行特别会议，正式批准海尔马里亚姆为新总理，顺利实现了权力交接，保持了政局稳定。2015年，埃革阵在全国大选中继续取得压倒性胜利，海尔马里亚姆被选为总理。2018年4月2日，埃塞俄比亚议会人民代表院任命埃革阵（2019年改组为繁荣党）新任主席阿比·艾哈迈德为总理，埃塞俄比亚政权实现平稳交接。埃塞俄比亚是东部非洲地区重要的国家之一，在近代史上是非洲没有被殖民过的两个国家之一（另一个是利比里亚）；在现代史上，埃塞俄比亚是第一个跻身于自由民族之林的非洲国家。当前，埃塞俄比亚是东非地区乃至整个非洲最重要的国家之一，其首都亚的斯亚贝巴号称“非洲政治首都”，是非盟总部和联合国非洲经济委员会（UNECA）总部所在地。世界银行、国际货币基金组织（IMF）、联合国工发组织、联合国开发计划署、国际金融公司等多家国际组织在此设有办事处。

一、埃塞俄比亚的人文和地理环境

埃塞俄比亚是非洲东北部内陆国，位于非洲、中东和亚洲之间的“十字路口”，东与吉布提、索马里毗邻，西同苏丹、南苏丹交界，南与肯尼亚接壤，北接厄立特里亚。面积110.36万平方公里，高原占全国面积的2/3，平均海拔近3000米，素有“非洲屋脊”之称。埃塞俄比亚所属时区为东三区，比北京时间晚 5 个小时。埃塞俄比亚是非洲第二人口大国。截至 2020 年 6 月，埃塞俄比亚人口约为 1.09 亿。全国有 80 多个民族，主要有奥罗莫族、阿姆哈拉族、提格雷族、索马里族、锡达莫族等。受高海拔影响，埃塞俄比亚气候宜人，年平均温度为 16℃。全年大致分为旱季和雨季，2—3 月和 6—9 月分别为小雨季和大雨季，其他月份为旱季。埃塞俄比亚耕地面积占全国总面积约 45%，具有发展农业的先天优势，森林面积占全国总面积约 12.3%。清洁水源覆盖率超过 60%，有“东非水塔”的美誉，但水资源利用率仅为 5%。矿产资源丰富，已探明的矿藏有黄金、铂、镍、铜、铁、煤、硅、钾盐、磷酸盐、大理石、石灰石、石油和天然气。亚的斯亚贝巴是政治、经济、文化中心，也是联合国非洲经济委员会和非洲联盟总部所在地。埃塞俄比亚行政区划分为亚的斯亚贝巴和迪雷达瓦 2 个自治行政区，以及奥罗米亚州、阿姆哈拉州、阿法尔州、本尚古勒—古马兹州、甘贝拉州、哈勒尔州、索马里州、南方各族州和提格雷州 9 个民族州。

二、埃塞俄比亚的政治和经济环境

埃塞俄比亚人民革命民主阵线（简称埃革阵）执政以来，创建以民族区域自治为基础的联邦政体，以发展经济为重点，注重协调稳定、发展和民族团结三者间关系。2001 年埃革阵“四大”通过新党章、党纲，确立了各民族平等参与国家事务的“革命民主”和“资本主义自由市场经济”的政治经济发展方向。2005 年 5 月，埃塞俄比亚举行第三次议会选举。埃革阵虽继续赢得政府组阁权，但议会席位流失近 1/3。反对党以大选存在舞弊为由拒不承认选举结果，在首都等主要城市煽动暴力活动，被政府平息。此后埃革阵努力推动政治与社会和谐，促进内部稳定，积极同反对党开展对话，大赦反对党领导人，巩固和加强农村地区的群众基础，基本实现政党和解；深化各项改革，加强能力和良治建设，并实施五年发展计划，执政地位得到巩固。2008 年 4 月，埃塞俄比亚举行联邦议会、地方各州议会及行政机关的补选和选举，埃革阵赢得绝大多数席位。2010 年 5 月，埃塞俄比亚举行第四次多党议会选举，埃革阵及其友党获胜，反对党团仅获得一个议会席位。2015 年 5 月，埃塞俄比亚再次举行全国大选，埃革阵及其友党获得议会人民代表院全部席位。10 月，海尔马里亚姆再次出任总理，并任命新内阁。2015 年 11 月以来，埃塞俄比亚部分州示威游行和骚乱延宕起伏，造成重大人员伤亡和财产损失。2016 年 10 月，埃塞俄比亚宣布进入为期 6 个月的紧急状态，采取多项措施维稳，并于11月改组政府。2017年8月，埃塞俄比亚宣布解除持续了10个月的国家紧急状态。随后，埃塞俄比亚索马里州和奥罗米亚洲因边界纠纷发生严重族群冲突，导致数百人死亡，上百万人流离失所；奥罗米亚和阿姆哈拉州也先后发生罢工罢市和大规模游行示威，部分地区再度出现骚乱。2018年2月15日，海尔马里亚姆宣布辞去埃革阵主席和总理职务；2月16日，埃塞俄比亚政府宣布再次进入为期6个月的全国紧急状态；4月2日，埃塞俄比亚议会人民代表院任命埃革阵新任主席阿比·艾哈迈德为总理。阿比出任总理后，积极调停民族矛盾，提前结束紧急状态，继续释放大批反对派政治人物和媒体异议人士，与国内外反对党密集进行政治对话，受到埃塞俄比亚各界普遍欢迎。2019年12月1日，原埃革阵的四个成员党中的三个（阿姆哈拉民主党、奥罗莫民主党和南埃塞俄比亚人民民主运动）以及全部友党（阿法尔民族民主党、本尚古勒－古马兹人民民主团结阵线、埃塞俄比亚索马里人民民主党、甘贝拉人民民主运动和哈勒尔民族联盟）合并为繁荣党，阿比·艾哈迈德为党主席。目前，繁荣党为埃塞俄比亚执政党。

第二节　埃塞俄比亚法律概况

埃塞俄比亚遵循大陆法系，主要法律根据民事、商业、刑事及其他法典制定。

宪法是该国最高法律。宪法以下是由议会决议通过的公告，随后是由部长理事会制定的各种条例，然后是由部委或机构决议通过的实施指令。所有公告和条例都在政府公报上发布。

一、埃塞俄比亚的立法体系

联邦议会由人民代表院和联邦院组成，系国家最高立法机构。人民代表院系联邦立法和最高权力机构，负责宪法和联邦法律的制定与修订，由全国普选产生，每5年改选一次。一般不超过550个议席。本届人民代表院有547个议席，其中少数民族至少占20席。现任议长塔格塞·恰福（Tagesse Chafo），2018年10月当选人民代表院议长。联邦院拥有宪法解释权，有权决定民族自决与分离，解决民族之间纠纷，议员任期5年，由各州议会推选或人民直选产生，每个民族至少可有1名代表，每百万人口可增选1名代表。本届联邦院有163名议员，现任议长亚登·法拉（Aden Farah），2020年6月就职。

二、埃塞俄比亚的行政体系

1994年12月8日，埃塞俄比亚制宪会议通过第四部宪法——《埃塞俄比亚联邦民主共和国宪法》，1995年8月22日生效。新宪法共11章106条，规定埃塞俄比亚为联邦制国家，实行三权分立和议会制，政教分离。总统为国家元首，任期6年。总理和内阁拥有最高行政权，由多数党或政党联盟组阁，集体向人民代表院负责。埃塞俄比亚各民族平等自治，享有民族自决和分离权，任何一个民族的立法机构以2/3多数通过分离要求后，联邦政府应在3年内组织该族进行公决，多数赞成即可脱离联邦。各州可以本族语言为州工作语言。保障私有财产，但国家有权进行有偿征用。城乡土地和自然资源归国家所有，不得买卖或转让。组建多民族的国家军队和警察部队，军队不得干政。保障公民的民主自由和基本权利。

三、埃塞俄比亚的司法体系

埃塞俄比亚遵循大陆法系，宪法为全国最高法律，以下依次为民法、商业法、刑法等基本法，由议会决议通过的公告，由部长理事会制定的各种条例以及由部委或机构决议通过的实施指令。所有公告和条例都需在政府公报上发布。

埃塞俄比亚最高司法机构是联邦最高法院，对联邦事务拥有最高和最终司法权。本届联邦最高法院院长为梅阿扎·阿什娜菲（Meaza Ashenafi）。联邦最高法院设上诉法庭，负责审查和纠正下级法院的判决。若判决具有法律解释的性质，则对州各级法院具有指导和约束作用。

各州设立州最高法院、高等法院和初审法院。部分州设有联邦法院，如该州未设联邦法院，则该州最高法院拥有区域内最高和最终司法权，并管辖区域内的高等法院和初审法院。

第二章　埃塞俄比亚投资法律制度

第一节　埃塞俄比亚外资概况

埃塞俄比亚作为东非地区大国，在投资环境方面拥有诸多得天独厚的优势。水利资源丰富，生物多样性特征明显；劳动力资源丰富，国内市场潜力巨大。此外，埃塞俄比亚还是东南非共同市场、非洲、加勒比海和太平洋地区等区域组织成员，作为最不发达国家，还享受美国《非洲增长与机遇法》和欧盟“武器除外的全面优惠安排”等关于非洲产品免关税、免配额的政策，对周边及美欧国家出口具有一定的便利。

世界经济论坛《2019 年全球竞争力报告》显示，埃塞俄比亚在全球最具竞争力的 141 个国家和地区中，排第一百二十六位。世界银行发布的《2020 年营商环境报告》中，埃塞俄比亚在 190 个经济体中全球营商环境排名第一百五十九位。

一、埃塞俄比亚国内经济现状

据埃塞俄比亚政府统计，其国内生产总值已连续多年保持较高增速，远高于撒哈拉以南非洲地区，是非洲经济增长最快的经济体之一。埃塞俄比亚自 2019 年开始实施为期三年的内生经济改革计划，积极争取国际援助，吸引投资，促进出口，努力克服外汇短缺等经济发展瓶颈问题，坚决推行税制改革，打击偷税漏税，总体经济发展态势良好。2018—2019 财年（埃塞俄比亚财年起止时间为当年 7 月 8 日至次年 7 月 7 日），埃塞俄比亚国内生产总值（GDP）约为 961 亿美元，增长率为 9.0%。另据埃塞俄比亚政府预测，受疫情影响，2019/20 财年埃塞俄比亚经济增长率将降至 6%，预计 2019—2020 财年 GDP 总量将超 1000 亿美元，人均 GDP 将达 1000 美元。

2018—2019财年，埃塞俄比亚农业、工业和服务业三大产业占GDP的比重分别为33.3%、28.1%和39.8%，增长率分别为3.8%、13.3%和10.7%。近几年，埃塞俄比亚对农业的依赖有所下降。相比之下，工业和服务业占GDP的比重比前几年有所上升。2020年6月底，埃塞俄比亚中央银行的国际储备总额约30亿美元（国际货币基金组织数据），较上财年明显下滑。埃塞俄比亚属重债穷国减债倡议和多边债务减免倡议受益国，近年来获中国、美国、俄罗斯及世界银行、国际货币基金组织大幅减债，其举债规模和条件受世界银行和国际货币基金等国际组织限制。

二、埃塞俄比亚外资经济现状

根据联合国贸易和发展会议《2020年世界投资报告》统计数据，2019年埃塞俄比亚吸收外资流量为25.16亿美元，同比减少24%，但在东非国家中仍位列第一，在非洲国家中位列第五；截至2019年底，埃塞俄比亚吸收外资存量为249.2亿美元。

从投资来源地来看，截至2018/19财年，中国是对埃塞俄比亚累计投资第一大来源地，占埃塞俄比亚累计吸收外资总额的24.85%，其次为沙特阿拉伯（17.08%）、土耳其（10.27%）、印度（8.05%）、欧盟（7.67%）。从投资领域看，2014—2018年，在埃塞俄比亚吸收的外商投资中，每年都有超过50%流向制造业，其中主要是对工业园区的投资。

世界银行2020年6月发布的《全球经济展望报告》称，内生经济改革计划的一系列宏观措施将逐步缓解埃塞俄比亚经济失衡问题，为埃塞俄比亚经济中长期发展奠定良好基础；国企私有化和更多工业园的投产将带来大量外资。如今，埃塞俄比亚已逐渐成为海外资本，特别是中国资本关注的投资目的地。

第二节　埃塞俄比亚投资法律体系及基本内容

目前，埃塞俄比亚与投资合作有关的法律法规主要包括《投资激励措施和为国内投资者保留投资领域的部长理事会条例》（Council of Ministers Regulation No. 270/2012）、《投资激励措施和为国内投资者保留投资领域的部长理事会条例（修正案）》（Counci of Ministers（Amendment）Regulation No. 312/2014）、《工业园区法》（Proclamation on Industral Parks No. 886/

2015)、《工业园区条例》(Council of Ministers Regulation No. 417/2017) 和《投资法》(Investment ProclamationNo. 1180/2020)。此外，还有1960年颁布的《商法》(Commercial Code No. 166/1960)，2020年6月，埃塞俄比亚部长理事会审议通过了新版《商法典》草案，但仍待埃塞俄比亚议会人民代表院审议通过。

埃塞俄比亚新投资公告在2020年4月2日在政府公报上发布并开始实施。随后，埃塞俄比亚部长委员会根据该公告制定了新的投资条例（2020年第474号投资条例)，并在9月2日公布实施。新投资公告和投资条例成为埃塞俄比亚最新的主要投资法律框架。

一、埃塞俄比亚新投资法律框架的主要内容

埃塞俄比亚新投资公告内容涵盖一般规定、投资目的、投资领域、投资资本要求、投资许可、投资鼓励措施、投资保障、投资申诉及投资争议解决等事项。而作为实施新投资公告的新投资条例主要对新投资公告没有详细规定的内容进行补充，以推动新投资公告的实施。

投资领域及资本要求。在新投资法律框架中，除了保留的投资领域外，其他投资领域都向外国投资者开放，只要不违反埃塞俄比亚的法律、道德、公共健康或安全。该条规定将保留的投资领域分为三类：一类只能由外国投资者与埃塞俄比亚政府联合投资；一类只能由埃塞俄比亚国内投资者进行投资；一类只能由外国投资者和埃塞俄比亚国内投资者联合投资。

第一类保留的投资领域涉及五大行业，分别是武器、弹药和用于武器的炸药的生产；电能的进出口；国际航空运输服务；巴士快速转运服务；以及不包括快递服务的邮政服务。第二类专为埃塞俄比亚国内投资者保留的投资领域涉及32个行业，主要涉及金融、媒体、法律服务、批发、零售、旅馆、餐饮、娱乐、影音、中小型健康服务等行业。但该领域的许多行业也存在例外情况，这为外国投资者进入这些行业提供了机会。例如，电子商务批发和零售，液化石油气和沥青的进口，星级酒店及服务，特定行业重型设备和机械的租赁，某些运输服务如火车、缆车、冷链的运输服务，重型工业机械和医疗设备的维修及维护，船员的招聘服务等就被排除在这一保留领域。第三类涉及的行业有七类，分别是货运代理和船舶代理服务，国内航空运输服务，45座以上的全国公共运输服务，具有较大运载能力的城市公共运输服务，广告及推广服务以及会计和审计服务。

外国投资者在埃塞俄比亚单个投资项目的最低资本不得低于20万美元，但如果外国投资者与埃塞俄比亚国内投资者进行联合投资，则最低投资资本不得低于15万美元。对于建筑或土木工程，或有关技术咨询服务、技术测试和分析以及出版行业的投资，如果是外国投资者单独投资，则最低投资资本为10万美元，如果是和埃塞俄比亚国内投资者联合投资，则最低投资资本为5万美元。最低投资资本要求不适用于下列情形：外国投资者利用利润或分红进行的再投资；因私人有限公司变更为股份公司后而当选为董事会成员的人员；外国投资者并购某一既有企业或购买其部分股份。

投资许可。新投资公告规定，下列投资者在进行投资前应获得投资许可：外国投资者；进行联合投资的埃塞俄比亚国内投资者和外国投资者；根据新投资公告第2条规定作为国内投资者进行投资的投资者；在可享有投资鼓励措施的领域进行投资并希望享有此类鼓励措施的埃塞俄比亚国内投资者；希望扩大或升级现有投资的投资者，如果该投资可享受投资鼓励措施且投资者希望享受此类鼓励措施。由于新投资公告对投资者身份的规定有重合之处，为了避免投资者同时享有外国投资者和国内投资者的待遇，新投资公告专门规定，任何投资者在任何时候都不得同时持有国内投资者和外国投资者许可。

投资鼓励和投资保护。新投资公告并没有详细列举具体的投资鼓励措施，它只是规定可以享受投资鼓励措施的投资领域以及投资鼓励措施的类型和数量，应由部长委员会制定相应条例予以确定，但新投资条例也没有对投资鼓励措施作出规定。不过，根据新投资公告和新投资条例的规定，被作为国内投资者对待的外国投资者或外国国民有权拥有投资所必需的不动产，但此类不动产不包括土地。如果此类投资者投资数额超过1000万美元，还可在埃塞俄比亚拥有一套房产。

新投资法律框架还明确对征收和资本汇回等关系投资保护的事项作了规定。只有为了公共利益，符合法律要求且在非歧视基础上，才能对投资进行征收。在对投资进行征收时，埃塞俄比亚政府会根据当时的市场价格向投资者提前支付充分赔偿。此外，新投资公告还规定，外国投资者的投资利润和分红、国外贷款的本金和利息、技术转让所得、股份或企业转让所得、企业清算所得、征收赔偿等都可以可兑换货币汇回其本国。因投资所雇佣的外国雇员也可用可兑换货币汇回其收入所得。这些规定可以免除外国投资者和外国雇员的后顾之忧。

二、埃塞俄比亚新投资法律框架带来的投资机遇

第一，可以选择更为有利的投资者身份。根据新的投资法律框架，一些外国国民和外国企业可以根据埃塞俄比亚的相关法律或埃塞俄比亚批准的国际投资条约可以被作为国内投资者对待，而一些在埃塞俄比亚生活或经营多年的外国国民或外国企业也有可能根据埃塞俄比亚的相关法律被授予国内投资者的地位。这样，符合条件的外国国民或外国企业就可选择作为国内投资者，从而获得更多的投资机会。

第二，投资者拥有了更多的投资方式和出资方式。例如，在新的投资法律框架下，投资者可以选择通过并购埃塞俄比亚的企业进行投资，而且出资方式更为灵活，投资者可以利用商标权、专有技术以及其他无形商业财产进行出资，从而可以缓解融资压力。

第三，投资者面临更多的投资机会。在旧的投资法律框架下，许多行业不对外国投资者开放，如卫生服务、批发和零售、水泥生产、电力进出口等。在新的投资法律框架下，除了投资保留领域的某些行业外，埃塞俄比亚国内大部分行业都已向外国投资者开放，这样投资者就拥有了更多的投资选择。对于中国投资者而言，考虑到埃塞俄比亚国内的实际情况以及新冠疫情暴露出的问题，特别是埃塞俄比亚国内面临的基础设施不足、物流不畅、卫生状况落后、人才匮乏等问题，中国投资者可以选择投资运输服务、土建工程、电子商务、星级酒店、卫生、教育、设备和机械制造等行业。①

第三节　埃塞俄比亚投资的监管与审批

一、埃塞俄比亚投资主管部门

埃塞俄比亚投资委员会（Ethiopian Investment Commission）为埃塞俄比亚投资管理和促进机构，是具有法人地位的自治性公共机构，直属于埃塞俄比亚总理府，投资委员会主任和副主任由总理任命。

---

① 朱伟东．埃塞俄比亚投资新规背后的机遇［J］．中国投资（中英文），2020（Z9）：98－99.

二、埃塞俄比亚投资主管部门的职能

埃塞俄比亚投资委员会的职能是：向政府呈报和实施对本国和外国投资者有利的投资政策，检查和落实投资政策的执行情况；收集、编纂、分析和宣传埃塞俄比亚资源潜力和投资机会的资料；向投资者提供咨询支持，联络和协调投资者、政府部门、地区政府和其他有关机构之间关系，为投资者牵线搭桥；根据投资需要，组织国内外展览、会议、培训和研讨等活动；办理投资注册手续，发放投资许可证，颁发贸易和营业执照，办理外商居留证和工作证，监督投资项目的实施；批准与投资有关的技术转让协定并为之注册；洽谈促进和保护投资的双边协定；行使可能对促进和增加投资有帮助的其他职能。

埃塞俄比亚投资委员会网站：www. investethiopia. gov. et，已开通中文页面和电子政务服务。

第四节　埃塞俄比亚 PPP 投资模式

2017 年，埃塞俄比亚政府颁布了《政府和社会资本合作法（PUBLIC PRIVATE PARTNERSHIP，PPP）》，成立了 PPP 理事会。该理事会由埃塞俄比亚财经合作部（现改名为财政部）牵头，包含来自 7 个不同部委和 2 名由埃塞俄比亚全国商会任命的私营企业代表。此外，埃塞俄比亚政府还在财经合作部下设政府和社会资本合作（PPP）管理办公室，负责 PPP 项目的管理和执行。2018 年，埃塞俄比亚政府和社会资本合作（PPP）理事会批准了 17 个发电和高速公路项目，将采用 PPP 模式与外国私营投资者合作开发，投资总额约 65 亿美元。在上述项目中，水电和光伏项目装机达到 3000MW，投资总额约 53 亿美元。此外，还包括阿达玛至阿瓦士高速路（125 公里）、阿瓦士至米埃索高速路（72 公里）和米埃索至德雷达瓦高速路（160 公里）等 3 条高速公路项目，耗资 11.25 亿美元。2019 年 4 月，中国电力技术装备有限公司与埃塞俄比亚财政部签署埃塞俄比亚 PPP 输配电项目执行协议。本次签署的 PPP 输配电项目将保障埃塞俄比亚 16 个工业园供电，大幅提高供电可靠性。目前，该项目正着力解决融资问题。

2019 年 9 月，沙特一家名为 ACWA 能源的私营企业获批价值 3 亿美元的太阳能 PPP 项目。该项目位于埃塞俄比亚索马里州和阿尔法州，建成后将产出250兆瓦电能，电价为2.526美分/千瓦时（约合0.18元/千瓦时）。

第五节 埃塞俄比亚投资的法律风险与防范

投资非洲也有诸多挑战。埃塞俄比亚存在基础设施配套落后、工业用水用电不均衡、行政部门效率低、存在贪腐现象。此外，有企业反映，近来埃塞俄比亚对外汇管制较为严格，因此，在埃塞俄比亚投资尤其要注意法律风险的防范。

一、埃塞俄比亚投资的主要法律风险

（一）政治风险和安全风险。埃塞俄比亚民族和政治矛盾根深蒂固，不时引发骚乱冲突。原计划于2020年8月举行的全国大选因新冠肺炎疫情推迟至2021年6月。大选前后，埃塞俄比亚政治安全形势趋于复杂，不确定因素增多。新冠肺炎疫情、蝗灾、洪水等导致埃塞俄比亚经济低迷和粮食短缺，亦可能引发社会动荡，抢劫等恶性治安事件已有增多趋势。地处偏远地区的工程项目应当始终高度警惕，完善突发事件紧急预案，并与联邦警察、当地警察建立良好的关系，保障项目人员和财产安全。

（二）拖欠工程款风险。2020年受新冠肺炎疫情、蝗灾等叠加影响，埃塞俄比亚债务压力加大，目前正就外债的暂缓偿付和减免事宜与主要债权国磋商。埃塞俄比亚政府和国有企业资金紧张，特别是外汇严重短缺，工程项目付款拖欠问题屡见不鲜。一些业主消极履行工程验收、移交义务，以拖延付款时间，甚至在项目建成投入使用很长时间后不予验收，致使多家承包工程企业承受巨大资金压力。

（三）税务风险。埃塞俄比亚税收征缴严格，税务部门近年来常对企业进行税务审计，一旦被查实存在问题则予以处罚，甚至承担刑事责任。埃塞俄比亚税收基于权责发生制，即便业主未及时付款，承包商仍须以验工计价时间为准缴税。近年来，业主拖欠工程款问题愈发严重，许多承包工程企业因未及时纳税而被处罚。埃塞俄比亚税务和海关部门常延迟数年后审计前期账务，甚至推翻此前埃塞俄比亚有关部门批准的免税支持政策，要求企业补缴巨额税款、利息和罚款。中国企业必须全面了解埃塞俄比亚税法及相关法律法规，注意防范税审风险，聘用当地税务师、律师等提供专业服务，切莫对税费规避存有侥幸心理。

（四）外汇汇兑风险。埃塞俄比亚实行严格的外汇管制，限制外汇账户的资金用途，限制私人携带外币。外资企业（或项目组）可在当地银行开立外币账户，汇入自由但不能提现（只能通过银行兑付当地币）。作为资本投入的外汇可到国家银行备案，企业利润及分成可在履行相应报批审查手续后汇出，汇出手续较为复杂且难有保证。埃塞俄比亚对个人携带外汇出境有严格的管理，旅客仅能携带不超过3000美元的外币，超过3000美元须向海关申报，否则持有的外币将被没收。

（五）货币贬值风险。2017年初埃塞俄比亚政府曾宣布本国货币比尔一次性贬值15%，之后持续快速贬值，目前美元兑比尔汇率已跌至1：40，黑市汇率更高。由于埃塞俄比亚本币比尔在付款中的占比大，加之比尔贬值较快且无法自由兑换成美元，大大增加了企业的汇率风险。

二、埃塞俄比亚投资风险防范

（一）选择适合企业的投资行业

埃塞俄比亚外汇严重短缺，中国企业在埃塞俄比亚投资时应尽量利用当地原材料或选择较少需用外汇进口原材料的行业，所投资的企业最好能够做到进出口外汇平衡。

（二）谨慎选择合作伙伴

中国企业在与当地人创办合资企业时，应选择信用好、有经济实力和具备经营管理经验的合作方，且应尽量成为大股东，以便于加强对企业的管理并规避风险。

（三）守法经营、诚实纳税

埃塞俄比亚政府和法律对纳税的管理非常严格，对企业的偷漏税行为惩罚相当严厉。中资企业一定要按照埃塞俄比亚法律法规守法经营、诚实纳税。在进口生产原料、设备和其他货物时，严格按照埃塞俄比亚的相关规定进行申报和缴纳税金。近年来，埃塞俄比亚海关加强了对进口货物的监管和检查力度，个别试图通过低报数量和价格等手段规避进口税收的中资企业被埃塞俄比亚海关发现并予以处罚，相关企业负责人甚至因此被拘留。

（四）尊重当地民俗及宗教习俗，履行社会责任

埃塞俄比亚是多民族多宗教国家，中方人员要主动尊重当地的民风民俗及宗教习俗，遵守当地相关节日休假规定。中国企业应积极履行社会责任，

在做好项目的同时，积极融入当地社区，在力所能及的范围内为当地民众作出贡献。

（五）遵守知识产权保护和环保法规

埃塞俄比亚的法律体系和政府治理方面在一定程度上受到美西方国家影响，虽然目前在知识产权保护和环境保护方面的立法及执法尚不健全、不严格，但由于目前埃塞俄比亚正申请加入世界贸易组织，有可能加快知识产权保护和环保法规的立法和制度建设。中资企业在埃塞俄比亚投资和经营过程中，应切实遵守当地的相关法规，尊重知识产权，提前建立健全相关环保制度，避免为日后的经营带来不必要的麻烦和损失。

第三章　埃塞俄比亚贸易法律制度

第一节　埃塞俄比亚贸易法律体系及基本内容

一、与贸易的有关的主要法律

埃塞俄比亚与贸易有关的法律法规主要有：1960 年颁布的《埃塞俄比亚商法典》（Commercial Code No. 166/1960）、2003 年颁布的《贸易实务法》（Trade Practice Proclamation No. 329/2003）、2007 年颁布的《出口贸易关税优惠政策安排法修正案》（Revised Export Trade Duty Incentive Scheme No. 543/2007）、2004 年颁布的《海关清关代理条例》（Council of Ministers Regulation No. 108/2004）、2012 年颁布的《外贸出口关税激励法》（Export Trade Duty Incentive Schemes Proclamation No. 768/2012）和 2014 年颁布的《海关法》（Customs Proclamation No. 859/2014）。

二、相关法律的主要内容

埃塞俄比亚政府实行海关自主运营，逐步引进现代化管理手段，简化清报关手续，逐步降低关税。自 2000 年以来，埃塞俄比亚已多次降低关税，现行平均关税税率约为 17%，出口商品免征出口税（咖啡除外），为生产出口产品而进口的原材料免征进口关税和其他相关环节税。埃塞俄比亚的进口关税虽然一再下降，但是对于某些进口奢侈品却加征相当高的国内消费税，税率从 10% 到 100% 不等，如 2007 年 4 月 11 日起，埃塞俄比亚政府对奢侈商品进口增加 10% 的附加税。埃塞俄比亚是“国际海关合作理事会”成员，对进出口商品采用国际通行的协调编码制度。现阶段，埃塞俄比亚在实行市场经济和对外开放政策的同时，对贸易活动仍制定有一些限制措施，且除部分石油化工产品外，进口贸易领域不对外国人开放。

埃塞俄比亚法律规定，银行与商检机构联手对进口商品实行商检预审制度，对于一些可凭样品成交的商品，进口商须事先将样品送交商检机构预审，取得质检合格报告后方可向银行申请开证，对于无法凭样品成交的商品，进口商意向进口商品的品质规格须经商检机构认可后，银行才准予开证。2006年，中国国家质量监督检验检疫总局与埃塞俄比亚质量标准局签署《关于中国出口商品装运前检验合作协议》，规定对中国出口埃塞俄比亚的商品，由中方出入境检验检疫机构按照埃塞俄比亚要求实施装运前检验并出具检验证书。埃塞俄比亚有关部门承认中国的装运前检验工作并凭检验证书放行进口商品。但在实际工作中，由于埃塞俄比亚质量标准局不断加强商品强制检验检疫工作，使得虽具备装箱前检验证书但与该局相关检测标准相悖的中国进口产品，特别是一些低端贸易商品，面临强制退运的风险。中国出口商应逐步提升出口埃塞俄比亚产品质量和档次，加强出口商品质量管理。

埃塞俄比亚是“国际海关合作理事会”成员，对进出口商品关税计征采用国际通行的协调编码制度。埃塞俄比亚海关根据国际惯例，自1999年6月起实施关税计征估价制度。凡海关当局对进口商出具的价格发生怀疑，将自行认定进口货物价格，并课以相应的海关关税。清关代理或货主向海关提交运单、商业发票、装箱单、产地证明、贸易许可证等全套单据；海关检审处验审所提交单据、货物入境有效期和确定货价相应关税，如有不符，向清关代理或货主提出质疑；按货物清单，海关查验处检查清点或抽查货物；计算和收缴关税税额和仓储费；仓储部门凭有效单据放行。埃塞俄比亚现行进口税率为0—35%。出口商品免征出口税（极少数商品除外，如咖啡）。

第二节　在埃塞俄比亚进行贸易的法律风险与防范

埃塞俄比亚贸易领域尚未完全对外开放，外国人不得在埃塞俄比亚从事商品批发和零售贸易，出口至埃塞俄比亚的商品只能通过当地代理商进行销售。

因埃塞俄比亚进口商大多为中小私营企业，资金实力较弱，存在支付风险，建议中国出口商严格把握信用证结算方式和流程开展贸易，掌握贸易的主动权。同时，因埃塞俄比亚货物贸易常年逆差，外汇严重短缺，个别埃塞俄比亚银行无法按期将货款偿付给议付行，给中国出口商造成一定资金周转压力。建议中国出口商在开展贸易活动前签订完备的买卖合同，约定异议与索赔等重要条款，并审慎对待开证行，可考虑埃塞俄比亚商业银行（Commercial Bank of Ethiopia）等规模大、信誉好的银行作为开证（偿付）行，合理规避国际结算风险。

由于埃塞俄比亚对进口商品征收较高关税，个别埃塞俄比亚商人为降低税收成本，要求中国出口企业低报货值或通过非法方式支付部分货款，一些出口商为保持市场份额和挽留客户，被迫答应进口商的不合理条件。近年来，中国驻埃塞俄比亚使馆经商处已收到多起中国企业被埃塞俄比亚进口商拖欠货款的投诉，但因此类交易非法，不受埃塞俄比亚法律保护。因此，中国企业在对埃塞俄比亚出口时应遵循合法正规的贸易方式，避免蒙受不必要的损失。

近几年，美元兑埃塞俄比亚本币比尔汇率波动剧烈。而埃塞俄比亚地处内陆、外汇短缺、物流效率低，企业因开立信用证、安排船期等环节耗时，进口合同执行周期较其他国家长，汇率风险加大，极易引发贸易纠纷。中国出口企业应充分考虑埃塞俄比亚特殊情况，在供货协议中订立保值条款，规避汇率风险。

第四章　埃塞俄比亚工程承包法律制度

第一节　在埃塞俄比亚进行工程承包的业务流程

一、获取信息

在埃塞俄比亚，有关工程招标的信息主要通过经常刊登此类信息的报纸和网站获得，如《埃塞俄比亚先驱报》《报道者》和埃塞俄比亚公路局网（http：//www. era. gov. et/）。

二、招标投标

工程的招标方式主要有两类，一类为公开招标，另一类为小范围邀请招标，投标单位须具有工程承包经验，公司财务状况良好，对投标项目所需设备和人员事先作出合理安排。

三、许可手续

如果承包国际招标项目，只需在埃塞俄比亚税务部门注册纳税后就可开展此项业务。如果承包埃塞俄比亚国内招标项目，则需按照相关程序首先在埃塞俄比亚注册公司。国际承包商参加国际招标项目，项目承包商在中标后在埃塞俄比亚工程主管部门进行注册，获得相关资格证书才能实施项目。

第二节　埃塞俄比亚对外国公司工程承包法律制度

一、许可制度

埃塞俄比亚的项目主要分成两类，一类为国际招标项目，另一类为国内招标项目。如果作为国际承包商参加国际招标项目，政府在法律规定方面基本没有限制，仅要求项目承包商在埃塞俄比亚工程主管部门进行注册，获得相关资格证书才能实施项目。

国际承包商原则上不得参与埃塞俄比亚国内招标项目，外国承包商只有在埃塞俄比亚注册成立公司后才可参与国内招标项目，埃塞俄比亚本国承包商竞标时享有7.5%的价格优惠。在工程建设过程对环境以及土地使用方面有全国适用的规定，但不同城市对环境以及土地使用可能有各自的要求。工程的竣工验收按照不同项目的规范进行。

二、禁止领域

尚未发现有公开招标但是限制外国承包商竞标的项目。

三、招标方式

在埃塞俄比亚，承包工程的招标方式主要分为两类，一类为公开招标，所有符合招标要求的承包商均可申请参加，另一类为小范围邀请招标，只有收到招标邀请的单位才有资格参加。投标方式基本按照国际惯例执行。

第三节　埃塞俄比亚工程承包的法律风险与防范

埃塞俄比亚为内陆国家，工业发展落后，大多数基础材料以及配套仪器设备严重缺乏，原材料价格高昂，且经常品种规格不全。企业在投标过程中一定要充分考虑这些成本因素，并计算本地货币贬值造成的损失，避免低价中标造成工程亏损。

一些埃塞俄比亚工程业主不及时付款，给承包工程企业的现金流带来很大的压力。在业主（包括国有企业业主）拖延付款的情形下，承包工程企业仍需根据验工计价时间按埃塞俄比亚税法规定及时缴税。有些业主在合同中约定由业主缴税，但税务部门并不认可这样的约定，仍然向承包工程企业征税。

未能及时缴税将导致高额的罚单和利息。埃塞俄比亚每年有一半时间是雨季，大部分项目无法施工，加之当地工人的生产效率低，一般不愿加班，当地部门和业主的配合与协调能力有限，工程工期极易受到影响，特别是公路型项目。提醒企业在投标时充分考虑各方面因素，合理确定工期。埃塞俄比亚货物进口基本通过海运至吉布提港，然后连接内陆运输，物流周期长，运输大型工程设备的道路状况一般，企业在项目实施过程中应做好各项物料、设备和零部件的组织调度，避免贻误工期。通过亚吉铁路运输可有效缩短运输周期。

第五章　埃塞俄比亚劳工法律制度

第一节　埃塞俄比亚的劳工情况

一、埃塞俄比亚劳工法律的主要内容

埃塞俄比亚是非洲第二人口大国，人口数量超过1亿。从年龄结构上看，据统计，35周岁以下占比超过70%，有充足的适龄劳动力。埃塞俄比亚工人薪资水平较低，普通劳动者月工资1000—2000比尔（约合30—60美元），熟练技术人员月工资2000—5000比尔（约合60—150美元），高级管理人员月工资5000—15000比尔（约合150—430美元）。

埃塞俄比亚关于劳动雇佣保障权益的法律主要是《劳资公告（2019）》，《宪法》和《民法典》也涉及相关内容。《私营组织雇员社会保障公告（2011）》和《私营组织雇员社会保障公告（修正案）（2015）》也为保障私营部门员工权利提供了法律依据。埃塞俄比亚现行的雇佣关系法规基于埃塞俄比亚2003年颁布实施的《第377号劳动法》（The Labour Proclamation No. 377/2003）以及1960年的《埃塞俄比亚民法》（Civil Code of Ethiopia），该法规定了雇主与工人各自的基本权利与义务，以及指导两者关系的基本原则、结社和解决劳资纠纷程序、政府监督劳工管理机构职责等。

二、劳动合同的成立

自然人直接或间接同意为雇主，或在雇主授权下从事一定或不确定期限的工作并获得工资，则视为劳动合同成立。劳动合同一般以书面形式签订，必备的条款。包括：雇主姓名和地址，员工姓名、年龄、地址和工作证号码（如有），用工种类，工作地点，工资标准、计算方法、支付方式和周期等。

劳动合同可分为无固定期限劳动合同和固定期限劳动合同两种。通常情况下，雇主与雇员需签订无固定期限劳动合同，固定期限劳动合同适用以下情况：（1）受雇从事特定计件工作；（2）替换因请假、疾病或其他原因暂时缺勤的员工；（3）维护生命或财产安全的紧急工作，修复建筑物或工厂故障的工作；（4）不定期、季节性、偶发性工作；（5）员工突然解除了无固定期限劳动合同，临时安排其他员工填补空缺。此类劳动合同仅可续签一次，且合同期限不得超过 45 个工作日。

此外，全职工作的最低工作年龄为 14 岁。18 岁以下儿童不得从事危险工作。

三、劳动合同的解除

法律规定的解除劳动合同的条件包括：雇佣双方协议终止，员工退休、辞职或死亡，合同到期或规定的工作完成，企业因破产或其他原因永久停止经营等。企业合并、分立或所有权转移不具有终止劳动合同的效力。

雇主在解除劳动合同前，可与员工协商确定解聘细节，但协商期限不得超过 30 个工作日。根据法律规定解除劳动合同时，应为员工提供书面证明，说明解除原因和日期。雇主发出的解除合同通知应亲自送达员工，无法送达或被员工拒绝接收时，应在工作场所公告牌上连续张贴 10 日。解除固定期限劳动合同的通知期限应由雇佣双方商定；解除无固定期限劳动合同需提前告知员工。

雇主应在解除劳动合同后 7 个工作日内付清员工工资及有关报酬。员工因自身过错，未及时归还从雇主处收到的财产或支付应付给雇主的任何款项，雇主可延长支付期限。如雇主未能在规定期限内支付工资，排除不可抗力因素外，雇主应赔付员工最多相当于 3 个月工资的赔偿金。如雇主以公司需要为由解聘员工，须支付遣散费。

四、工时、加班与薪酬

法定工作时长为每天 8 小时或每周 48 小时，某些特殊岗位可减少工作时间但不减少薪酬。超过法定工作时长则视为加班，每天加班不得超过 4 小时，每周不得超过 12 小时。加班情况适用于：（1）突发重大事故；（2）不可抗力；（3）紧急工作；（4）不可中断的工作。

目前埃塞俄比亚没有制定全国范围内的最低工资标准。工资由雇佣双方通过协议或雇主规定的工资标准确定，应以现金支付；如双方同意，可用实物支付不超过30%的工资。除非另有约定，工资和加班费应在工作日和工作地点支付。

五、休假

员工有权每周休息1天，或每月休息4天。除特殊规定外，每周休息日应为星期日。休息日工作的员工有权享受补休假，在使用补休假前解除劳动合同的，雇主应以现金形式给予补偿。员工有权享受带薪年假，原则上禁止以工资代替年假。年假时长规定如下：（1）满一年工龄的，年假最少16天；（2）工龄每增加两年，年假增加1天。病假员工因病不能工作时，有权请病假但需提供有效医疗证明。自病假第一天起，病假时长不得连续超过6个月或一年内累计超过6个月。病假期间雇主按规定支付工资：第一个月支付工资的100%；第二、三个月，支付工资的50%；之后不再支付工资。

禁止派女员工参加可能危害其健康的工作。晚10：00至次日早6：00之间不得安排孕妇从事工作或加班。雇主在女员工怀孕期间及分娩后4个月内不得解除劳动合同。女员工有权带薪休假并进行产检，享受连续30天的产前假和连续90天的产后假。

六、社会保险

根据埃塞俄比亚社保制度，雇主应在当地社保机构为正式员工开设社保账号，每月员工需缴纳基本工资的5%，雇主则承担基本工资的7%。

外国人只有在获得埃塞俄比亚劳动和社会事务部颁发的工作许可证后，方可受雇在埃塞俄比亚工作。埃塞俄比亚鼓励国外各类有专业背景的高级技术人员在埃塞俄比亚就业，但需提供相应的学历证明或技能证明（如技术职称认证、从业资格证或工作经历证明）才能办理工作许可证。工作许可证3年有效，每年需更新一次。如认定某项工作不需由外国人承担，可取消其工作许可证。工作许可证由雇主申请。凡申请赴埃塞俄比亚工作的中国公民，需将相关申请材料在国内省级公证部门公证，经外交部领事司和埃塞俄比亚驻华大使馆认证后才可申请工作许可证，否则埃塞俄比亚劳动和社会事务部不予受理。

第二节　与埃塞俄比亚进行劳务合作的法律风险与防范

一、外国人在当地工作的风险

根据埃塞俄比亚外汇管理规定，外国人入境埃塞俄比亚时，必须申报所携带的外汇现金数量，出境时也应申报所携带的外汇现金数量。如出境时申报的外汇数量多于入境时申报的数量，须出示当地银行证明，否则将面临法律惩罚，被判入狱服刑。

近期，埃塞俄比亚海关加大对出境和过境旅客的行李检查力度，已有多名中方人员因携带违禁品转机被扣留，并移交埃塞俄比亚司法部门。埃塞俄比亚不断加强对外来务工人员的管理，无工作签证的滞留务工人员除遣返离境外，还有刑事处罚风险。中国驻埃塞俄比亚使馆提醒进出埃塞俄比亚的中方人员，务必严格遵守相关国际条约、埃塞俄比亚和中国有关法律规定。

二、妥善处理与工会的关系

埃塞俄比亚工会势力强大，一旦决定通过罢工等方式加薪或保护员工权益，极易使公司处于相当被动的境地。雇主平时应注意尊重和爱护当地雇员，保持劳资双方沟通渠道的畅通，对工会组织的相关积极活动给予一定支持，维护好与工会的关系，并时刻注意工会主要成员和积极分子的动向。为妥善处理与工会的关系，中资企业积极与埃塞俄比亚工会组织开展劳工保护法规方面的交流，并为两国工会组织牵线搭桥，邀请埃方赴中国参访，与中华全国总工会和地方工会组织进行深入交流，取得了较好的成效。

近年来，埃塞俄比亚政府加强了对外来劳务人员的管理，要求企业聘用技术性外籍劳工时必须出具相关的学历证明或职业技术资格证书。为获得埃塞俄比亚工作许可，中国劳务人员应在国内将学历证书或技术资格证书在省级及以上的公证处公证，然后交中国外交部领事司和埃塞俄比亚驻中国使馆认证。该手续办理约需 1 个月时间。赴埃塞俄比亚劳务人员须在行前办妥相关手续，提前做好准备。

第六章　埃塞俄比亚财税金融法律制度

第一节　埃塞俄比亚财政金融情况

一、埃塞俄比亚财政情况

据埃塞俄比亚政府统计，其国内生产总值已连续多年保持较高增速，远高于撒哈拉以南非洲地区，是非洲经济增长最快的经济体之一。埃塞俄比亚自 2019 年开始实施为期三年的内生经济改革计划，积极争取国际援助，吸引投资，促进出口，努力克服外汇短缺等经济发展瓶颈问题，坚决推行税制改革，打击偷税漏税，总体经济发展态势良好。2018—2019 财年（埃塞俄比亚财年起止时间为当年 7 月 8 日至次年 7 月 7 日），埃塞俄比亚国内生产总值（GDP）约为 961 亿美元，增长率为 9.0%。另据埃塞俄比亚政府预测，受疫情影响，2019—2020 财年埃塞俄比亚经济增长率将降至 6%，预计 2019—2020 财年 GDP 总量将超 1000 亿美元，人均 GDP 将达 1000 美元。

二、埃塞俄比亚金融环境

1. 当地货币

埃塞俄比亚货币是比尔，比尔与美元可以直接兑换，与其他硬通货之间也可以根据与美元的汇率折算实现间接兑换。目前，人民币与比尔不能直接结算。2020 年 8 月，埃塞俄比亚国家银行公布了一项规章，禁止个人在银行之外存储超过 150 万比尔的现金。如果发现任何人持有或携带的现金超过了规定数额，持有或携带者将面临处罚。

2. 外汇管理

埃塞俄比亚属外汇管制国家，外资企业（或项目组）可在当地银行开立外币账户，汇入自由但不能提现（银行折付当地币），作为资本投入的外汇汇入可到该国国家银行备案，企业利润及分成可在履行相应报批审查手续后汇出。近年来，政府通过立法，努力实行积极的货币政策，逐步放宽外汇管制。1998 年 7 月起实行“外汇批发拍卖制度”，一次性申购外汇金额高于 50 万美元者，需要通过参加拍卖获得；低于 50 万美元者，则无须参加外汇拍卖，可直接到各有关商业银行自由申购；凡因出国求学、旅游、治病等需要用汇者，可直接在银行自由兑换。目前实行有管理的浮动汇率制。根据埃塞俄比亚国家银行的计划，未来三年内，埃塞俄比亚有可能逐步实现完全意义的浮动汇率制。

外国投资者可按当日银行汇价将利润和红利、偿付外部贷款的本金与利息、与技术转让协议有关的付款、企业出售、清盘或向当地投资者转让股份或所有权所得进项等兑成外汇自由、免税汇出埃塞俄比亚。但由于埃塞俄比亚外汇短缺，实际操作需要等待较长时间。埃塞俄比亚对携带外汇现金入境没有数量限制，但须在入境时填写外汇申报表进行申报，申报表 3 个月有效。外汇兑换比尔必须在授权的银行和酒店进行。出境旅客可于离境前在机场将所剩比尔兑换成相应外汇携带出境，但必须在出境时向海关出示入境外汇申报表和相关的外汇交易记录凭证。如果入境时没有申报，出境时每人最多只能携带 3000 美元。如携带超过 3000 美元出境或出境时不申报，埃塞俄比亚海关查出后将会没收外汇甚至暂扣拟出境人员。

3. 银行与保险公司

埃塞俄比亚国家银行是国家中央银行，同时负责埃塞俄比亚外汇管理。埃塞俄比亚共有 18 家银行（不包括埃塞俄比亚央行），其中 2 家为国有银行，分别是埃塞俄比亚商业银行和埃塞俄比亚开发银行，其余 16 家为私人银行机构。此外，中国国家开发银行、中国进出口银行、中非发展基金等也可提供金融支持。

埃塞俄比亚有 18 家保险公司，其中 1 家为国有，其余为私有保险公司。详情可参见埃塞俄比亚国家银行网站。

4. 融资条件

外资企业通过资产抵押可在当地银行申请贷款。但由于埃塞俄比亚经济发展较落后，金融机构资金紧张，外国企业获得贷款的难度较大。目前，埃塞俄比亚的汇率机制以三年为一个调整周期。在当前周期，埃塞俄比亚设定了 7% 的最低年存款利率，贷款利率则由各商业银行根据市场自行设定。埃塞俄比亚央行拟在2020年9月引入各银行同业拆借基准利率，将通胀因素考虑在内，再由各商业银行根据此基准利率设定存贷款利率。2018—2019财年，埃塞俄比亚存款最低利率和最高利率分别为7.0%和9.0%。贷款最低利率和最高利率分别为7.0%和20.0%，实际平均贷款利率为13.50%。考虑到埃塞俄比亚2018/19财年15.4%的通胀因素，其实际存款利率为负值。2019/20财年，埃塞俄比亚实际平均贷款利率维持在13.5%。考虑到同期埃塞俄比亚通胀率为19.5%，商业银行实际存贷款利率分别为-11.5%和-5.25%。

5. 信用卡使用

埃塞俄比亚目前仅在少数涉外酒店、餐厅、机场和商场等提供Master和VISA信用卡服务。2011年9月，埃塞俄比亚Dashen Bank与中国银联签署协议，宣告银联支付在埃塞俄比亚开通服务。目前，凡Dashen Bank，Premier Switch Solutions（PSS），Bank of Abyssinia和Commercial Bank of Ethiopia的商户和POS终端均可受理银联卡。小部分商户可能没有张贴任何标识，持卡人可主动出示银联卡，询问收银员是否可以使用。双标识卡在埃塞俄比亚不能选择银联通道，建议持卡人带好银联卡，确保享受银联网络的各项优惠。埃塞俄比亚全境Dashen Bank，Premier Switch Solutions（PSS），Bank of Abyssinia，Commercial Bank of Ethiopia的ATM都可以用银联卡提取埃塞俄比亚比尔现金。部分国内发卡银行可能对每笔取现金额有限制，具体请咨询各发卡银行。有些ATM设置了单笔取款上限，这种情况下可以分次取款，只要累计金额不超限额即可。在埃塞俄比亚使用ATM取款，手续费由两部分组成：（1）发卡银行手续费；具体费率请咨询发卡银行。（2）埃塞俄比亚ATM受理机构服务费：部分ATM将收取取款手续费，这笔费用由埃塞俄比亚当地银行收取，与银联和发卡行无关。使用借记卡在ATM取款，手续费相对较低。

6. 证券市场

迄今为止，埃塞俄比亚尚未设立证券市场。2018年6月，埃塞俄比亚总理阿比披露，埃塞俄比亚将考虑成立股票交易市场。

第二节　埃塞俄比亚税收法律及基本内容

一、埃塞俄比亚税收体系和制度

埃塞俄比亚实行联邦政府和各州政府分税的制度。各州将一定比例的税收上缴联邦政府。联邦政府根据各地区人口、经济状况及上缴税收的情况向各州拨款。20 世纪 90 年代初以来，埃塞俄比亚政府进行了一系列税收改革，旨在建立现代化的高效税收制度。改革主要体现在下列几方面：一是扩大税收基础，同时降低税率；二是简化收入税稽征程序，查堵漏洞；三是完善税收奖励机制，提高国民及企业纳税意识；四是加强国内间接税稽征工作。埃塞俄比亚政府于 2003 年开征增值税。2016 年，埃塞俄比亚颁布《联邦所得税法》（Proclamation No. 979/2016 Federal Income Tax Proclamation）和《税务管理法》（Proclamation No. 983/2016 Tax Administration Proclamation）。

2009 年 5 月 14 日，中埃两国签订了《中华人民共和国政府和埃塞俄比亚联邦民主共和国政府对所得避免双重征税和防止偷漏税的协定》（以下简称协定）及议定书，2012 年 11 月 8 日和 2012 年 11 月 26 日相互通知已完成该协定及议定书生效所必需的各自国内法律程序，自 2013 年 1 月 1 日起正式生效。近期，埃塞俄比亚税务部门对相关税务征收采取了更加严格的态度，加大了对税务发票合法性及过去数年税收缴纳情况核查力度。有关企业应更加注意税务申报问题，避免被处高额罚单。

二、主要税赋和税率

埃塞俄比亚政府的税种包括直接税和间接税，主要包括企业所得税、营业（销售）税、资本利得税、消费税、进口关税、个人所得税、出口税、预扣赋税、增值税等。不同的税种计征方法不同：

1. 企业所得税

按企业所得总额的 30% 征收，分配给股东的股息收入按 10% 的预扣赋税税率征收所得税。非公司商业机构商业活动收入在 7201 比尔至 130800 比尔之间，税率为 10%—30% 不等，收入超过 130800 比尔的，税率为 35%。

2. 营业税

国内市场商品销售和国内建筑、谷物加工、拖拉机租赁及农业收割服务税率为2%（仅针对那些没有注册增值税和年纳税交易额低于50万比尔的客户）。面包、牛奶、药品、医疗器械和医疗服务免征营业税。除此之外，税率为10%。

3. 增值税

年营业额超过50万比尔以上，征收15%的增值税。免增值税的应税交易包括：出口货物或服务且符合相关法规鼓励出口规定；与货物或旅客的国际运送直接关联的运输或其他劳务行为；国际客货运航班所消耗的润滑剂等易损耗材供应。

4. 消费税

2020年2月，埃塞俄比亚通过了新的《消费税法》。根据新法，埃塞俄比亚对国内生产的或从国外进口的某些产品按商品分类征收消费税，税率范围从5%—500%不等。

5. 进口关税

按商品分类，税率0—35%。

6. 出口税

除咖啡以外，埃塞俄比亚对其他所有出口产品不征出口税。

7. 预扣赋税

按进口商品的到岸价（货值、运输费和保险的总价）预扣税款3%。如为具有法人资格的各种组织、政府机构、私人非营利机构、非政府组织的进口物品，预扣税款为款项总额的2%。

8. 资本利得税

不动产收益应缴纳15%的资本利得税，转让公司股份或债券收益应缴纳30%资本利得税。

8. 个人所得税

月收入在601比尔至10900比尔之间，税率为10%—30%不等，收入超过10900比尔的，税率为35%。

三、税收主管机关及相关法律

埃塞俄比亚税务和海关总局是税收主管部门。与税收有关的法律主要为《税收征管公告（2016）》《所得税公告（2016）》《增值税公告（2002）》和《消费税公告（2002）》，其中《税收征管公告》是埃塞俄比亚首次对税收征管制度进行的统一立法。

四、外国投资的税收优惠

埃塞俄比亚政府积极推进工业化，不断放宽投资政策，改善投资环境，加强投资服务和管理，鼓励外国投资者到埃塞俄比亚投资。主要优惠政策包括：

（一）关税减免。为鼓励私人投资并促进国外资本和技术进入国内外投资者在以下领域建设新厂或扩大既有企业规模可享受免税：制造业、农业、信息和通信技术（ICT）、发电、输配电、酒店和旅游、工程承包、教育培训、医疗服务、建筑工程和相关技术服务、技术测试分析、液化石油气和沥青进口等。

（二）所得税减免。投资者可享受1—9年的所得税减免，如果在偏远地区投资，还可以额外获得连续三年的30%所得税减免。如投资者扩大或升级既有企业，有权享受对应行业领域的免税期。对于直接出口或者向出口商提供产品或服务的任何投资者，除其对应行业领域本应享受的所得税免除期，其产品或服务的60%有权享受额外2年的所得税免除。工业园开发商可享受10或15年所得税减免；若入园企业制造产品的80%以上出口或作为生产资料提供给制造出口产品的投资者，可额外享受2或4年所得税减免。

（三）出口鼓励政策。所有出口商享有以下财政激励措施：除少数产品外，所有出口产品不征收出口税；退税机制：投资者为生产出口商品而进口的或在本地购买的原材料享受免除关税及其他税收优惠；凭证机制：凭证机制是指具有货币价值的纸质印制文件，可用于支付原材料进口关税和其他税收；保税工厂和保税加工仓库机制：经批准的从事进口原材料的保税工厂或保税仓库，享有免关税待遇。

（四）外汇管制下的资本汇出。埃塞俄比亚属外汇管制国家，但外国投资者有权使用可兑换外币向境外汇出以下款项：利润和股息、外部贷款本金和利息、涉及技术转让协议的支付款项、企业出售或清算所得收入、支付给投资者的补偿，以及向国内投资者出售、转让股份或部分企业所有权所得收益。但由于埃塞俄比亚外汇长期短缺，实际汇出时需等待较长时间。

（五）地区鼓励政策。埃塞俄比亚为实现各民族各地区之间的均衡发展，鼓励外商投资于少数民族聚居区、边远地区和不发达地区。对于落户这些地区的投资项目，根据项目所属产业和投资规模，埃塞俄比亚投资委员会将给予更长的免税期，地方政府也可能会在土地价格等方面给予优惠。

（六）行业鼓励政策。根据投资领域、地理位置，投资者可享受免征所得税1—9年的优惠。如免税期间发生亏损可结转。鼓励投资的行业和领域包括：食品工业、饮料行业、农作物生产、畜牧生产、信息和通信技术、发电和输配电等。

第三节　埃塞俄比亚财税金融法律风险与防范

一、埃塞俄比亚金融法律风险与防范

（一）埃塞俄比亚金融法律风险

埃塞俄比亚通货膨胀率较高，外汇短缺严重，中资企业要密切关注金融风险。2016年以来，埃塞俄比亚货币贬值较快，面临比较严重的通货膨胀。2016—2017财年埃塞俄比亚年度平均通胀率为7.3%，2017—2018财年埃塞俄比亚年度平均通胀率上升至13.1%。2019年4月，埃塞俄比亚通货膨胀率略有下降，下降至12.9%，但食品通胀率却高达14.5%。埃塞俄比亚的高通货膨胀率，导致企业经营成本上升，中资企业要密切关注这一点。埃塞俄比亚外汇严重短缺，实施美元管制，比尔兑换美元比较困难。中国与埃塞俄比亚尚未签署货币互换协议，比尔兑换人民币也比较困难。由于高通货膨胀率，中资企业在埃塞俄比亚的利润折合成美元或人民币会受到贬值，企业要直面这类风险。①

（二）埃塞俄比亚金融法律风险防范措施

（1）外汇对冲

为降低汇率风险，企业应定期将比尔收入兑换成美元，并将美元汇回国内兑换人民币用以支付企业的设备和材料款。在项目实施过程中对项目材料款和劳务工人工资的结算也使用外币，以此来减少企业亏损。约定将来办理结汇的金额、汇率和期限，在收汇时就可以按照当时与银行约定的汇率结

① 胡仁杰，孙照吉．“一带一路”背景下中国与埃塞俄比亚产能合作的机遇与挑战［J］．全国流通经济，2020（23）：30－33.

汇，从而避免遭受由于汇率下跌导致的巨大的经济损失。

（2）寻求“绿色通道”

对于埃塞俄比亚外汇管制的问题，可利用埃塞俄比亚“外汇批发拍卖制度”积极寻求外汇汇入汇出的“绿色通道”：埃塞俄比亚政府为纺织服装出口通关开通了“绿色通道”，使服装制造企业可以立即获得外汇，并且不断降低开立信用证的成本。

（3）偿债风险防范措施

购买相应的信用保险，即在项目建设阶段由中国出口信用保险公司等相关信用保险机构承保。在中国出口信用保险公司出售的保险服务中，针对汇兑限制和东道国债务违约风险设置有中长期出口信用保险和海外投资保险，信用期限为1—15年，最高赔付比例不超过95%，建议企业购买该保险服务以应对埃塞俄比亚国家债务风险可能造成的经济损失。①

二、埃塞俄比亚税收法律风险与防范

（一）埃塞俄比亚税收法律风险

（1）税务制度不健全

由于埃塞俄比亚税务意识觉醒比较晚，税法不健全。埃塞俄比亚原有的税法普遍针对的是埃塞俄比亚本国企业使用，外国项目承包企业进人后产生一些不同于当地企业情况，但是埃塞俄比亚国家税法并没有作出相应的修改和完善。很多新出台的税务规定不够透明，没有同时出台英文版本，有的不能及时通知到企业，只是作为税务审计人员的内部依据，部分税法规定不够准确，税务局内部各部门对很多税法条款及案例的解释不尽相同，甚至是相互矛盾的，这导致外资企业在税务审计工程中遭遇很多不公平的待遇。

（2）企业所得税及2%预扣所得税问题

按照埃塞俄比亚税法规定，企业在取得销售收入时需要缴纳2%预扣税，由支付方代扣代缴，企业在年终向税务局申报。如果企业本年应交的所得税超过本年预扣所得税金额，企业补交差额税款。如果企业本年所得税没有超过本年预扣所得税，企业可以向税务局申请返还预扣税。在实际操作过程中，企业需要在税务局进行审计后才允许申请返还，但是税务局审计时会

---

① 钟晓玲. H集团投资埃塞俄比亚经济风险评估研究［D］. 北京：北京服装学院，2018.

千方百计将企业应交所得税额增加，超过预扣税金额。于是一般情况下，企业根本无法退回预扣税，而且还要再补交额外所得税。

（3）境外总部管理费入账

按照埃塞俄比亚税法规定总部管理费只要经过埃塞俄比亚税务局鉴定并认可，不需要缴纳任何其他税费，可以直接计入成本。但在税务审计过程中，审计人员往往粗暴地不同意该项费用。

（4）当地发票问题

由于埃塞俄比亚当地客观环境和税务局自身对票据管控力度不够，导致企业在采购施工材料和生活物资、缴纳房租、水电费等过程中难以取得正规发票，尤其是项目部驻地不在首都市内，取得正规票据更加困难，不能取得正规发票并不是企业的真实意愿，而是税务局和市场环境导致的，由此导致的税务风险让企业来承担是不公平的，大量增加了企业税负。

（二）埃塞俄比亚税收法律风险防范措施

（1）合法经营，依法纳税，严格遵守当地的法律。做到在各项经营活动中尽量遵守当地法律法规和风俗习惯，在公司内部的各项制度中明文要求员工必须遵守当地法律法规，依法经营。虽然埃塞俄比亚现行法律条文有的不一定合情合理，但是要尽量避免因为触动当地法律法规而带来风险，尤其是杜绝各种明知不可为而为之的行为。

（2）建立健全内部管理制度，提高全员参与财税管理工作的意识。应当在内部管理过程中，制定完备的财务管理制度和完善的财务流程，还制定分包商财务管理制度。从各个方面抓紧财务管理，包括票据开具、发票取得、传递、保管和申报等等细节，尤其在合同审核、合同款支付等环节加强管理。

（3）和当地有实力信誉好的会计师事务所合作，规范当地账务的处理，按时准确报税。当地账务处理规范与否、是否按时准确申报税收，是应对当地税务的重要工作之一。会计师事务所委派的当地会计是第一道防火墙，他们一定要专业过硬、对税法有深入了解。对于一些不确定的事情，在做决定之前最好先咨询会计师事务所或者当地会计，尽量不要盲目去做一些经验主义的决定。

（4）重视外部审计和年度申报的作用。针对每年终了的外部审计工作，最好提前几个月就着手准备收入成本的预测。外部审计报告一定要在自己的掌握之内，如果在这一步没有掌握好，形成了大额利润，以后税务审计就很可能被税务审计人员做成巨额利润。拿到外部审计报告之后要在规定的时间之前进行年度所得税纳税申报，如果没有在规定时间内申报，税务审计的时候也是要追究罚款的。

（5）税务筹划工作。埃塞俄比亚的税务环境比较严峻，在项目没有开始开工之前就安排财务人员对于未来的财税情况进行大概预测，提前做好筹划。每年定期进行更新，分析可能出现的困难和必须解决的问题，以及提出解决的方案。这样就保证执行过程中，做到心中有数，防患于未然。①

① 黄小明．境外工程税收问题之我见——以埃塞俄比亚国为例［J］．经贸实践，2016（07）：297+299.

第七章　埃塞俄比亚环境资源法律制度

第一节　埃塞俄比亚环境资源法律概述

在环境立法上，埃塞俄比亚的环境保护立法框架由宪法上的公民环境权及相关条款、环境政策、与工程项目有关的环境法律公告与政策指南、环境与社会影响评估指南四个方面组成。同时，该国参与的国际环境保护公约和世界银行的环境保护政策也是规制外来投资者保护环境资源的重要依据。比较特殊的是埃塞俄比亚有关环境保护的制定法多以“公告”的立法形式发布。与投资者相关的主要环境法律有：控制和管理污染物、城市废弃物，建立环境标准及其巡视员制度，规定严厉的环境犯罪与处罚的《环境污染控制法》；协调经济发展、社会文化与环境保护，确定重大项目的环评要求，明确环境影响评估原则、管理机构、具体程序和违法罚则的《环境影响评估法》；预防固体废物的不良影响，加强管理、处置、利用和相关程序的《固体废物管理法》；规范森林资源开发利用，加强生态环境保护的《森林开发、保护和利用法》；为确保工业发展与环境保护的均衡，设定了一系列工业和采矿活动的综合工业污染标准及其防治手段的《防止工业污染条例》。除此之外，还有《埃塞俄比亚水资源管理法》《农村土地管理与土地使用法》《环境管理计划指南》《废弃物操作与处置指南》《环境影响评价指南》《环境与社会管理计划制备指南》等。

第二节　埃塞俄比亚《土地法》的主要内容

一、基本内容

埃塞俄比亚现行法律规定，土地属公有财产，土地的租赁权可以连同地面设施一起转让、抵押、或转租。任何个人、公司及其他机构只拥有使用权。但投资者可根据投资项目类型，通过租用、租赁或免费取得城市和农村土地的使用权。

土地租用主要分为两个类型：农村土地及城市土地。农村土地主要用于农业。废弃土地及未使用的政府土地是投资用地的主要来源。城市土地租用期限根据项目性质和城市开发程度的不同从15年至99年不等，在首都亚的斯亚贝巴用于工业的地产租赁期最长为70年，其他城市的租期最长可达80年。租赁期满后还可以续租延期。农村土地的租金价格和租期由各地方政府自行确定。

租赁土地必须要有产权或土地分割权。租赁私人厂房还要确认厂房是否有租赁许可，法律规定有些厂房仅限所有权者自用，若被政府发现外人使用则一律驱逐。另外还要确定厂房和土地是否为抵押物，否则当房东破产时银行有权没收其抵押财产。

二、外资企业获得土地的规定

外资企业所需的土地通过租赁获取，土地价格由定期拍卖决定。埃塞俄比亚优惠的土地租赁管理条例是为了最大限度地吸引投资者。投资者只需付合理的费用。在一些重点投资地区，土地甚至可以免费获取。此外，还有基础设施完备的工业区。埃塞俄比亚政府高度重视工业用地，为加快工业化进程，在全国各大主要城市和城镇建立了一系列工业园区，园区内工业用地通常以固定价格分配给投资者，出口导向型产业用地一般可享受优惠待遇。

三、外资参与当地农业投资合作的规定

农业用地的租金价格和租期由各地方土地使用法律法规规定。以奥罗米亚州为例，根据土地类型、规模及项目位置，租期从20—45年不等。埃塞俄比亚政府鼓励投资者投资埃塞俄比亚富饶的土地，农业部已开始向农业领

域的部分私人投资者提供技术支持，主要是向租赁 5000 公顷以上农用土地的投资者提供信息和技术支持及其他公共服务。

四、外资参与当地林业投资合作的规定

投资者在商业林业领域的投资机会包括木材种植及以林业为基础的综合产业，如种植橡胶、棕榈、麻风树等类似作物、制造木材制品（不包括锯切、铣削木材、制作和安装半制成木材制品）、纸浆和纸张生产、纸包装生产等。

第三节　埃塞俄比亚《矿业法》主要内容

埃塞俄比亚的矿产资源蕴藏丰富，加上政府的支持和大力开发，矿产勘探和开发提供了宝贵的投资机会。矿业部资料显示，丰富的金、铂、镍、钾和苏打灰资源蕴藏在埃塞俄比亚的广阔的土地下面。其中包含有大理石、花岗岩、石膏、宝石、铁矿石、煤、铜、硅石、硅藻土等建筑和工业矿物资源。地热资源含量也尤其充足。欧加登地区和南部大裂谷区域等主要沉积盆地拥有石油和大量的天然气等化石资源，这些地区都属于沉积盆地。采取各种措施，增加投资环境吸引力，进一步改善国内矿业发展状况是埃塞俄比亚政府近年来加大实施的政策。私营企业投资开发矿产资源在埃塞俄比亚限制措施还未发布。最具开发潜力的矿产资源是黄金、稀有金属、石油、碱性金属、工业矿物、石材等。2009 年，为了鼓励外商投资矿业公司，政府为其投资了 117 亿比尔，用于对矿产资源进行勘探和开采。2013 年埃塞俄比亚的黄金出口创汇 4306 亿美元，更是拥有很大的开发潜力。①

埃塞俄比亚与矿业相关的法律主要是 2007 年《矿业法》，其他矿业的相关法律有第 678/2010 号公告《促进可持续发展的宣言矿产资源开发》，第 816/2013 号公告《采矿作业（修正案）公告》，第 52/1993 号公告《宣传矿产资源开发》。

埃塞俄比亚政府负责向外国投资者发放预查、探矿和采矿许可证的管理部门是联邦政府矿产能源部。按照埃塞俄比亚政府的有关规定，外国投资者

---

① 王婷．“一带一路”背景下的埃塞俄比亚投资环境研究［D］．临汾：山西师范大学，2016.

在埃塞俄比亚开展矿产资源的勘查开发必须注册成立勘查开发公司。外国投资者与埃塞俄比亚本国公司合作开展矿产资源的勘查开发，必须注册成立联合投资公司。矿业用地可以通过租用、租赁或免费取得的方式获取。预查许可证、勘查许可证、采矿许可证的申请所需资料根据《埃塞俄比亚矿业法》有关规定，矿业权保留、流转、吊销、放弃，则根据《埃塞俄比亚矿业管理条例》有关规定。而对于雇工制度，埃塞俄比亚 2003 年颁布实施的《第 377 号劳资公告》和《埃塞俄比亚矿业法》均有专门规定。安全和环境保护是埃塞俄比亚政府特别重视的两个问题，任何人从事矿产经营，必须采取保障其代理、雇员和其他人员人身健康和安全措施，把对自然环境的破坏和污染降到最低。要求申请大规模采矿许可证的投资人，必须提交环境影响评估报告。《埃塞俄比亚矿业管理条例》对矿业投资的安全与环保作出了具体规定。①

第四节　埃塞俄比亚环境资源法律风险与防范

一方面，遵守当地环境法规、行业环境标准，尊重习俗妥善处理矛盾。埃塞俄比亚的法律体系和政府治理方面沿袭西方模式，虽然目前在环境保护方面的立法及执法尚不健全、不严格，但由于目前埃塞俄比亚正申请加入世界贸易组织，有可能加快知识产权保护和环保法规的立法和制度建设。目前，埃塞俄比亚出台了环境政策，颁布了《环境污染控制法》和《环境影响评价法》等环境法律，规定了环境标准措施、废物管理措施、跨区域影响项目管理措施以及违法排污或实施未经授权项目的刑罚措施等。中资企业在埃塞俄比亚投资和经营过程中，应切实了解相关的环境法律法规以规避风险，避免与当地政府和居民产生环境纠纷，提前建立健全相关环保制度，避免为日后的经营带来不必要的麻烦和损失。同时，投资者还需要尊重当地习俗，妥善处理矛盾。埃塞俄比亚是多民族、多宗教国家，中方人员要主动尊重当地的民风民俗及宗教习俗。中资企业平时应注意尊重和爱护当地员工、加深了解，与工会加强沟通，在遇到环境问题时保持双方沟通渠道的畅通，遵守工会制定的相关行业环境标准，积极活动给予一定支持，维护好与工会

① 张维宸．埃塞俄比亚矿业投资环境逐步趋好［N］．中国矿业报，2018－11－30（004）．

的关系。

另一方面，依法保护生态环境，承担必要的社会责任。应严格遵守当地的环境法律法规以及同行规范和国际惯例，恪守商业道德，尊重所在国的文化和风俗习惯，注重对环境的保护，强化与所在社区的和谐发展，并积极开展社会公益和慈善事业。注重加强与当地政府、慈善机构、非政府组织和研究机构的沟通，大力宣传自己的正面形象。在履行社会责任方面应制定完善的理念和计划，克服随意性。虽然目前埃塞俄比亚还未制定生态环保标准和重点环保领域，但该国政府已经认识到生态环境对社会和经济可持续发展的重要性，并将提高森林覆盖率和保护生态多样性作为一项重要工作。因此，中国企业在生产和生活中都应采取严格的环保措施，提高生态环境保护意识。埃塞俄比亚正在发展环境友好型城市，中资企业正抓住机遇，积极参与环保项目建设。2019 年 4 月，中国电工承建的埃塞俄比亚首都亚迪斯亚贝巴“莱比”垃圾发电站正式投入运营。“莱比”垃圾发电站日处理垃圾能力 1000 吨，装机 2X25MW，资金来源于埃塞俄比亚政府财政拨款。该项目是埃塞俄比亚的第一个垃圾发电站项目，在改善埃塞俄比亚环境的同时，将对埃塞俄比亚环保能效产业发展产生积极影响。

第八章　埃塞俄比亚其他法律制度

第一节　埃塞俄比亚知识产权法律制度

一、当地有关知识产权保护的法律法规

埃塞俄比亚没有专门的知识产权保护法，其关于知识产权保护的规定主要通过《专利法》《注册商标规定和保护法》《著作权及相关权益保护法》，以及《刑法》中有关对侵犯知识产权的量刑规定等条款得以体现。

二、知识产权侵权的相关处罚规定

埃塞俄比亚对于侵犯知识产权的行为处罚如下：如当事人故意侵权，处以5年以上10年以下监禁；如当事人因疏忽侵权，处以1年以上5年以下监禁；除以上处罚外，还将对侵权的所有物品以及用于制造这些物品的材料和工具予以查封、罚没和销毁。

三、知识产权保护

埃塞俄比亚是世界知识产权组织（WIPO）成员。埃塞俄比亚知识产权局是知识产权保护主管部门。埃塞俄比亚已颁布的知识产权法律包括《版权及相关权益保护公告及修正案（2014）》《获得遗传资源和社区知识以及社区权利公告（2006）》《植物育种权利公告（2006）》《商标注册和保护公告（2006）》《发明、小型发明及工业外观设计公告（1995）》等。

1. 商标保护

《商标注册和保护公告》规定，商标需通过注册取得，商标注册采用“申请在先”原则。在埃塞俄比亚注册的商标自申请日起7年内有效，到期

后可延期7年。如该商标在埃塞俄比亚境内连续3年未被使用，则可能会被取消。商标注册申请程序包括：正式审查、显著性审查和重复性审查。如通过了所有审查，该商标将在《知识产权公报》上公布，或在官方新闻报纸上公示30天。在公示期间，第三方可以提出反对意见。从首次申请到注册成功需要大约6—8个月。

埃塞俄比亚2006年就发布了《商标注册和保护公告》，但2012年才开始实施，在此期间提出的商标申请需要向埃塞俄比亚知识产权局进行确认。如果无法查到相关记录，则申请人需要持原始注册证书副本到知识产权局重新登记。

2. 专利保护

专利类型包括：实用专利，发明或发现任何新的和实用的工艺、机器、物质成分，或任何新的和实用的改进；设计专利，发明一种新的、原创的、装饰性的产品设计；植物专利，发明、发现和无性繁殖任何独特的新品种植物。

无效专利包括：专利标的物不可申请专利；专利说明书没有以足够清楚和完整的方式说明，本领域技术人员难以实施。任何全部或部分无效的专利，自专利授予之日起即视为无效。

专利自申请之日起的初始有效期为15年。如有证据表明该专利在埃塞俄比亚得到了有效实施，则可再延长5年。如专利权人以书面声明形式向主管部门申请终止专利权或未按时缴纳年费，则专利权终止。专利权属于发明人，两人以上共同完成一项发明的，专利权属于共同所有。如无特殊约定，在执行劳动合同时所作的发明，专利权属于雇主或用人单位；如与劳动合同无关，且不使用雇主或用人单位的资源、数据、材料或设备的发明，应完全属于雇员；如专利是由员工个人发明，但使用了雇主或用人单位的资源、数据、手段、材料或设备，应按同等份额共同拥有。

3. 版权保护

《版权及相关权益保护公告及修正案》对书籍，文章，计算机程序，艺术家和表演者的作品（喜剧、乐曲等），绘画、摄影、地图、绘图、建筑、雕塑等美术或建筑作品，声音制作或录音等视听作品，无线广播、电视节目等音像制品的保护做了规定。版权涉及的经济权利可全部或部分转让/授权，同时版权可依法转让给继承人或受遗赠人。版权在作者生前及去世后50年内归其本人、继承人或受遗赠人所有。未经所有权人同意或在所有权人不知情的情况下出售或复制作品的情况，视为侵犯版权。

4. 数据及隐私保护

埃塞俄比亚没有专门的数据及隐私保护机构，但一些政府部门有权在其监管范围内行使相应职权。例如，《通信服务公告（2018）》要求，埃塞俄比亚通信管理局负责管理信息安全、数据隐私和保护；埃塞俄比亚信息网络安全局需确保信息和计算机基础设施的安全。埃塞俄比亚也没有专门的数据及隐私保护法律，相关内容主要在宪法和相关法律中体现，主要有《民法典》《刑法》《电子签名公告（2018）》等。《民法典》第31条规定，除非司法需要，未经写信人同意，收信人不得泄露机密信件的内容。《刑法》第606条规定，侵犯通信隐私的行为，包括侵入信件、电报、电信等，可处以6个月以下监禁。《电子签名公告（2018）》第29条规定，数字证书提供人应将与证书颁发、暂停、撤销等相关服务信息保管两年，除非法律另有明确规定，否则必须对个人信息保密。

第二节　埃塞俄比亚争议解决法律制度

中国企业赴埃塞俄比亚投资，要严格遵守埃塞俄比亚当地相关法律规定，并认真履行合同。合同约定应具体、明确。在签订合同时，应对未来履行合同过程中可能产生的争议预先约定好解决办法和方案，一旦发生争议，可通过诉讼、习惯性或替代性纠纷解决机制等方式解决。

一、诉讼

根据埃塞俄比亚法律，外国投资引发的争议可以用双方认可的方式解决，如协商不成可向有管辖权的埃塞俄比亚法院提起诉讼。尽管埃塞俄比亚政府进行了长时间努力改善司法公正，但法院系统的可靠性、效率和透明度仍有待提高。由于埃塞俄比亚司法资源有限，案件积压较为严重，有商事案件办理经验的法官数量较少，因此法院处理案件的时间较长。据世界银行统计，合同类案件解决周期约530天。

埃塞俄比亚民事诉讼费用分配由法院全权处理。目前，埃塞俄比亚对分配诉讼费用暂无指导原则，自由裁量权较大，各司法辖区在诉讼费标准和分配方面有一定差异。

二、习惯性纠纷解决机制

习惯性纠纷解决机制是埃塞俄比亚传统民间协调机制，受埃塞俄比亚宪法承认并在乡村地区扮演重要角色。通常，由当地长者、社会地位较高的社区成员或宗教领袖担任调解员，负责招集社区群众在教堂、广场等公共场所开展纠纷调解并议定赔偿。目前习惯性纠纷解决机制多适用于民事领域，若协调结果与现行法律相冲突则以现行法律为准。

三、替代性争议解决机制

替代性争议解决机制主要包括仲裁和调解，区别于埃塞俄比亚传统的习惯性纠纷解决机制。仲裁和调解机构埃塞俄比亚仲裁与调解中心是一家非营利组织，提供较为权威和系统的替代性争议解决服务，并制定了埃塞俄比亚《调解法》草案。2019 年 1 月，埃塞俄比亚联邦最高法院已将该草案递交政府，目前尚未正式颁布。

四、仲裁

外国投资者可依据埃塞俄比亚与投资者所在国签署的双边或多边协议提起国际仲裁。中国与埃塞俄比亚于 1998 年签署的《双边投资促进和保护协定》规定，在产生争议时，任何一方均可要求将争议提交专设仲裁庭仲裁，或者将争议提交解决投资争端国际中心（ICSID）仲裁，如已诉诸法院，则不得提起仲裁。协定还规定了专设仲裁庭的设立方法、仲裁员选择等事项。

五、调解

埃塞俄比亚《民法典》规定，调解是基于两个或多个当事方之间自愿通过谈判从而友好解决争端的过程。当事方可聘请独立第三方担任调解人，调解人应在当事方规定期限内履行职责。若当事方未作规定，则法律默认调解员应在任命之日起 6 个月内完成工作；并且除非调解人拟定不调解备忘录，否则当事方不得在调解期内向法院提起诉讼。通常，小额争议建议采用调解方式解决，以节省经济成本和时间成本。

第三节　投资埃塞俄比亚其他风险防范

近年来，埃塞俄比亚债务风险累积，项目融资较以往更加困难；美欧日韩和中东国家纷纷加大对埃塞俄比亚投入力度，一定程度上挤压了中国在埃塞俄比亚企业的生存空间，使得国际竞争日趋白热化。中资企业进入本市场前需对各方面因素进行充分考虑，进行科学的风险评估、风险预测，制定风险防范措施。

（1）2008年以来，埃塞俄比亚货币比尔贬值较快，兑美元的平均汇由2008/09财年的10.1：1跌至2019/20财年末的35.1：1。此外，由于埃塞俄比亚的外汇储备非常紧缺，外汇汇出管理非常严格且手续复杂。提醒中资企业在开展对埃塞俄比亚经贸合作时充分考虑汇率因素和安全收汇等金融风险。

（2）埃塞俄比亚政府非常重视治理本国的腐败问题，如在签订合同前承包商都被要求签署一份反腐败协议。

（3）由于国家经济不发达，业主多为政府机构，当预算执行困难时，业主的支付能力受到影响，这对工程项目的现金流构成了威胁。

（4）劳动力供给状况：虽然埃塞俄比亚劳动力平均价格较便宜，但是由于技术工人严重短缺，当地技术含量较高的工种和高级管理人员的工资非常高，因此，外国承包商更愿意从本国派出技术人员和管理人员。近期埃塞俄比亚政府为加强对外来劳工的限制，要求外来劳工需提供相应的学历证明或技能证明才能办理工作许可，有些项目业主对当地工人的使用有一定规定和限制，某些低端工作岗位还必须雇用当地人，否则不予办理工作许可。

（5）文化差异：在价值观方面，埃塞俄比亚文化更注重自由、个性，埃塞俄比亚当地员工表达自己观点时也较为直接，因此在经营管理中应尽量避免与相关方发生冲突，在尊重当地文化的基础上加强文化交流和文化影响，共同推动项目进行。

（6）埃塞俄比亚安全形势总体较好，但境内存在不稳定因素，在与苏丹和索马里接壤的边境地区也偶有武装冲突，提醒中国企业以安全为重，不要到偏远、边境地区从事经贸活动。

（7）埃塞俄比亚实行严格的外汇管理制度，海关规定旅客出境时仅可携带总值不超过3000美元的外币。如旅客入境时携带外币超过3000美元须向海关申报，否则持有的超量外币将被没收或扣留。外国公司在完成税务审计后，如果将利润汇出埃塞俄比亚，需要向埃塞俄比亚国家银行提前申请办理相关审批手续，一般情况需要花费数月时间。埃塞俄比亚严厉打击外汇黑市交易，一旦查处，将予以重判。

（8）埃塞俄比亚移民局对入境埃塞俄比亚签证的要求较严格。不同的访埃塞俄比亚目的需要申请不同类型的签证，如投资者需申请投资签证，方可在投资落地后申请居留，而考察及会议签证办理速度较快，但不允许延期或申请居留。

附　录

附录1：埃塞俄比亚主要法律法规

投资法：

· 第 769/2012 号投资公告、第 849/2014 号修订公告

· 第 270/2012 号投资条例、第 312/2014 号修订条例

· 投资指令 – 关于机动车免关税进口的指令 4/2005（E. C）

· 埃塞俄比亚投资管理局和埃塞俄比亚投资委员会第 313/2014 号成立条例

工业园区法律：

· 第 886/2015 号工业园区公告

· 2017 年工业园区条例

商务：

· 第 980/2016 号商业注册和许可公告

· 第 813/2013 号贸易惯例和消费者保护公告

· 埃塞俄比亚商法典、第 166/1960 号公告

· 埃塞俄比亚民法典、第 165/1960 号公告

税法：

· 第 979/2016 号所得税公告

· 第 983/2016 号税收管理公告

· 第 285/2002 号增值税公告、第 609/2008 号修订公告

· 第 79/2002 号增值税条例

· 第 307/2002 号消费税公告、第 610/2008 号修订公告

劳动法：

· 第 377/2003 号劳动公告、第 494/2006 号修订公告

海关法：

· 第 859/2014 号海关公告

· 第 768/2012 号出口贸易关税优惠政策安排修正公告

· 埃塞俄比亚海关指南，埃塞俄比亚税务和海关总局，2017 年

-关于税务与海关的更多立法，请参阅 http：//www. erca. gov. et/ for further legislations

知识产权：

· 第 410/2004 号版权和邻接权保护公告、第 872/2014 号修订公告

· 第 501/2006 号商标注册和保护公告

· 第 273/2012 号商标注册和保护条例

· 第 123/1995 号发明、未成年人的发明和工业设计公告

· 第 12/1997 号发明、未成年人的发明和工业设计条例

保境保护法：

· 第 299/2002 号环境影响评估公告

· 第 300/2002 号环境污染治理公告

外汇法：

· 第 FXD/45/2016 号外币分配和外汇管理透明度指令、第 FXD/46/2017 号修订指令

附录 2：埃塞俄比亚主要政府部门与相关机构

（1）外交部（Ministry of Foreign Affairs），网址：www. mfa. gov. et

（2）财政部（Ministry of Finance and Economic Cooperation），网址：www. mofed. gov. et

（3）农业部（Ministry of Agriculture and livestock Resource），网址：www. moa. gov. et

（4）贸易和工业部（Ministry of Trade and Industry），网址：www. mot. gov. et

（5）国防部（Ministry of Defense），网址：www. fdremod. gov. et

（6）城市发展和建设部（Ministry of Urban Development and Construction），网址 www. mudc. gov. et

（7）和平部（Ministry of Peace），网址：www. mop. gov. et

（8）卫生部（Ministry of Health），网址：www. moh. gov. et

（9）教育部（Ministry of Education），网址：www. moe. gov. et

（10）交通部（Ministry of Transport），网址：www. motr. gov. et

（11）水利、灌溉与能源部（Ministry of Water、Irrigation and Energy），网址：http：//mowie. gov. et/

（12）总检察长（Attorney General）（原司法部），网址：https：//www. fag. gov. et/en－us/

（13）创新和技术部（Ministry of Innovation and Technology），网址：www. mcit. gov. et/

（14）公务员委员会（Civil Service Commission），网址：www. mocis. gov. et/

（15）矿业和石油部（Ministry of Mines and Petroleum），网址：www. momines. gov. et

（16）劳工和社会事务部（Ministry of Labor and Social Affairs），网址：www. molsa. gov. et

（17）文化和旅游部（Ministry of Culture and Tourism），网址：www. moct. gov. et

（18）妇女、儿童和青年事务部（Women，Children and Youth），网址：www. mowcya. gov. et

（19）环境、林业与气候变化委员会（Environment，Forest and Climate Change Commission），网址：www. efccc. gov. et

（20）公共企业监管局（Public Enterprises Holding and Administration Agency），网址：www. pehaa. gov. et

（21）计划发展委员会（Planning and Development Commission）（22）税务部（Ministry of Revenues），网址：www. mor. gov. et

（23）总理办公室（Office of the Prime Minister），网址：www. pmo. gov. et

（24）食品和药品管理局（Ethiopian Food and Drug Authority），网址：www. fmhaca. gov. et

（25）埃塞俄比亚通信局（Ethiopian Communications Authority），网址：https：//eca. et/

（26）埃塞俄比亚通信社（Ethiopian News Agency），网址：www. ena. et

（27）埃塞俄比亚广电局（Ethiopian Broadcast Authority），网址：www. eba. gov. et

（28）埃塞俄比亚公路局（Ethiopian Roads Authority），网址：www. era. gov. et

（29）埃塞俄比亚联邦最高法院（Federal Supreme Court of Ethiopia），网址：www. fsc. gov. et

（30）埃塞俄比亚电信公司（Ethiopian TelecommunicationCorporation），网址：www. ethionet. et

（31）埃塞俄比亚电力公司（Ethiopian Electric Power Corporation）

（32）埃塞俄比亚知识产权局（Ethiopian Intellectual Property Office），网址：www. eipo. gov. et

（33）埃塞俄比亚国家银行（National Bank of Ethiopia），网址：www. nbe. gov. et

（34）埃塞俄比亚保险公司（Ethiopian Insurance Corporation），网址：www. eic. com. et

（35）埃塞俄比亚投资委员会（Ethiopian Investment Commission），网址：www. invest ethiopia. gov. et

（36）中央统计局（Central Statistical Agency），网址：www. csa. gov. et

（37）埃塞俄比亚商会（Ethiopian Chamber of Commerce），网址：www. ethiopianchamber. com

（38）埃塞俄比亚航运物流公司（Ethiopian Shipping and Logistics Services Enterprises），网址：www. ethiopianshippinglines. com. et

（39）埃塞俄比亚航空公司（Ethiopian Airlines），网址：www. ethiopianairlines. com

（40）埃塞俄比亚标准局（Ethiopian Standards Agency），网址：www. ethiostandards. org

（41）埃塞俄比亚海关委员会（Ethiopian custom commission），网址：http：//www. ecc. gov. et/

（42）埃塞俄比亚就业委员会（Ethiopian Jobs Creation Commission），网址：www. jobscommission. gov. et

（43）埃塞俄比亚移民局（Ethiopian Immigration，Nationality and Vital Events Agency），网址：www. evisa. gov. et

（44）埃塞俄比亚联邦警署（Ethiopian Federal Police Commission），网址：www. federalpolice. gov. et

（45）埃塞俄比亚信息网络安全局（Ethiopian Information Network Security Agency），网址：www. insa. gov. et

附录3：埃塞俄比亚主要第三方服务机构联系方式

[1] Tns Group International Consultant Ltd（咨询） +251 -11 -6630017/18/19

[2] DFDL Law Group（法律） +251 -11 -6672341

[3] T & T Business and Investment Consultancy（法律、咨询） +251 -11 -8211010

[4] Grant Thornton International Ltd（致同国际）（会计、审计） +251 -11 -5556364

[5] Girma and Fasil Audit Service Partnership（会计、审计） +251 -11 -6189557

加纳经贸投资法律环境报告

第一章　加纳基本概况

加纳位于非洲西部、几内亚湾北岸，北接布基纳法索，西邻科特迪瓦，东邻多哥，南濒大西洋，地理位置优越，是西非地区重要货物贸易集散中心，史称“黄金海岸”。近年来，加纳经济增长较快，是非洲经济增长最快的国家之一。加纳是撒哈拉以南非洲第二个与中国建交的国家，中国老一辈领导人和加纳首任总统恩克鲁玛的交往，至今仍为两国人民乐道。加纳自然资源禀赋丰厚，黄金、可可、石油是其三大出口创汇产品，曾长期为英国的殖民地，法律以英国普通法和习惯法为基础，法律体系相对健全。加纳政局稳定、治安良好，市场较为开放。2018 年 9 月，加纳总统纳纳・阿库福－阿多阁下出席中非合作论坛北京峰会，并对中国进行国事访问。2019 年 11 月，孙春兰副总理成功访问加纳。中加关系发展进入新的阶段。

同时，中国投资者应注意到两国经贸合作仍存在诸多风险。加纳政府债务占 GDP 的比重仍保持 60% 左右的高位，对我国工程承包企业欠款已多年难以结清，资金困难一直是制约加纳经济发展的一大瓶颈。2020 年上半年，加纳也遭受新冠肺炎疫情影响，经济全面下滑，2020 年底，加纳已经进行新一轮大选，国家领导人虽未改变，但发展前景仍不明朗。在此，中国企业和个人，到加纳投资合作要充分做好前期准备，深入进行市场调研和风险评估。进入加纳市场后，要遵守加纳相关法律，依法登记注册并开展经营，不得进入法律明令禁止的领域；要尊重加纳文化和社会习俗，积极履行社会责任，不断提高国际化、属地化经营能力和水平；要重视打造中国品牌，把眼前利益和长远利益、企业利益和国家利益结合起来，实现中加互利共赢。

第一节　加纳国家概况

古加纳王国建于公元 3—4 世纪，10—11 世纪时达到鼎盛时期。1471 年葡萄牙殖民者入侵加纳海岸。1482 年加纳沿海始称“黄金海岸”。1897 年黄金海岸全境沦为英殖民地。1957 年 3 月 6 日，黄金海岸独立，改名加纳，原英国托管的“西多哥”并入加纳。1960 年 7 月 1 日成立加纳共和国，首任总统恩克鲁玛。1966 年恩克鲁玛政府被推翻后，加纳政局长期动荡不安，军事政变不断，政权更迭频繁。1981 年 12 月罗林斯政变上台，奉行民族和解和经济复兴政策，政局较稳定。1992 年开始实行多党制，顺利实现由军政府向民选政府的过渡。2000 年，库福尔领导的新爱国党（NPP）在选举中获胜。2004 年，库福尔蝉联总统。2007 年，库福尔当选非盟轮值主席，加纳被选为安理会非常任理事国。2008 年 12 月，加纳进行大选，民主大会党（NDC）总统候选人米尔斯当选。2012 年 7 月 24 日，米尔斯总统因病去世，副总统乔・马哈马就任总统并于 2012 年 12 月连任 。2016 年 12 月，加纳举行新一轮大选，新爱国党（NPP）获胜，总统候选人纳纳・阿库福－阿多当选。2020 年大选纳纳・阿库福－阿多成功连任。第二个任期从 2021 年 1 月 7 日开始，到 2025 年 1 月 6 日结束。

一、加纳的人文和地理环境

加纳海岸线长约 562 公里。国土面积 23.85 万平方公里。加纳位于零时区，当地时间与格林尼治时间相同，比北京时间晚 8 小时，不实行夏时制。加纳首都阿克拉，位于加纳南部。加纳全国共分 16 个省，分别是大阿克拉省、阿散蒂省、布朗－阿哈福省、中部省、西部省、东部省、沃尔特省、上东部省、上西部省、北部省、萨瓦纳省、东北省、阿哈福省、博诺东省、奥蒂省和西北省，省下设 254 个县。除首都阿克拉外，主要城市还有：库马西（第二大城市，阿散蒂省省会）、特马（第一大海港城市，工业中心）、塞康迪－塔克拉迪（前者是西部省省会，后者为加纳第二大海港，两市相连，属同一市政府管辖）。

2019 年加纳全国人口约 3042 万，其中首都阿克拉人口约 196 万，第二大城市库马西人口约 147 万，特马约 16 万人，塞康迪－塔克拉底约 14 万人，科福里杜亚约 10 万人，苏尼亚尼约 7 万人。在加纳的中国人约有 3—5 万人，中资企业人员主要集中在阿克拉、特马和库马西，个体采金人员主要聚集在库马西、塔克拉底周边。①

二、加纳的政治和经济环境

加纳历史上曾被葡萄牙、荷兰、英国侵略。1957 从英国殖民统治下获得独立。现行宪法于 1992 年 4 月 26 日全民公决通过，1993 年 1 月 7 日起生效。加纳宪法规定：加纳是一个民主国家，致力于实现自由和公正，尊重基本人权、自由和尊严；总统是国家元首、政府首脑和武装部队总司令，任期 4 年，可连任一届；内阁由总统任命，议会批准；议会需在通过法案并得到总统同意后方可行使制宪权；司法独立，有解释、执行和强制执行法律的权力。宪法规定总统执掌行政权，为国家元首和海陆空三军总司令，由 4 年一度的普选产生，限两个任期，有权任命副总统。② 现任总统为纳纳·阿库福 - 阿多。加纳议会实行一院制，为国家最高权力机构，有立法权和修改宪法权。议员经全国选举产生，任期 4 年。此外，加纳加强与非洲国家的团结合作，积极推动西非和非洲地区经济的一体化进程，支持非洲发展新伙伴计划并率先同意接受互查机制审查。重视与中国、印度等发展中国家开展互利合作。积极参与安理会改革，大力推动非洲国家获得安理会常任国席位。与国际货币基金组织、世界银行等国际金融机构保持良好关系。加纳也是西非国家经济共同体（ECOWAS）成员国之一，与周边国家无明显利害冲突。

近年来，中国在加纳对外贸易中的地位不断上升，并于 2015 年超越欧盟成为加纳第一大贸易伙伴。2017 年至 2018 年，加纳外汇储备均有所增加，当地货币塞地可以与全球主要货币进行小额兑换。

第二节　加纳法律渊源和法律体系

加纳法律体系是基于英国普通法和习惯（传统）法。法律渊源主要有宪法，议会制定或授权制定的法律，根据宪法制定的命令、规则和条例，1992 年宪法生效前即存在的成文或不成文法，普通法等。

---

① 商务部国际贸易经济合作研究院，中国驻加纳大使馆经济商务处．对外投资合作国别（地区）指南：加纳［R］．商务部国际贸易经济合作研究院，2020：4.

② Article 2, The Constitution of the Republic of Ghana (Amendment) Act, (1996).

一、加纳的国内法渊源

加纳 1992 年《宪法》第 11 条规定，加纳法律渊源包括宪法、议会通过的“Enactment”、宪法授权机构在权限内颁布的 Orders、Regulations、现行法律（Existing Law）和普通法（Common Law）。[①] 其中，宪法授权机构在权限内颁布的 Orders、Regulations 是宪法的下位法，应当在议会的公告（Gazette）中公布；现行法律是指 1992 年宪法生效前已经存在的书面或非书面法律；普通法指英国的普通法。El - Rouh v Hamili 案[②]详细规定了英国普通法在加纳的适用范围和程度，即便是现在，英国法院的最新判例也可以被加纳法院加以引用。

二、加纳与投资相关的国际法渊源

1989 年，中加两国签定了《中华人民共和国政府和加纳共和国政府关于鼓励和相互保护投资协定》。该协定对我国在加纳投资的待遇问题、国有化问题、资本出入问题、代位求偿问题、争端解决问题等加强了保护。中加两国本拟于 2020 年签订避免双重征税协定，但由于疫情影响将推迟签订。加纳是 1958 年纽约公约（New York Convention）缔约国，在其他成员国获得的有利于我国投资的仲裁裁决可以较方便地在加纳执行。加纳是多边投资担保机构（Multilateral Investment Guarantee Agency ，MIGA）公约的成员国，在中信保承保加纳出口信用险不便时，可以探讨投保 MIGA 的可行性。

中国与加纳之间签订了以下协议：

1960 年 7 月，中加两国签署第一个贸易和支付协定。1988 年，双方签订经济和贸易联合委员会协定，次年在北京召开了第一次会议。2015 年 3 月，双方在北京召开了第三次经贸联委会会议。2009 年 12 月，中加在阿克拉签订两项双边经济技术合作协定。2015 年 9 月，中国福建省与加纳大阿克拉省签署结好协议。2016 年 9 月，中加两国签署产能合作协议。2018 年 9 月，中加两国签署“一带一路”合作协议。

---

① Article 11 （1），The Constitution of the Republic of Ghana （Amendment） Act, （1996）.

② ［1963］1 GLR 308 at 311，CA.

三、加纳的立法体系

加纳实行行政、立法、司法三权分立，议会是国家最高权力机构，有立法和修改宪法的权力，加纳议会采取一院制。① 议长是议会最高级别官员、国家最重要的三位官员之一，位列总统、副总统之后。由于历史原因，加纳1992年版宪法仍突出总统的行政权力，议会地位稍显薄弱。

议会立法程序分五个阶段，即：一读阶段、委员会阶段、二读阶段、考虑阶段、三读阶段。根据宪法，所有提交给议会讨论的议案在一读后都应转给相对应的委员会进行专门审议，各委员会对此提出同意、反对或修改等意见，并再次提交议会讨论。除非议会某一委员会认定该议案十分紧急，否则五个阶段不得在同一次会议进行。如果确认紧急，议案可以在同一次会议进行五个阶段的审议，由总统提出或代表总统提出的议案在委员会阶段不得超过3个月。在议会获得通过的议案需送交总统审批，总统一般应于7日内作出决定并告知议长，总统也可将该议案送交国务委员会进行讨论，此类情况不受7天时间限制，但总统应及时告知议长。如总统拒绝签署该议案，应在14日内向议长解释拒绝的原因并可提出修改意见供议会再次讨论。议会对该议案进行重新讨论并获得三分之二以上议员的支持后，总统应在30日内签署该议案。②

四、加纳的司法体系

加纳宪法规定：司法源于人民，以共和国的名义由司法机构管理，司法机构应是独立的，只服从本宪法。③ 公民可以通过公共机构和习惯法庭以及陪审团和陪审员制度，广泛参与司法管理。加纳的司法权属于司法机关，因此，总统、议会、任何机关或机构都不得拥有或被授予不当的司法权。首席法官应根据本《宪法》担任司法机构的首长，负责司法机构的管理和监督。司法机构分为司法系统和公共法庭系统。司法系统包括最高法院、上诉法院、高等法院、商业法庭、地区法院、县级法院、巡回法院、速审法院、少

---

① Article 94 (1), The Constitution of the Republic of Ghana (Amendment) Act, (1996).

② Article 11, The Constitution of the Republic of Ghana (Amendment) Act, (1996).

③ Article 125 (1), The Constitution of the Republic of Ghana (Amendment) Act, (1996).

年法庭、检察长办公室等，最高法院为终审法院。各级公共法庭是 1982 年为实现司法民主化、确保人民有权参与司法程序而设置的，由全国公共法庭（终审法庭）和地区公共法庭等组成。全国公共法庭为终审法庭。此外，加纳还存在着传统法庭，由酋长根据习惯法处理当地民事纠纷。

第二章　加纳投资法律制度

自 1983 年以来，加纳颁布了一系列鼓励外商投资的法规和政策，其中主要有 1985 年投资法和 1994 年新投资法。据此，1995 年加纳政府设立了旨在鼓励和促进投资的专门机构——加纳投资促进中心。通过一系列的立法及行政工作逐步完善加纳投资法律制度。

第一节　加纳商业组织法律

加纳投资促进中心法案（Investment Promotion Center Act）第 24 条规定①，外资投资加纳应当设立当地商业存在。加纳法律规定了公司和合伙两种主要的商业存在形式。实务中，（根据投资促进中心法案）投资促进中心的投资登记表规定了以下商业存在形式：个人独资企业（Sole Proprietorship）、公司（company）、合伙（Partnership）、离岸公司（Offshore Company）等；（根据自由投资区法案）自由区设立的企业形式只有公司和合伙两种形式。

一、公司

根据加纳 1963 年《公司法》（Company Code 1963），公司有两种分类方法，分别是：有限责任公司和无限责任公司；封闭公司和公共公司。除个别情况，公司登记机关一般尊重申请人对公司类型的选择。封闭公司的股东在 50 人以下，不得向不特定的大众募股或募集资金。公司章程限制股份的对外转让。除封闭公司以外的营利性公司为公共公司。有限责任公司既可能是封闭式公司也可能是公共公司。加纳法律对在加成立的外商独资公司的最低

① Article 24, Investment Promotion Center Act (1994).

注册资本要求是50000美元；合资公司最低注册资本要求是10000美元。注册资本可以以现金支付，也可以以实物支付。但根据投资促进中心法案设立的公司，其外商投资部分的注册资本不得以商誉、服务支付。

实务中，外国投资者与加纳个人或者加纳当地企业设立合资企业一般采取有限责任公司形式。加纳投资促进中心法案和加纳特区法案对合资公司中的最低加纳股权比例并无规定。除非特定领域的投资法律有特别规定，外国投资者可自由安排合资公司中的加纳当地股权比例。例外包括但不限于保险领域，加纳1989年保险法规定保险行业至少有40%的加纳当地股权成分要求。

二、合伙企业

关于合伙企业的法律渊源是1980年私人合伙法案（Incorporated Private Partnership Act 1980）。合伙企业是指两个以上的自然人以营利为目的成立的组织，合伙人对合伙企业债务承担无限连带责任。合伙企业至多拥有20个合伙人，所有的合伙人只能是自然人，不得是法人。合伙人之间的权利义务由合伙合同规定，该合伙合同应当在公司登记机关处备案。

三、离岸公司

投资者将加纳境外设立的法人实体在加纳登记注册为离岸公司（Offshore Company），并以该境外法人为实体在加纳经营。根据加纳公司法案，离岸公司应当在加纳有注册营业地点（Established Place of Business），该注册地点可以是分支机构，也可以是联络办公室等。在加纳登记注册离岸公司时，应当向公司注册官提交境外法人原设立地的设立法律文件，这些法律文件应当包含有公司章程，并经过公证认证。应当向登记机关披露境外法人的注册资本、已发股本数、未缴资本额、注册地址、公司营业范围等信息。

第二节　普通外商投资专项立法

普通外商投资，即石油、采矿、证券领域之外的投资，后者分别由能源部、矿业委员会、证券交易所根据特别立法加以审批。加纳的普通外商投资有两大专项立法：1994 年《加纳投资促进中心法》①，1995 年《自由投资区法》。② 这两个法对外商投资实体的特别规定与加纳 1963 年公司法的规定是特别法与一般法的关系。

1994 年加纳投资促进中心法案的首要目的在于促进加纳的外商投资，其对除矿产、石油、自由投资区、森林和野生动物以外的所有领域的外商投资作出了规定。该法案设立了投资促进中心，后者为外国投资者提供投资机会和信息，是主管政府与外国投资者之间的联络纽带。该法案规定外国投资者可以现金投资，也可以机器设备投资；外国企业和个人可以设立独资企业，也可以与当地人及第三方成立合资企业。该法案规定：（1）建立有加纳人合伙的企业，外资应不少于 1 万美元；（2）建立外国独资企业，外资应不少于 5 万美元；（3）建立合资或独资贸易企业，外资应不少于 30 万美元，而且最少应雇佣 10 个加纳人。从事出口贸易的外资企业和办事处没有最低资本的要求。

1995 年自由投资区法案及其 2002 年的修正案对加纳的自由投资区作出了规定，自由投资区类似于我国的经济开发区，投资者享有很多特权。该法案设立了投资自由区管理会，专门向投资自由区的投资者发放许可证。该法案规定加纳一般意义上的进出口法规和直接、间接税法在自由投资区并不适用。该法案对投资收益的转移和国家征收事宜作出了特别承诺。该法案为解决自由区内企业与加纳政府之间的投资争议专门设立了一套争议解决机制。

第三节　加纳投资的监管与审批

加纳投资促进中心（Ghana Investment Promotion Center）提供普通外商投资的简化一站式批准服务，负责除石油、采矿、证券投资、自由区投资之外的所有经济投资范畴。

加纳投资主管部门为投资促进中心（GIPC），成立于 1994 年，依据《加纳投资促进中心法案》（2013）协调和监督所有投资活动并直接对总统负责。加纳投资促进中心提供所有经济领域简化的一站式批准程序。投资促进中心工作职责是：提出鼓励措施，改善投资环境，吸引加纳国内及外国投

① Ghana Investment Promotion Center Act（1994）.

② Free Zone Act（1995）.

资；收集、整理、分析、发布有关投资机会、资金来源的信息，就合资项目的合理性、可行性等提出建议；对所有申请注册的外资企业进行登记；对项目进行鉴定，邀请有兴趣的投资者介入；发起、组织和参与投资促进活动，如展览、讨论会、研讨班等；做好与投资相关的政府部门、机构的联络、协调等。①

2013 年由加纳议会审议通过了新的《加纳投资促进中心法案》（第 865 号法案）。该法适用于加纳当地的所有行业。新的《加纳投资促进中心法案》规定只允许加纳人专营的领域：（1）在“市场”内经营或在任何地方做小买卖、叫卖或在小售货亭销售；（2）出租汽车和汽车租赁（但外国人若投入 25 辆以上新汽车，亦可经营出租汽车和汽车租赁业务）；（3）美容美发；（4）电信充值刮刮卡印刷；（5）练习簿和其他基础文具的制造；（6）药品零售；（7）袋装水的生产、供应和零售；（8）除足球之外的其他博彩业。加纳鼓励外资进入的行业包括：信息产业、采矿业、石油等能源领域、基础设施建设、农业及农产品加工业、旅游业、服务业、房地产开发业、渔业、废品处理、国有企业的私有化。

第四节　BOT/PPP 投资模式

加纳的外国企业以 BOT 或者 PPP 的形式参与加纳基础设施建设、农业、制造业、服务业等方面的项目较多。加纳负责基础设施 PPP 模式的主要政府部门有财政部、道路与高速公路部、铁路发展部、住房工程部、环卫水利部、交通部等，财政部主要牵头该领域政策法规的制定，融资及投资回报的模式谈判，其他部委分别负责各基础设施领域的项目磋商。BOT 特许经营年限一般为 30 年，但是也可以通过双方商谈进行调整。主要政策法规文件为 2013 年出台的《PPP 法案》，对在基础设施领域采用 PPP 方式进行了明确规定，并对本地化成分提出了明确要求。截至 2020 年，唯一投入运营的 BOT 项目为 Teshie - Nungua 地区的海水淡化厂，该项目由一家西班牙公司投资，投资总金额为 1.26 亿美元，每天可淡化 13 万方海水，于 2015 年开始运营，在运营 25 年后将转交给加纳自来水公司。中资企业目前尚无基础

① 商务部国际贸易经济合作研究院，中国驻加纳大使馆经济商务处．对外投资合作国别（地区）指南：加纳［R］．商务部国际贸易经济合作研究院，2020：41.

设施 PPP 模式案例。在加纳实行 BOT 项目的主要困难包括加纳民众消费和支付能力有限，长期收益类项目通过加纳本地货币核算存在汇率风险等。①

第五节　加纳投资的法律风险与防范

一、加纳投资的法律风险

（1）外国人政策。2007 年以来，加纳向外国人发放工作签证的条件更加严格，对外籍劳务配额和数量进一步压缩和限制。加纳于 1957 从英国殖民统治下获得独立，因此加纳法律体系源自英国法律与加纳当地习惯的结合。

（2）加纳对经营贸易的外资企业设立较高的门槛。规定从事一般贸易企业的最低注册资本为 100 万美元，同时要求外贸企业必须雇用至少 20 名当地员工。加纳投资法明确规定不允许外国人“在市场销售或在任何地方叫卖、做小买卖或在小售货亭销售”，这些经营活动仅限于加纳本国人。近年来，加纳贸工部、投资促进中心、海关、移民局等部门组成联合执法小组，关闭了大量在加纳“市场”（主要是阿克拉 Makola 市场）经营的外国商铺，包括中国人经营的商铺。提醒贸易公司不要在“市场”内开店，建议单独租赁办公场所及仓库，经营国际贸易和到港批发业务。

（3）加纳采矿需得到加纳矿业委员会、环保局的批准。根据加纳法律，外国人只能开采 25 英亩以上的大型金矿。近年来，越来越多的外国商人到加纳非法淘金，对环境造成严重破坏，已经引起加纳政府和民众高度不满，加方军警和移民部门曾出面干涉并逮捕了一些矿主。

（4）加纳劳动法较严厉，对当地员工保护力度较大，无形中增加了企业经营成本和管理难度。

（5）土地所有权问题争议较多。加纳基础设施不发达，水、电、汽油等价格较高，停水、停电的现象时有发生。在租赁、购买土地和房产时要注意规避风险。

（6）中国人在当地要严格遵守当地法律，从事法律允许的行业，在法

① 商务部国际贸易经济合作研究院，中国驻加纳大使馆经济商务处．对外投资合作国别（地区）指南：加纳［R］．商务部国际贸易经济合作研究院，2020：42.

律规定的场所内经营。

二、加纳投资的法律风险防范

（1）完备前期尽职调查。中企在对加纳投资之前一定要结合自身优势进行详尽的前期尽职调查，包括投资领域和比例的限制、税收政策、外汇政策、环境保护政策以及土地政策等。建议中企提前了解中国与加纳之间的双边投资保护协定、避免双重征税协定等双边或多边协定，为是否在该国投资提供参考。中企应在了解加纳的基础上分析市场、制定规划，做好投资项目的可行性研究。在条件成熟的情况下，进行实地考察，了解加纳的基础设施，包括交通、电力、网络等。

（2）选择诚信合作伙伴。中企在选择加纳国家中的合作伙伴时，需要对合作伙伴进行背景资质调查，确认合作伙伴是否存在欺诈的现象、确认合作伙伴是否有足够的实力。中企可以通过调查合作伙伴的注册时间、股东情况、公司资产情况、税务缴纳情况、公司债权债务情况、涉诉情况等决定是否进行合作。中企在选择合作伙伴后，可以聘请法律专业人士对股东协议、增资协议等进行把关，防范合作伙伴在合同上设置陷阱，进行合同欺诈。

（3）坚持本土化的经营。中企投资非洲，需要具有“当地色彩”，进行本土化经营。本土化经营主要体现在劳工雇佣方面。加纳政府规定，外国人在加纳就业必须获得移民配额，外企只能根据投资额确定的移民配额安排相应数量的外国员工，投资 70 万美元以上，移民配额 4 人，其余员工必须雇佣加纳人。

第三章 加纳贸易法律制度

2019 年，加纳货物贸易总额为约为 272.1 亿美元，同比下降 6.1%，其中出口 167.7 亿美元，同比下降 1.93%；进口 104.4 亿美元，同比下降 12.1%。主要贸易伙伴为中国、欧盟、美国、南非、英国。近年来，中国在加纳对外贸易中的地位不断上升，并于 2015 年超越欧盟成为加纳第一大贸易伙伴。加纳主要出口商品是黄金、石油、可可；主要进口商品是汽车、食品（大米、小麦、冻鱼、家禽制成品）、工业制成品、水泥、化肥等。①

第一节 加纳贸易法律体系及基本内容

一、贸易主管部门

加纳贸易主管部门为加纳贸易工业部（简称加纳贸工部，The Ministry of Trade and Industry，MoTI）。其主要职责是：

（1）制订加纳贸易政策；

（2）促进企业发展（包括中小企业）；

（3）制订和执行加纳贸易和工业的标准；

（4）促进和加快加纳国内和出口贸易，重点着眼于贸易多样化、增加产品附加值和促进非传统商品出口；

（5）促进和加快加纳参与全球贸易活动，积极参加多边和区域组织，扩大加纳市场；

（6）促进私营部门融资便利化；

① 商务部国际贸易经济合作研究院，中国驻加纳大使馆经济商务处．对外投资合作国别（地区）指南：加纳［R］．商务部国际贸易经济合作研究院，2020：24.

（7）促进创业和创新。

二、加纳贸易法规体系

（1）加纳标准（食品、药品和其他商品）通用标签规则。1992 年通用标签规则规定，为防止伪劣、假冒商品，保护消费者利益。规则对商品的品质、制造日期、使用日期、使用说明、贮藏保管条件、注意事项、原产地、商品名称等，都做了严格规定。如不符合要求，货物会被海关扣留。2014 年初，加纳标准局发布了新版《加纳国家标准》，企业可向其购买产品标准书，以便生产和出口时遵照执行。

（2）商标注册规定。根据 1970 年加纳标准（商标注册）规则，商标注册申请者必须提供商标样板和印刷品，经同意注册后，即在报刊上发表。两个月内如无异议，商标即告成立。注册有效期为 7 年，期满之后可以延期。

（3）药品注册规定。根据 1996 年修订的食品和医药法，药品进口须向主管部门注册登记才能办理进口手续。注册时，需提供药品生产国政府主管部门对该产品的技术分析和有关检测资料。对药品有专门标签要求。

（4）目的地商检制度。自 2000 年 4 月 1 日起，加纳政府取消装船前商检制度，实施新的商检制度——目的地商检制度，并授权门户服务有限公司 GSL 和 GSBV 负责所有进口货物的目的地商检工作。其中 GSL 负责海运货物的商检，GSBV 负责空运和陆运货物的商检。2015 年 9 月 1 日，加纳政府与上述公司合同到期，目的地商检工作由加纳海关全部接管，并开始实行单一窗口制度，促进国际贸易便利化。

（5）1995 年《免税区法案》（504 号法案）。1995 年，加纳议会通过《免税区法案》（504 号法案）。2002 年，又通过了《免税区修正法案》（618 号法案）。加纳免税区计划是由世界银行支持的综合性计划，目的是通过建立出口加工区促进货物加工和生产，鼓励在海港和机场区发展商业和服务业。投资者可在免税区内面向外国市场生产货物和提供服务，按规定 70% 以上的产品必须出口，内销只能占 30% 以下。免税区完全由私营企业运作，政府主要是实行法律与政策调控，监督免税区开发商和区内企业的活动，并为他们提供基础设施等便利。加纳免税区委员会是加纳政府设立的负责免税区计划实施和管理的主要机构。

三、贸易管理的相关规定

（1）外汇管理规定。外国企业在加纳境内银行开立账户，必须依法在当地注册公司，取得加纳投资管理部门的投资批准及合法居留手续。如企业投资资金由外国银行汇入，外国企业可在境内商业银行开立离岸账户（Offshore Account）。如企业仅开立普通外币账户，外汇只能在境内转移，无法向境外自由转账。境内企业向政府税务部门（Internal Revenue Service）交纳包括企业所得税在内的税收，企业利润通过在商业银行开立的离岸账户可直接汇出，无须再次纳税。银行对每次汇款收取手续费，手续费的规定各银行有所不同。

（2）取消进出口许可制度。1986 年加纳取消了出口许可制度。1989 年取消了进口许可制度，但对食品、药品、化妆品和化学物质的进口要求要高于其他普通商品。

（3）出口贸易政策。加纳实行贸易自由化政策，奖出限入。除了野生动物、原木、种子、水产品等少数项目须经过许可外，其他产品均可自由出口。

四、进出口商品检验检疫

（1）进出口商品检验检疫制度。

2000 年 4 月 1 日起，加纳政府宣布实行目的地商检制度（DIS）。加纳目前已建立“单一窗口”系统，贸易商可登录平台的单一界面一次性向不同的相关监管部门机构进行申报。

（2）进出口商品检验检疫主管机构。

根据商品种类的不同，加纳检验检疫工作归口不同的主管机构管理，具体如下：

第一，加纳标准局（GSA）。负责制订和修改进出口商品检验标准，制订和修改高风险产品目录，并根据加纳国家标准和国际通行标准对进出口商品进行检验。根据不同的进出口商品检验需求，GSA 下设 10 个专业实验室，并在加纳各口岸设有现场检验人员。

第二，加纳食品和药品局（FDA）。主要负责对食品和药品的注册和市场准入，对用于加纳国内销售或者进出口贸易的食品和药品进行市场检查和产品检验。未获得 FDA 注册审批的食品和药品不能进入加纳市场销售。

第三，加纳国家石油署（NPA）。主要负责对加纳市场上的石油和石油制品进行检验和监管。

第四，加纳环境保护署（EPA）。主要负责对涉及环境保护的产品如农药等进行检验和监管，同时负责为化学品的市场准入立法。EPA 有权禁止危害环境的化学品进出口。①

五、海关管理规章制度

1993 年《加纳海关法》规定如下：

（1）进口商品报关时需提交的单证海运提单或空运运单原件、经验证的出口发票、装箱单、进口报关单、进口商品分类和估价报告、完税证明、纳税人身份证号和其他相关许可证和资格证明。

（2）进口商品通关流程

第一，进口商需在 GCNet 平台注册，然后填写“电子进口报关单”（eI-DF）；

第二，通过电子报关或提交 SAD 申请生效后，进口商到经授权的银行缴纳进口关税；

第三，进口商向海关提交保管和纳税证明；

第四，海关关员对进口商品进行检验放行。海关检验进口商品的方式包括扫描仪检验和手工检验；

第五，海关向进口商签发通关证书。

（3）禁止进口或限制进口的商品种类

第一，根据加纳法律规定，下列商品禁止进口：麻醉药品、镇静剂；邮寄的军火弹药；含碘化汞的药物香皂；有毒废料；污染物；感染疾病的动物和动物尸体；感染病虫害的植物和种子；外国的土壤；由可燃性的塑料或类似材料制成的珠粒；经陆路或内陆河流进口的原料咖啡；任何国家的假钞和假硬币；带有诽谤、淫秽和色情内容的产品及类似物品或出版物；带有伪造商标或违反任何版权法律的商品；危险武器，如弹簧刀和裁纸刀等；经陆路或内陆河流进口的药品；加纳法律规定禁止进口的其他商品。

第二，被限制进口的商品在进口前，必须先取得相关主管部门签发的进

---

① 商务部国际贸易经济合作研究院，中国驻加纳大使馆经济商务处．对外投资合作国别（地区）指南：加纳［R］．商务部国际贸易经济合作研究院，2020：37－38.

口许可证、批文或证书。下列商品限制进口：英国的金币；原料钻石或未经过切割的钻石；武器和弹药；所有通信设备；药品；从特马、塔克拉底或首都阿克拉的 KOTOKA 国际机场以外的任何口岸进口的电影胶片；带有模仿货币图案设计的商品；手铐；复制钥匙的机器设备；牛奶脂肪含量低于 8%的炼乳和牛奶脂肪含量低于 26% 的奶粉；赌博机；活植物和活动物；捕猎动物的网和陷阱；汞；（从特定国家进口的）禽类产品；非洲印花布（蜡染布）被列为“高风险货物”，只允许经加纳塔克拉底港、特马港和国际机场进口，全部人工查验。①

第二节　与加纳进行贸易的法律风险与防范

中国出口企业，尤其是缺乏对非洲贸易经验的企业，在开展对加纳贸易之前，首先考虑到加纳全国仅 2800 余万人口、国内市场较小的基本国情，并结合中国政府网站上介绍的中加双边贸易历史数据，综合分析和考察加纳市场的容量和潜力。

中国企业与加纳贸易之间应该着重注意以下法律问题：

（1）合同订立方面，签订正式的书面合同。签订正式有效的书面合同，明确各自所应承担的权利和义务，并明确纠纷解决方式，避免因为语言不同而造成双方对合同条款理解上的歧义，为将来可能通过法律途径解决纠纷提供重要依据。

（2）支付方式上，选择受到当地法律保障付款方式。对贸易合同中的付款和发货条款要仔细斟酌，尽量采取对中国企业最为安全的方式，如要求收全款后再发货，或者提高首付款比例，其余尾款要求加纳客商以信用证支付，并且要求信用证有欧美大银行的保兑，最大程度上保证中国客商的回款安全。

（3）注重产品质量保障，注重产品质量和企业信誉。加纳市场上的中国商品越来越多，鱼龙混杂，一些通过各种途径流入加纳市场的假冒伪劣产品，严重损害了中国商品和企业在加纳政府和民众中的形象。因此中国出口企业对加纳出口应重视产品质量和企业信誉，维护中国企业在加纳的形象和

---

① 商务部国际贸易经济合作研究院，中国驻加纳大使馆经济商务处．对外投资合作国别（地区）指南：加纳［R］．商务部国际贸易经济合作研究院，2020：38－39.

利益。

（4）提高风险防范意识。

①不法分子往往是打着加纳政府部门采购或者政府招标的旗号，利用所谓加纳政府部门的招标或采购文件进行诈骗。针对的对象多为中国私营企业或中小企业，且涉及贸易金额巨大，标的动辄达到数百万美元甚至上千万、上亿美元。这类诈骗中，往往是中国企业之前对所谓招标毫不知情，根本没有参与什么招标活动，却忽然收到自称来自加纳的邮件或信函，称该企业已经中标了一份数百万美元甚至上千万美元的采购项目，连所谓政府合同上都已经打好了该企业的名字，这显然不符合逻辑。

②加纳黄金、林业资源丰富，政府不断加强对黄金和林产品的进出口管理。加纳政府规定所有黄金出口必须通过加纳国营稀有金属销售公司（PMMC），且必须由其负责出口运输；禁止原木出口，所有木材产品的出口需经加纳森林委员会审批，成为其注册买家。时常有一些不法分子假称已经获得加纳稀有金属销售公司或森林委员会授权，向中国客商“出口”沙金和木材，其中有很多骗局。中资企业需认真分辨，仔细核对相关文件，防止上当受骗。

第四章　加纳工程承包法律制度

加纳长期具有基础设施滞后于经济增长的需求，加纳政府对基础设施的投入逐年加大，但政府资金仍不能满足基础设施发展的需求，因此加纳政府采用了较为宽松和多样化的融资政策，吸引了包括来自中国在内的大量投资者。中国是加纳的最大投资国，而加纳则是中国的第二大工程承包市场。2019 年，中国在加纳新签工程承包合同额 42.9 亿美元，同比增长 33.2%，完成营业额 8.2 亿美元，同比下降 27.8%。2020 年 1—6 月，中国在加纳新签工程承包合同额 29.3 亿美元，同比增长 162%，完成营业额 8.9 亿美元，同比增长 134%。中国在加纳承包工程受到政府封禁、人员短缺、物料迟滞等影响，但中国工程承包企业迎难而上，在确保安全的情况下积极复工复产。智能交通项目顺利开工，一揽子路桥、沿海渔港等重点项目工程不断推进，同时，还新签订加纳可可局 1.16 亿美元道路等新项目。

第一节　加纳工程承包法律制度及基本内容

加纳工程承包法律制度主要源于两部法律，即 2003 年加纳颁布的《公共采购法》以及与工程承包相关联的《环保局法案》（Environmental Protection Agency Act）（1994）。

一、工程承包招投标法

（1）招标分类

2003 年加纳颁布的《公共采购法》对政府项目招投标作出了具体规定。政府招标项目可分为以下三种：

①国内招标项目。此类项目一般工程规模较小，内容简单。只有在加纳注册且加纳人持有 50% 以上股份的当地企业才能参加投标。一般情况下，

承包商必须提供注册证书和营业执照、加纳工程资质等级证书①、完税证书、社保福利缴纳证书、针对具体投标项目专用的雇工许可证。缺少上述证书可能会导致标书被当场宣布作废。

②国际招标项目。此类项目资金基本上来源于国外援款或多边机构贷款。在评标时，加纳当地企业一般享受7.5%左右的价格优惠。

③议标项目。此类项目资金基本上来源于承包商，即带资承包，比如我行的出口卖方信贷支持的工程承包。加纳采购委员会及加纳财政部指定的价格评估公司进行价格评估后方可执行。②

（2）招投标程序

规模较大的项目一般要求进行资格预审，通过预审的企业将会被邀请参加投标。购买投标文件，准备标书，并按时递交标书。一般会当场开标，宣布各个投标企业的报价和工期等内容。由监理公司进行评标。监理公司根据评标标准对各个投标企业的标书打分，完成评标报告，向业主推荐拟授标企业。时间从1个月到半年不等。在监理完成最终评标报告之前或业主收到评标报告之后授标之前，可能会邀请承包商答疑。接到业主授标函。在规定的时间内，中标企业应递交符合业主要求的履约保函，金额一般为合同总额的10%，有效期为整个合同期。签订商务合同，准备开工，并递交预付款保函。

针对邀请招标的政府项目，程序基本与前述公开招标相同。

（3）投标资质

加纳根据承包企业的资质对能够承包工程的规模和内容作出了相应规定。房建工程的施工资质由水资源住房工程部颁发；道路工程的施工资质由交通部颁发。根据项目规模大小，对承包企业的要求通常集中在承包商资金实力、施工经验、人员和设备上。③

二、工程承包中的环境法

根据《加纳环保局法案》（Environmental Protection Agency Act），加纳

---

① 如果是公路项目，承包商需要提供交通部颁发的资质等级证书；如果是房建项目，承包商需要提供加纳水资源住房工程部颁发的企业资质等级证书。

② 内容来源：2003年加纳《公共采购法》。

③ 内容来源：The Public Procurement Act (2003).

环保局负责环境保护、发放环境许可证、执行强制措施等。加纳环境法规定必须取得环境许可证的项目范围包括：农业、渔业、森林、采矿、油井、某些特定的生产业、建筑物之外的建筑业（例如高速路、垃圾场等）、石油存储等。承包商应当制定申请报告，提供环境、安全、健康的信息，并在该报告中明确承诺减少环境影响的手段和实施步骤。环保局的考量因素包括位置、项目规模、将使用的技术、公众的关注与反应等。因此，做好当地宣传、取得驻地居民支持也是配合获得环境许可证的配套措施之一。

申请报告之后，环保局可能要求承包商继续提供更加详细的初步环境报告或环境影响评估报告，应当对环保局已经提出的问题有明确的回复和解决方法。

工程中，只要环保局随时认为工程可能对环境有负面影响，就有权利发出命令通知。需要停止的破坏环境行为和建议的改进措施都在该通知中，环保局监督该通知的执行，并有权暂停项目的实施。①

第二节　加纳工程承包的法律风险与防范

在加纳进行建筑工程投资需注意以下的法律问题：

一、商业载体形式

承包商需要考虑是设立一个加纳本地公司，还是设立一个分支机构或代表处。选择商业载体形式时，下列因素应纳入考量范围：注册资本要求、设立程序、法律合规要求、税收、关闭及停止运营的要求、是否是一个一次性项目或承包商有意愿寻求其他机会、劳动方面的强制性要求、当地实践、物质资料的本地市场情况。

二、格式合同问题

目前在加纳本地，较为常见的格式合同有如下几种：

第一，国际咨询工程师联合会红皮书所载，用于一般土木工程和桥梁建设的合同；

第二，国际咨询工程师联合会银皮书所载，用于 BOT 和 PPP 的合同；

---

① 内容来源：Environmental Protection Agency Act（1994）.

第三，加纳政府粉色表格及国际咨询工程师联合会黄皮书所载，用于电力及机械作业的合同；

第四，由土木工程师协会提供的结构标准表格以及国际咨询工程师联合会红皮书所载的疏浚工程合同。

加纳的官方语言是英语，因此合同一般用英文草拟，没有任何需要使用当地语言的要求。加纳法律没有在法律选择法（除了基本的冲突法原则）方面加以限制。合同当事人能自由的选择争议解决所在地，但不能完全排除加纳法院对当事人争议裁决的管辖权。数承包商会通过电子支付形式收到合同款项。但在一些小型项目中，承包商可能会收到支票形式的付款。

给付承包商的款项，通常有以下三种选择形式：一是阶段性付款（对于小型工程，通常一月一结）；二是里程碑式付款（需要根据合同中对里程碑的定义进行结算）；三是阶段性基于里程碑式的付款（结合上述两种付款方式）。

三、保险法律问题

对于承包商而言有多种保险产品可供选择，用以规避不同的风险，第三方财产造成损害的保险；对第三方工人造成伤害的保险；延迟给付的保险；应对自然风险的保险。具体可赔偿的数额，取决于保险协议所载的具体条款，但是，并没有法律对承包商造成的损害责任加以限制。

四、反商业贿赂和政治献金

在加纳法律下，如果承包商通过商业贿赂获得一份合同，这份合同将不会产生效力，因为任何贿赂和腐败行为都是非法且违反公共政策。此外，基于 1960 年加纳刑法和 2003 年的政府采购法案，此类贿赂行为可能被起诉。个人收受或行贿最高会面临为期三年的有期徒刑。此外，便利费也不被加纳法律所允许。

在举报贿赂方面，加纳法律对举报政府雇员收受贿赂的行为没有强制要求。但有一部 2006 年的举报者法案用于保护举报人员。加纳法律并不禁止通过向被选举人或政党提供政治献金来获取在公共机关工作的机会，但这并不是一个常见的商业实践。

五、劳工相关的法律要求

并没有明确的法律对雇佣当地员工的最低人数进行要求。但是在投标过程中，可能会设置一个最低当地雇员标准，尤其是在政府资助的项目中。除此之外，加纳于2013年颁布的投资法中，基于实收资本的层级，设置了外籍雇员参加加纳工程的配额。

对于加纳本地的劳动法，承包商需要注意两大问题。其一，承包商有强制性义务去遵守加纳于2003年颁布的劳动法，并且与工人签订劳资协议；其二，根据工人赔偿法案，承包商的责任可能会在雇佣关系结束后存续，如支付离职补偿金；支付已产生的工资；支付工伤赔偿或在工人死亡的情况下，向其被赡养人支付赔偿；及支付任何未偿付的利益。

对于外国劳工的待遇，加纳法律没有特殊的规定。但一般的劳动法条款也适用于在加纳进行建筑工作的工人。

第五章　加纳劳工法律制度

加纳的劳工法律制度源于2003年颁布的《劳动法》，该法案对加纳就业与劳动问题作出了详尽的规定，该法案修订和巩固了所有有关劳工、雇主、工会和劳资关系。为就业和薪酬，就业的一般条件，残疾人、妇女和未成年人就业提供了保护。它还规定了设立国家三方委员会，国家劳动委员会以及相关机制构建，以解决劳资纠纷。国家三方委员会由负责劳工问题的部长，政府代表，雇主组织和有组织的劳工构成，确定了国家的最低工资标准。

第一节　加纳劳工主管部门

加纳就业和劳动关系部（The Ministry of Employment and Labour Relations）负责制定和实施与就业和劳动关系有关的政策，创造更多更好的就业机会，营造和平、和谐的劳动氛围。现任就业与劳工关系部长为伊格内修斯·巴富尔·阿武瓦（Ignatius Bafuor Awuah）。

就业和劳动关系部所属的全国劳动委员会（The National Labour Commission，NLC）具体负责处理解决劳动争议。依据《劳动法》（2003）设立的公共就业中心（The Public Employment Center）负责协助劳动者就业和雇主获得合适的劳动者，提供劳动力市场信息，指导、安排青年人和残障人士就业，登记、管理具有专业才能的劳动者。依据《劳动法》设立的私营就业机构（The Private Employment Agencies）作为公司法人实体，经就业和劳动关系部授予许可证，可以在国内外招收劳动者，满足劳动力市场需求，并在每季度向就业和劳动关系部报送名单。

第二节　加纳劳工法律主要内容

一、主要的法律法规

《劳动法》将加纳有关劳动、雇主、工会、劳资关系等事项的法律规定汇为一体。此外，加纳《宪法》《儿童法》（1998）、《人口贩卖法》（2005）、《工人赔偿法》（1987）、《职业培训法》（1970）、《职业培训条例》、《免税区法》（1995）、《船运法》（2003）、《养老金法》（2008）等法律法规中也有涉及劳工雇佣的规定。

二、加纳劳工法的主要内容

（1）劳工合同的签订

加纳《劳动法》第12章要求雇用劳务在6个月（包括1年内累计达到6个月）以上者必须签订劳动合同。劳工合同内容包括雇主及受雇用者权利及义务、工作岗位、工资水平（包括加班工资规定）、工作时间、假日、疾病及工伤、社会保险及养老金、解雇通知、劳动纪律等，双方应在劳工合同上签字。根据劳动法第10部分规定，短期劳务关系不必签订劳工合同，但必须明确最低工资、日工作时间、带薪节假日、夜间工作及因病休假等。①

（2）劳动合同的解除

劳动合同解除应按以下条件进行，一是劳工合同双方同意解除劳动合同；二是雇用人员因被雇主虐待或出现性骚扰等原因可提出解除合同；三是雇用人员因故在劳工合同期停止前死亡；四是雇用人员因医学证明不适合从事当前工作可解除合同；五是因雇用人员渎职或失职，不能胜任本职工作，可解除劳工合同。此外，除非双方签订了“随意”（at will）条款，否则终止劳动合同必须提前通知，提前多少时间视劳动合同期长短定，如一般合同期在3年以上者，应在1月前通知，合同期少于3年者应在两周前通知。②

---

① 商务部国际贸易经济合作研究院，中国驻加纳大使馆经济商务处．对外投资合作国别（地区）指南：加纳［R］．商务部国际贸易经济合作研究院，2020：45.

② 商务部国际贸易经济合作研究院，中国驻加纳大使馆经济商务处．对外投资合作国别（地区）指南：加纳［R］．商务部国际贸易经济合作研究院，2020：46.

（3）劳动时间

《劳动法》第33至39条规定，除劳动法规定的特殊情况外，最高劳动时间为每日8小时或每周40小时。劳工法规定劳动者有权在连续工作日中有相应的法定休息时间。①

（4）休假

《劳动法》第20条至第32条明确了带薪休假的相关规定。在年工作时间不少于200天的条件下，劳动者有权享有15天的带薪休假。此外，《劳动法》第57条规定，妇女产假为12周，如遇特殊情况需给予延期。婴儿在1周岁之内，母亲在每个工作日工作时间内应有1小时的婴儿护理假。

（5）劳工者平等权

加纳宪法及劳动法规定禁止任何对劳动者种族、性别、宗教信仰、民族、肤色、社会或经济地位等实行歧视政策。《劳动法》第5部分明确对妇女及残疾人的劳工权利的保护问题。

（6）最低就业年龄及青年就业保护

青年就业最低年龄为16岁。《劳动法》第58条至第61条规定禁止雇用青年从事可能对其身心产生危险的工作，加纳劳动部对此另有具体的说明。同时，《劳动法》第58条规定青年工人不得从事井下矿产开采工作。青年工人的年龄范围规定为18至21岁。

（7）薪金支付

根据《劳动法》第67条至第72条规定，除不以现金结算的薪金外，月薪、工资及补贴等必须以法定货币支付。除满足《劳工法》第70条关于工人养老金或其他基金经工会或类似组织同意扣缴外，不得对工人薪金进行减扣。根据加纳1991年颁布的社会保险法规定，除军人外，普通就业人员作为被保险人，需由该被保险人及雇主共同交纳其工资收入18.5%作为社保费，其中被保险人仅承担其中的5%，雇主按工资单承担13.5%。所交纳18.5%的社保费中，2.5%将作为医疗及产妇保险。

（8）卫生与安全

根据加纳《宪法》，劳动者享有在卫生和安全条件下工作的基本人权。《劳动法》第118条规定，确保劳动者在安全、卫生和令人满意的条件下工

---

① 商务部国际贸易经济合作研究院，中国驻加纳大使馆经济商务处．对外投资合作国别（地区）指南：加纳［R］．商务部国际贸易经济合作研究院，2020：46.

作是雇主的义务。《工人赔偿法》（1987）就劳动者在工作期间因事故受到个人伤害如何赔偿作出了规定。《劳动法》规定，雇主承担以下8项确保劳动者健康、安全的义务：（1）确保工作场所、工作制度安全、不会损害健康；（2）保证设备、物品的使用、处理、储存、运输是安全且不损害健康的；（3）提供适合劳动者年龄和文化水平、切实可行的有关安全和卫生的信息、指导、培训和监督；（4）保护劳动者在工作场所不受有毒气体、蒸气、粉尘、烟气等有害物质的伤害；（5）为劳动者配备安全防护装备、防火设备，且指导其如何正确使用；（6）为男性和女性劳动者分别提供卫生间、洗衣机以及放置、更换、干燥衣物的空间；（7）工作场所要有充足的清洁饮用水；（8）防止工作过程中发生伤害劳动者的事件，将工作环境中伤害劳动者的可能性降到最低。雇主未履行上述义务，将被处以罚金和/或不超过3年的监禁。此外，如劳动者发现工作场所存在危及其生命、健康和安全的情况，劳动者可向监管人员报告并离开工作场所，雇主不得强迫劳动者继续工作，也不得因此解雇劳动者。《工人赔偿法》规定，工人在工作期间因事故致死或致残，雇主必须进行赔偿。工人治疗期间，雇主不得减少工人收入。雇主应根据主治医生对工人伤残状况的评估进行相应的赔偿。《工人赔偿法》对赔偿的种类（医疗赔偿、永久性全部丧失能力赔偿、永久性局部丧失能力赔偿、暂时性丧失能力赔偿、毁容赔偿）、计算工人收入的方法、赔偿金的分配、医学检查和治疗、赔偿协议、法院权限、处罚等事项进行了规定。①

三、劳工法中外国人在当地工作的规定

加纳相关法律规定：外国人无论在加纳受雇或就业必须获得工作许可或是移民配额。外国公司只能根据投资额确定的移民配额（固定配额）安排相应数量的外国员工，保证公司一定数量的外国员工具有合法居留和工作的权力。移民配额数量如下：

（1）投资额5－25万美元，1人；

（2）投资额25－50万美元，2人；

（3）投资额50－70万美元，3人；

① 商务部国际贸易经济合作研究院，中国驻加纳大使馆经济商务处．对外投资合作国别（地区）指南：加纳［R］．商务部国际贸易经济合作研究院，2020：47.

（4）投资额70万美元以上，4人。

固定配额可以被继承或转移。除固定配额外，取得营业执照的外资企业，若从国外雇用加纳不具备的技工，需为每个技工办理工作和居留许可，简称额外配额。雇主需向投资促进中心（Ghana Investment Promotion Center，www. gipc. org. gh）递交工作和居留许可申请，并附上该雇员的健康证明。额外配额不能继承或转移，每年必须重新申请，中途如果有技工回国，则其配额自动作废，其继任者需重新申请额外配额。持工作许可者在获得移民局书面批准前，不得在工作许可规定的受雇公司和规定的工种外从事任何有偿活动。在加纳具有合法居留身份人员的外国配偶，如具有特殊技能可以通过内政部获得工作许可，时间等同于其配偶在加纳时间。外国人获得居留许可或移民配额后，还必须通过移民局申请到工作许可后才能开始工作。外籍医生、牙医、律师、药剂师和其他专业人士，未按有关规定向相应职业单位登记而从事专业活动属违法行为。所有计划赴加从事上述职业者，在申请入境签证时，必须提供资格证书，以便确定其是否具备注册资格。根据加纳2003年《劳动法》的规定，劳工委员会承担调查劳资纠纷问题、解决争端，从而推动劳资关系向良性发展的职责。劳工委员会主席由雇主协会和劳工组织共同指派，6名代表分别由政府、雇主协会代表和劳工组织任命。根据加纳《仲裁法》，在劳资双方出现争端或双方没有协议存在的前提下，劳工委员会可指派有资格的组织或个人调解和仲裁，协调劳资双方关系。相关信息可在加纳劳工委员会网站（www. nlcghana. org）上查询。①

第三节　与加纳进行劳务合作的法律风险与防范

一、与加纳进行劳务合作的法律风险

近年来，随着中加两国经贸合作关系的深入发展，中国外派到加纳的劳务人员数量呈逐年上升态势。中国劳务人员主要集中在部分中国对加经援项目和承包工程公司，多数受雇于中方企业，管理相对集中，劳务人员队伍相对稳定，外派劳务纠纷只有少数个案，且涉案人员少，劳务纠纷问题并不十

① 商务部国际贸易经济合作研究院，中国驻加纳大使馆经济商务处．对外投资合作国别（地区）指南：加纳［R］．商务部国际贸易经济合作研究院，2020：46－47.

分突出。根据以往中国劳务出现的问题的处理经验，主要应注意以下几个方面的风险：

（1）中国外派劳务应签订符合法律规范、责权明晰、具有法律效果的《劳务合同》。由于境外环境的复杂性，外派劳务在国外发生各种纠纷和问题的处理根本依据应是劳资双方签订的《劳务合同》。

（2）要加强外派劳务人员的外语培训，在一定程度上掌握驻在国的语言，熟悉当地的文化，保证他们能顺利地在国外工作、生活，减少与当地人沟通障碍。

（3）要加强对外派劳务人员的职业培训。根据境外岗位需求，通过培训提高相关领域的具体工作技能，以便更好地适应海外工作的需求。

（4）忽视当地工会的作用。加纳当地工人具有较强烈的工会意识。工会由工人自发组成，富有组织性，势力比较强，可以介入雇主与工人之间的纠纷，代表工人与雇主进行集体谈判。如谈判破裂，工人可以罢工。这种状况与中国的劳资关系有很大差异。一些中国企业初到加纳时往往遇到与工会的冲突，其在中国国内积累的与工会合作的经验不足以解决其与加纳工会之间的合作问题。

二、劳务合作中的风险防范

（1）中国赴非企业应遵守当地劳工法律

虽然我国企业在“走出去”的过程中始终要尊重理解当地法律，但忽视劳动法的情况时有发生。例如，中国企业在进入非洲市场之际，会找到有关的金融顾问咨询，但会忽略律师的作用。即便找到律师参与也往往是找与金融、经济领域有关的律师而放弃对于企业劳动法领域的风险评估，这就导致中资企业在运营的初期就会承担一定的法律风险。该法律风险也在一定程度上破坏了企业与东道国之间的联系。中国非洲法学学者一直认为：经济学能够决定赴非企业能否盈利，法学则决定赴非企业的生死存亡。因此，赴非企业在投资之初应当充分咨询当地劳动法领域的专家，从而制定合法科学的用人管理机制，对非洲雇员树立一个知法守法的正面形象。

（2）应当积极发挥非洲当地中国民间组织作用，处理好与工会的关系。中国企业化解工会负面影响离不开中国商会、行业协会等当地中国民间组织的协助。一方面，当地商会以及行业协会等民间组织可以利用自身优势为中国企业应对当地工会制度提供经验。例如，当地商会及行业协会等民间组织可以提供当地法律文本以供企业管理者及其中方员工学习，培训中国企业管理者及员工语言能力，以便于熟知当地法律及其语言的中国企业管理者或员工能够加入当地工会协调企业与工会之间的矛盾，从而制定符合当地文化、法律的用工规章制度。另一方面，当地商会、行会等民间组织应加强交流避免当地工会的负面影响。非洲国家当地的商会、行会等民间组织吸纳了在非当地的优质人才，其中不乏行业的佼佼者。这些优质人才能够在当地法律基础上构建科学的用人管理机制。例如尼日利亚劳动法规定，开除正式员工需要三封正式信函。由于中方管理者缺乏英文信函的经验，于是采取选取中英对照的警告信模式，通过对违反的纪律进行划勾从而起到震慑作用，也能够在诉诸法院时能够拥有充足的证据对抗当地工会，避免负面的影响。此项措施一经出台，便通过当地商会、行会等民间组织吸纳推行，进而在尼日利亚普遍适用，取得了良好的效果。①

① 洪永红，张智豪．赴非投资要学会与非洲工会打交道［J］．中国投资，2020（10）．

第六章　加纳金融财税法律制度

加纳具有较完备的对外公共举债法律，加纳政府对外公共举债涉及以下法律规定：《2003 年金融监管法案》[①]《1970 年贷款法案》[②]《2003 年公共采购法案》[③]《2000 年审计服务法案》[④] 等。加纳直接税法律渊源是 2000 年国内税收法，直接税包括所得税、资本收益税、礼品税和印花税，这一部分税收由国内税务局（IRS）负责征收。间接税的法律渊源是 1993 年关税和服务法以及 1998 年增值税法。上述法案构成了加纳金融财税制度。

第一节　加纳金融市场及其法律制度

加纳金融市场由商业银行、证券市场、保险市场等组成。总体来看，市场规模有限，为企业提供资金支持的能力也有限。加纳主要金融机构分为 6 个层级，分别是加纳中央银行、商业银行、外资银行、保险公司、证券交易所以及金融监管机构。

一、银行和保险公司

加纳银行系统由中央银行及 23 家商业银行（含外资银行）组成，在农村还有大量的银行网点。加纳银行（Bank of Ghana，BoG）为加纳的中央银行。加纳各商业银行的规模相对较小，为大型项目提供融资的能力较弱，规模最大的泛非银行总资产约为 13 亿美元。2017 年 9 月，加纳中央银行把商

---

① Financial Administration Act (2003).

② Loans Act (1970).

③ Public Procurement Act (2003).

④ Audit Service Act (2000).

业银行资本金最低限额从1.2亿塞地（约合2400万美元）提高到4亿塞地（约合8000万美元），要求各商业银行在2018年底前达标。一些银行因此倒闭，一些银行进行兼并重组，2019年商业银行的数量由34家减少到23家，其中加纳本国银行9家，外资银行14家，23家商业银行共有约1500个分支机构，分布在全国的16个地区。规模较大的银行有泛非银行、阿布萨银行（原名：巴克莱银行，BBGL）、加纳商业银行、标准银行、CAL银行、法兴银行、富达银行、渣打银行等。加纳目前没有中资银行分支机构。

二、证券市场

加纳证券交易所是加纳主要的证券交易所。加纳证券业的监管机构为加纳财政部所属的证券交易委员会（Securities and Exchange Commission，SEC）。有关证券业的法律法规主要有《证券业法（2016）》《外汇法（2006）》《证券交易委员会条例（2003）》《证券投资基金条例》。外国公司可以在加纳证券交易所上市，与股本、资本收益、股息、利息支付等有关的资金汇出也不受限制。加纳对股息收入征收8%的股息收入税。根据《外汇法》，非居民企业如在加纳证券市场发行证券，须事先得到证券交易委员会和加纳银行的许可，证券交易收益的转移或汇回须向加纳银行报告。《外汇法》还规定，无论本国还是外国投资者，购买任何上市银行的股票达到10%的，须事先得到加纳银行的许可。外国人在加纳证券交易所进行股票交易不受限制，可以购买加纳政府发行的2年、3年、5年或7年期加纳塞地计价债券，没有最低持有期。

三、外汇管理

外国企业在加纳境内银行开立账户，必须依法在当地注册公司，取得加纳投资管理部门的投资批准及合法居留手续。如企业投资资金由外国银行汇入，外国企业可在境内商业银行开立离岸账户（Offshore Account）。如企业仅开立普通外币账户，外汇只能在境内转移，无法向境外自由转账。境内企业向政府税务部门（Internal Revenue Service）交纳包括企业所得税在内的税收，企业利润通过在商业银行开立的离岸账户可直接汇出，无须再次纳税。银行对每次汇款收取手续费，手续费的规定各银行有所不同。

居民和非居民可携带1万美元或等值旅行支票或等值流通票据出境用于直接消费。被授权的银行可以自由出口外汇现钞。如携带现金超过1万美元时，必须在出入境时向有关部门进行申报。如不申报，将予以拘捕或没收现金等处罚，并追究当事人的刑事责任。

四、融资服务

根据加纳相关法律规定，当地企业和外国企业都可向加纳境内各商业银行申请融资。融资条件与中国国内商业银行相关要求基本相似，但境内各家商业银行贷款利率相差较大。申请银行贷款者需向银行提供相应财产抵押或担保，如企业投资可向银行提供土地或房产等实物抵押担保；政府项目须由加纳政府财政部门出具政府担保，方可获得银行贷款。有关融资细节可由企业与商业银行双方进行协商来确认。据加纳央行数据，2019 年 5 月，加纳银行塞地基准利率为 16%。加纳中央银行从 2013 年初就开始考虑将人民币引入加纳外汇市场，一方面为满足中加不断增长的贸易和其他经济活动的需求，另一方面也希望借助人民币以摆脱对美元的过度依赖。目前，加纳政府正积极推进人民币作为国际贸易结算货币。①

五、金融、外汇法律制度

首先，加纳具有较完备的对外公共举债法律。加纳政府对外公共举债涉及以下法律规定：《2003 年金融监管法案》《1970 年贷款法案》《2003 年公共采购法案》《2000 年审计服务法案》等。《1970 年贷款法案》授予财政部为公共领域举债的权利。外债管理由财政部外债管理司和加纳央行研究部门共同负责。外债管理司之下的援助债务管理处和多边捐赠与预算支持处分别负责分析外援流入情况和配合协同捐助组织。政府的任何对外举债均需议会通过的法案的授权。审计总长有权独立审查任何融资和支出文件。《1970 年贷款法案》要求财长提交对外举债的请求，由内阁和议会双批。国有企业对外举债需要财长批准。对外举债所需的保证应当由财长签署并由国会批准。

其次，加纳的外汇管理比较灵活宽松，汇率由银行间交易市场决定。一般项目的进口，进口商按不同方式提交有关文件、单证后，可用本国货币向银行购买外汇汇出；特别项目，如啤酒、香烟、二手货等的进口，进口商可

---

① 商务部国际贸易经济合作研究院，中国驻加纳大使馆经济商务处．对外投资合作国别（地区）指南：加纳［R］．商务部国际贸易经济合作研究院，2020：31.

到外汇兑换所购买外汇，或通过自己的外汇账户支付。当地企业的出口收入，可以留成一定的比例（20%—30%）自行支配。外国企业在加纳出口的所得，可以通过银行汇出。小额外汇可以到市场通过外汇兑换所自由买卖。但个人携带外汇出境有限量规定。企业资本转移时，外资的红利和净利润、为支付贷款利息和技术转让协议手续费、企业被出售或清算的税后净收入或外资的利润，均可通过指定的商业银行自由汇出。针对外商投资的外汇进出，加纳投资促进中心法案第27条作出了专门规定，保证投资者通过指定外汇银行可以汇出投资所得分红、净收益，（举借了国际贷款时的）借款还款，经登记的技术转移费用，（投资企业清算后的）剩余金额。针对境外注册法人或自然人参与加纳证券业，包括并购加纳上市公司股份、购买加纳公开发行的公司债券、票据等时，需要加纳财政部和加纳央行的事前准入核准。两个批准机构将根据《加纳外汇管制法案》（Ghana Exchange Control Act 1961）进行核准，如同意则发出央行批准令（Bank of Ghana Notice）。

最后，外国企业融资并购加纳企业的法律不健全。目前加纳对外资并购当地一般企业并无专项立法，适用《投资促进中心法案》。但是大型国有企业并购等须经议会审批通过。在加纳的外商投资企业及在加纳设立分公司、代表处、工厂等在加纳完成注册的国外企业均可在加纳股票交易所上市。另外加纳对收购和兼并上市公司也有特别规定。并购在股票交易所上市的公司，发盘人拥有受盘人股权的份额上限为75%，必须保留至少25%的公共持有。具体办理时要严格按照有关程序，通报加纳股票交易所、受盘公司董事会，并与有关利益关系方如其他股东等进行充分协商。

第二节　加纳财税法律制度及基本内容

加纳实行属地税制。税收分为直接税和间接税。直接税包括企业所得税、资本收益税、礼品税和印花税，这一部分税收由加纳税务局负责征收；间接税包括关税、消费税及增值税，分别由海关及增值税管理局征收。2009年，上述三部门合并为加纳税务局（Ghana Revenue Authority，GRA）。

一、税收法律体系

加纳已建立起从直接税、间接税到税收征管等多领域多层次的税收法律体系，主要税务法律法规包括《所得税法》（于2018年新修订）、《国家财政稳定税法》（于2017年新修订）、《增值税法》（于2017年新修订）、《通信服务税法》（于2013年新修订）、《关税法》（于2016年新修订）、《消费税法》（于2015年新修订）、《消费税票法》（于2013年新修订）、《税务赦免法》（于2017年新修订）和《税收征管法》（于2016年新修订）。①

二、税收种类

（一）所得税（Income Tax）

针对个人，《加纳税法》有以下居民判断标准，自然人满足以下条件之一即可能被认为是加纳所得税法上居民。加纳公民、12个月内累计在加纳出现183天以上；加纳政府派往海外的雇员。即，如果投资企业派驻的工作人员满足183天的标准，该等自然人将就其来源于加纳所得承担纳税义务，累进税率为0到25%。

即便投资企业派驻的工作人员不是税法上的居民，也可能作为非居民自然人（Non－resident Individual）就其来源于加纳的收入缴纳15%的所得税。针对企业，如果一家企业在加纳设立或者（虽不在加纳设立）其管理和控制在加纳进行，则该企业将被认为是加纳税法上的居民。一般意义上的企业所得税税率为25%，在投资自由区设立的企业在优惠期内的所得税率可以优惠到8%左右。生产非传统出口商品（矿产品、可可和木材以外的出口产品均为非传统出口商品）的企业，其所得税为8%；在加纳股票交易所上市企业前三年公司所得税税率为22%；生产型企业用于研究和开发的资本开销，经贸工部批准，免所得税。

（二）预提税（Withholding Tax）

针对汇出加纳境外的股息、利息、特许费、自然资源租赁费、管理费，加纳税务机关将征收8%到15%不等的预提税。

（三）资本利得税（Capital Gain Tax）

就规定项目下的资本投资收益征收5%的资本利得税。

（四）增值税（Value Added Tax，VAT）

就出售货物或提供服务的增值部分，缴纳12.5%的增值税和2.5%的国

---

① 国家税务总局国际税务司国别投资税收指南课题组．中国居民赴加纳投资税收指南［R］．2020：11.

家健康保险附加税，实际税率15%。

（五）进口关税（Import Tariff）

1993年关税和服务法规定了不同种类进口货物的税率。进口关税还根据货物重量、价值或体积的不同，评估后有所变化。外资企业进口自用的机械设备和零配件，免征进口关税。

三、税收优惠政策

（1）优惠政策框架

加纳尚无特别的外资优惠政策框架。已与部分国家签署双边投资保护协定。已与英国、德国、法国、意大利、丹麦等8个国家签订了避免双重征税协定。目前加纳暂未与中国签订双重避税协定。

（2）行业鼓励政策

为鼓励旅游业发展，加纳于2005年6月30出台，2006年2月10正式实施《鼓励投资旅游业法律文书》（第1817号法律文书），对投资住宿、餐饮、旅游运输、会议设施、休闲娱乐等旅游相关行业提供优惠待遇，包括税收减免、免税期等。

（3）地区鼓励政策

加纳对不同地区的投资采取不同的税率优惠鼓励机制。就制造业企业而言，位于除阿克拉以外的其他省会城市的制造业执行18.75%的企业所得税率，位于除阿克拉、特马及省会城市以外地区的企业执行12.5%的企业所得税率。

（4）经济特区法规

1995年，加纳议会通过《免税区法案》（504号法案）。2002年，又通过了《免税区修正法案》（618号法案）。加纳免税区计划是由世界银行支持的综合性计划，目的是通过建立出口加工区促进货物加工和生产，鼓励在海港和机场区发展商业和服务业。投资者可在免税区内面向外国市场生产货物和提供服务，按规定70%以上的产品必须出口，内销只能占30%以下。免税区完全由私营企业运作，政府主要是实行法律与政策调控，监督免税区开发商和区内企业的活动，并为他们提供基础设施等便利。

第三节　加纳金融财税法律风险与防范

一、加纳的金融法律风险与防范

（一）投资准入的风险与防范

加纳欢迎外资进入金融业，但央行和投资促进中心在金融业领域出台的各类文件和规定五花八门，相互冲突，目前暂无统一的明确的准入规定。加纳议会2016年通过了银行和专业存款法案，但主要是原则条款，并无具体金额等条款。因此，对于中国投资而言，需要做好前期法律查明工作，雇佣懂得加纳当地金融法的律师，全面分析投资准入的法律风险，做好防范的准备。

（二）当地金融业监管的较为严格

加纳央行是商业银行的监管部门，证券交易委员会负责监管资本市场，保险监督委员会管理保险行业。加纳本国的金融监管非常严格，时常成为阻碍国外投资的障碍。

二、加纳财税法律风险与防范

（一）信息报告风险

目前，加纳暂无有关外商投资的信息报告制度。由于加纳缺乏外商投资的信息报告制度，因此更需要中国企业做好税务申报，以防加纳对税收方面进行施压。

（二）纳税申报风险

“走出去”企业到加纳投资，包括设立子公司、成立分支机构或代表处等方式，都需要考虑企业所得税、中国派遣员工和当地员工的个人所得税、流转税（包括增值税、关税等）以及其他税种的申报纳税及合规性风险。因此，需要中国企业对加纳税制及实际监管情况深入的了解，对投资进行全面的税务尽职调查，这样可以对投资目标当前的主要税种的税务合规性状况、税务稽查情况、潜在的税务风险等有一个较为清晰的认识，并在谈判中对相关的税务风险责任进行准确划分，避免中国企业投资或并购目标前期的税务问题隐患。

（三）调查认定风险

中国企业通常会与境外关联公司在货物、劳务、特许权使用费、技术转让、股权变动等方面频繁发生关联交易，应积极控制转让定价风险。企业应关注 BEPS 行动计划出的转让定价安排与无形资产相关的价值创造相匹配、与风险和资本相关的价值创造相匹配及与其他高风险交易的价值创造相匹配的原则。

（四）享受税收协定待遇风险

截至目前，中华人民共和国与加纳尚未签订避免双重征税的协定，对中国投资经营者来讲，在加纳就无法享受税收协定待遇。因此，在目前没有税收协定保护的情况下，中国企业或个人赴加纳投资经营，存在一定的税收风险。

第七章 加纳环境资源法律制度

加纳的环境资源法律制度经过长期的探索、实践，已经逐步形成较为完备的环境法律体系。自20世纪20年代开始，加纳先后出台关于钻石开采、矿业开发、矿区占用费以及土地交易等法律。由于加纳环境资源法律较为完备，中国投资者对加纳环境资源法律认识不足，导致出现各种阻碍经贸的法律风险。

第一节 加纳资源法律概述

一、环保法律法规体系

加纳最早的环保法律法规为1897年颁布的《海滨设障条例（Beaches Obstruction Ordinance）》。加纳独立后，政府相继通过了多部环保法律法规。目前环保法规主要有：《环境保护法》《环保事务局法》《有害及电子废弃物控制与管理法》《环境评估条例》《消耗臭氧层物质与产品条例》等。

二、环保法律法规基本要点

1992年颁布的《宪法》第6章第41条《环境保护法》特别条款规定加纳公民（无论是企业主还是普通劳动者）必须保护并保卫环境。此条款为1994年国会批准成立环保事务局奠定了基础。《环保事务局法》主要规定了环保事务局主要权利及责任。《环境评估条例》1999年颁布，主要对环境评估相关内容、审定、听证、管理等相关内容作出规定。《消耗臭氧层物质与产品条例》2005年颁布，主要对经销消耗臭氧层物质的限制、资质要求、经营所需各类许可作出规定。《有害及电子废弃物控制与管理法》2016年颁布，此法规对有害废弃物和电子废弃物内容进行了界定，规定了相关检验管理、语序允许进出口及销售等管理规定。

在加纳承揽工程项目一般需要进行环境评估。按照规定，环境评估应由业主负责完成，但考虑到费用及效率问题，一般由推动项目的企业承担。时间约半年至一年半，费用数万美金不等。评估机构由业主指定或熟悉的机构来完成，评估结果由业主签字认可。①

三、环保评估的相关规定

在加纳承揽工程项目一般需要进行环境评估。按照规定，环境评估应由业主负责完成，但考虑到费用及效率问题，一般由推动项目的企业承担。时间约半年至一年半，费用数万美金不等。评估机构由业主指定或熟悉的机构来完成，评估结果由业主签字认可。

第二节　加纳土地法主要内容

一、土地法的主要内容

加纳 1992 年《宪法》对土地所有制方式作出明确规定，土地分为公共土地（全民共有，由总统及政府代表人民管理）、凳子土地（由酋长统一管理）和家族土地（家族族长或成员私有土地）。投资加纳资源业，土地征收（Land Acquisition）是必须考虑的问题。外国人对加纳的房地产业不能享受国民待遇。加纳宪法第 21 章规定非加纳公民（Non－citizens of Ghana）的自然人不得拥有加纳土地的完整所有权（Freehold Interst）。同时加纳宪法还规定非加纳公民的自然人不得享有超过 50 年的土地租赁权，任何为非加纳公民的自然人设立超过 50 年权益的票据书证均是无效的。但针对外资设立的加纳法人，则不受以上限制。②

二、外资企业获得土地的规定

加纳《宪法》承认了传统土地和私有土地的合法性，但不允许保有的

---

①　商务部国际贸易经济合作研究院，中国驻加纳大使馆经济商务处．对外投资合作国别（地区）指南：加纳［R］．商务部国际贸易经济合作研究院，2020：49.

②　商务部国际贸易经济合作研究院，中国驻加纳大使馆经济商务处．对外投资合作国别（地区）指南：加纳［R］．商务部国际贸易经济合作研究院，2020：48.

土地自由转让（传统体制下家庭成员之间的转让例外）。严格意义上，加纳不存在土地所有权转移问题。外国投资者可以租赁方式获得土地使用权。租期最长为50年，期满可续约；加纳人和在加纳注册的公司可获得长达99年的租约。加纳土地事务管理由土地资源部下属的土地委员会负责。由于政府掌握用地有限（约占全部土地10%），土地使用权转让信息透明度不高，通过土地委员会获得明晰土地使用权需经过较长时间，租赁人往往需寻求中介帮助。尽管土地委员会下设7个地区办公室管理大阿克拉省及其他6个地区的土地事务，但是酋长在土地权属方面拥有绝对权力。租赁人需与酋长沟通，对土地作出勘察评估，可就此议价并签署协议。由于历史及家族纠纷等原因，许多土地产权不明。加纳的法律体制承认并保护合法的动产和不动产权益。但是获得明晰的土地权属资格比较困难、复杂，过程也比较长。所以对任何出让的土地都必须到土地委员会彻底、全面核查土地的真实所有人。无论对加投资的我国企业，还是可能获得不动产抵押权利的贷款银行都必须认识到如果有关土地的纪录不完备或不存在，就无法获得明晰的土地权属或土地权属之上的抵押权。

三、外资参与当地农业投资合作的规定

加纳欢迎外资参与当地农业投资合作，包括生产农用物资、加工农产品、生产农作物、牲畜、渔业、种子销售等。外资可以在当地租赁耕地，租赁期每次不超过50年，但可以续租。外资不允许购买农业耕地。

四、外资参与当地林业投资合作的规定

加纳欢迎外资参与当地林业投资合作，包括经济作物种植、林木砍伐、木材加工等。租赁林地期限不超过50年，但可以续租。外资不允许购买林地。①

---

① 商务部国际贸易经济合作研究院，中国驻加纳大使馆经济商务处．对外投资合作国别（地区）指南：加纳［R］．商务部国际贸易经济合作研究院，2020：48.

第三节　加纳矿业法主要内容

一、矿业监管部门

加纳鼓励当地和外国私人投资者参与勘探、商业开发矿产资源。保证矿业和人文环境之间的平衡，保证采取国际标准的卫生、安全和环保标准。为此，加纳通过法律设立了两大矿业监管部门矿产委员会（Minerals Commission）和矿业部（Mines Department）。前者负责吸引外资、进行矿权授予谈判、代表国家签订矿业合同、管理小规模采矿的合法运营等；后者负责确保所有矿井处于安全和对人体健康状态、确保所有许可的义务条款得以履行、确保环境评估报告中的条款得以履行等。

二、主要法律内容

《1986年矿产和采矿法》《1994年矿产和采矿修订法》以及2006年修订的矿产法《703号法规》是投资矿权领域的主要法规。根据规定，政府有权参与矿产开采，并有权无偿获得10%的勘测权、探矿权、采矿权。也就是说，外国投资者和加纳国内投资者均不可能全资拥有加纳的矿权项目。根据法律规定，如果经过勘探发现商业性储量，加纳政府有进一步购买20%权益的优先购买权。不同于最初10%权益的无偿获得，政府应当根据与投资者约定的条件和价格行使进一步的优先购买权；如果政府与投资者未能就购买进一步权益达成一致，争议根据1961年仲裁法将提交仲裁裁决。

最新的《703号法规》由包括民间社团、NGO、政府监管机关、地方政府、工会、矿权投资者、学者在内的多个利益相关方共同参与制定。《703号法规》将国家分成每块21公顷大小的诸多地理区块，任何采矿许可覆盖的各个地理区块应当是连续的，不得分离。《703号法规》规定矿产委员会（Minerals Commission）和矿业部长负责采矿许可的授予。矿业部长应当对拒绝授予采矿许可出具书面解释。

加纳的矿业法规将矿业开采分为小规模开采和中大规模开采。《1989年小规模金矿开采法》将不涉大额支出的9人以下的开采活动，或者虽超过九人但不涉大额支出的多人团体合作定义为小规模开采。小规模开采仅限于加纳公民，但实务中外国投资者可以通过服务公司的形式加以参与。加纳政府鼓励支持小规模开采，小规模开采有巨大潜力，可以为农村提供更多生计，为加纳矿业提供技术和资金。

第四节　加纳环境资源法律风险与防范

一、土地登记混乱

民间传统方式控制着加纳80%的土地，国家实际只控制不到20%的土地。换句话说，大多数的土地交易通过不正式的传统方式进行，不进行法律规定的登记程序，在无监管的土地交易市场进行。各个交易在交易方式、土地估值、付款方式等方面存在很大不同。实务中，只有不到10%的传统交易下的地块做过登记。

二、安置与赔偿问题

大规模的资源开发需要搬迁与安置受影响部族。以90年代的Tarkwa金矿开采为例，搬迁和重新安置了14个部族的3万人。大规模族群变动将影响社会经济结构，尤其在非自愿搬迁时，甚至引发骚乱。《703号法规》规定，赔偿应当包括以下几个部分：因无法使用土地表面而丧失的利益；土地上不动产的损失；正在耕种土地的合法所有人的损失；根据自然作物及其寿命预期可得利益的损失。贷款银行应当关注赔偿落实情况，以防止群发事件导致的贷款项目风险。对政府主导企业买单的搬迁和完全企业自主负责的搬迁应当适当区别对待，后者风险性更大。

三、矿权特许费纠纷严重

在加纳，如前所述，矿产特许费中的10%付给酋长土地管理办公室（Office of the Administration of Stool Lands，以下简称OASL）。OASL留下其中10%用以支付自己的管理运营费用，其余90%将按照以下比例分配：55%支付给矿权所在“板凳土地”的地区议会（District Assembly）；25%用于维护和保持板凳土地的环境；20%交予传统部族（Traditional Council）。

收到相应比例矿产特许费的地区议会（District Assembly）常常将该资金统一用于所辖全部地区，而非用于受开采影响的特定部族。很多情况下，酋长认为自己是土地的管理人，将所得矿权特许费视作私人财产。由此导致了地区议会与受开采影响的特定部族之间的冲突和矛盾，也导致了酋长与所在部族之间的冲突和矛盾。

四、矿权人与居民纠纷严重

表面采矿技术改进使开采低品位矿石成为可能。原先用作农田的土地很多被租给采矿企业用于开采。特许权覆盖了大面积土地，实际进行开采的面积往往不足一半，余下面积常用于垃圾场、加工作坊、存储仓库等。这使得土地附近部族无法使用土地进行其赖以生存的农业耕作。很多情况下，当地居民需要从采矿企业获得许可才能在特许权覆盖的土地进行农业活动，而且农业活动仅限于季节性作物，无法种植高经济收益的多年生长型作物，由此产生了采矿企业与当地部族的土地使用权纠纷。在某些部族地区，由于当地居民完全无法使用特许权覆盖的土地以及物权制度不发达，该纠纷十分严重。

第八章　加纳其他法律制度

加纳的法律体系十分完备，由于本资料着重分析经贸相关的法律，故本章节选取知识产权法律、反商业贿赂及反腐败法律以及争议解决法律制度进行简要分析。

第一节　知识产权法律制度

一、知识产权保护管理部门

加纳司法部负责知识产权保护管理工作，所属注册总局具体负责工业产权的注册登记和管理工作；所属版权办公室（The Copyright Office）具体负责版权事务管理工作。依据《版权法》设立的版权监管小组（The Copyright Monitoring Team）和版权特别法庭（The Copyright Tribunal）协助加强对版权人权利的保护。此外，加纳还有加纳音乐权利组织（The Ghana Music Right Organization，GHAMRO）、视听权利协会（The Audio – Visual Right Society）等依据《版权法》成立的知识产权集体管理机构，代表版权人的利益开展收取租赁许可费等工作。

二、主要法律法规名称

加纳知识产权保护法律体系主要由 7 部法律法规构成，即《版权法》(2005)、《地理标志法》(2003)、《工业设计法》(2003)、《专利法》(2003)、《反不公平竞争法》(2000)、《商标法》(2004)、《版权保护条例》(2004)。

三、知识产权保护法律法规基本要点

（一）版权

受加纳《版权法》保护的作品包括文学作品、艺术作品、音乐作品、录音、视听作品、舞蹈作品、衍生作品、计算机软件或程序。其中文学作品包括小说、故事、诗歌、剧本、电影脚本、广播稿、教科书、自传、条约、历史故事、散文或文章、百科全书、字典、电话簿、图表、诗文选集、数据库、书信、报告、备忘录、演讲、讲话等。作品由加纳公民或通常在加纳居住的人创作，在加纳首次出版或者在国外出版的 30 天之内将在加纳国内出版，加纳根据国际条约规定的义务予以保护。作者享有作品的署名权、复制权、翻译权、改编权、表演权、播放权、传播权、发行权、出租权等。侵权行为，处以罚款和或不超过 3 年的监禁。

（二）专利

加纳《专利法》通过授予专利权对发明进行保护，发明是指能够解决技术领域特定问题的构思，可以是产品，也可以是方法。司法部注册总局专利注册处负责专利的注册登记和管理。专利注册后，每年需交纳年费。专利权的期限为 20 年，自申请日起计算。专利权人有权对侵权行为提起诉讼。侵犯专利权的，处以罚款或不超过 2 年的监禁。

（三）商标

根据加纳《商标法》，商标是指将商品和服务与他人的商品和服务区别开的标志或标志的组合。司法部注册总局商标注册处负责商标的注册登记和管理。注册商标的有效期为 10 年，自申请日起计算。注册商标有效期满，可以续展，续展注册的有效期为 10 年。续展所需费用的交纳有 6 个月的宽限期。

（四）工业设计

根据《工业设计法》，工业设计是指赋予工业产品或手工艺品以特别外观的线条或颜色组合、三维结构、纺织品设计。用于注册的工业设计必须是新颖的或原创的，与已知的设计存在显著不同。注册工业设计的有效期为 5 年，自申请日计算。注册工业设计有效期满，可以连续续展 2 次，每次有效期 5 年。续展所需费用的交纳有 6 个月内的宽限期。

（五）地理标志

《地理标志法》规定，依法对地理标志保护产品实施保护，任何人不得通过商品设计或其他方式隐瞒其产品的真实产地、明示或暗示其产品为地理标志保护产品。对违反者，处以罚款和或不超过 2 年的监禁。

第二节　反商业贿赂及反腐败法律制度

一、反商业贿赂及反腐败法律体系

加纳于 2004 年 12 月签署《联合国反腐败公约》（United Nations Convention against Corruption，UNCAC），公约于 2007 年 6 月正式生效；2003 年 10 月签署《非洲联盟预防和惩治腐败公约》（African Union Convention on Preventing and Combating Corruption，AUCPCC），公约于 2007 年 6 月正式生效。加纳不是《经合组织反贿赂公约》签署国（非洲国家中，目前只有南非是《经合组织反贿赂公约》签署国）。加纳没有专门的反对商业贿赂的法律，也没有一部全面系统的反腐败法律。针对贿赂、腐败的规定主要体现在《刑法》（1960 年通过，2012 年修订）中，在《政府合同法》（1979）、《审计服务法》（2000）、《经济和有组织犯罪办公室法》（2010）、《海关法》（2015）、《公共财政管理法》（2016）、《公司法》（2019 年修订）、《人民代表法》等法律中也有体现。《刑法》规定，给予公职人员或陪审员财物，意图影响其正当履行职务的行为构成犯罪，判处不超过 25 年的监禁。贿赂外国公职人员同样构成犯罪。《海关法》规定，向官员行贿诱使其玩忽职守，判处罚金和或不超过 5 年的监禁。

二、反洗钱及反恐怖融资

加纳是西非反洗钱政府间行动小组（Inter－governmental Action Group Against Money Laundering in West Africa，GIABA）成员，但不是反洗钱金融行动特别工作组（Financial Action Task Force on Money Laundering，FATF）成员。加纳反洗钱反恐怖融资部际委员会（IMC）负责组织、协调反洗钱和反恐怖融资事务。《反洗钱法》（2008 年通过，2014 年修订）、《反恐怖主义法》（2008 年通过，2012 年、2014 年修订）、《反洗钱条例》《反恐怖主义条例》《公司法》（1963 年通过，2016 年修订）等 40 余部法律法规构成加纳反洗钱和反恐怖融资的法律体系。

（一）反洗钱

根据加纳《反洗钱法》，无论法人还是自然人，如果知道或应该知道某项财产是非法（包括犯罪和恐怖融资）所得及其收益，却隐瞒、掩饰、转移财产，或隐瞒、伪造财产的非法来源，或获得、使用、拥有该项财产，属于洗钱行为。如果知道或应该知道他人从非法行为获得收益，却为其保留、控制非法所得提供便利或代表其利用非法所得获取收益，属于协助、教唆洗钱行为。二者均违反《反洗钱法》，应处以罚款和或不少于 12 个月、不长于 10 年的监禁。

（二）反恐怖融资

根据加纳《反恐怖主义法》，恐怖活动是指出于政治、意识形态、宗教、民族或者种族原因，从事下列事项：（1）对另一人的身体造成严重伤害；（2）对他人财产造成严重损坏；（3）使他人的生命处于危险状态；（4）对公共健康或者安全造成严重风险；（5）使用火器或者爆炸物；（6）向环境中释放有毒、有害或放射性物质或微生物，或者使公众暴露于上述环境中；（7）使国家安全或者公共安全受到损害；（8）危害用于通信、交通、金融服务或者其他重服务的计算机系统，或者意欲对关键的基础设施造成损害。任何人如果从事上述恐怖主义行为，或者为恐怖活动提供支持，均构成犯罪。提供支持包括：（1）为恐怖分子的旅行提供或者伪造证件；（2）为恐怖分子或者团伙提供技能或者专家意见；（3）为了恐怖分子或者团伙的利益，进入或者待在某一国家。根据《反恐怖主义法》，无论法人还是自然人，直接或间接地为恐怖主义行为、恐怖分子、恐怖组织提供融资服务，将被处以不少于 7 年不长于 25 年的监禁。

第三节　争议解决法律制度

一、诉讼制度

（一）民事诉讼法院选择

民事诉讼法院选择在加纳进行民事诉讼，应根据民事纠纷的不同类型，选择相应的法院，针对纠纷类型不同，可分为：土地纠纷（土地所在地法院管辖)、动产被扣押(扣押地区的法院管辖)、罚款和没收(行为发生地法院管辖)、合同纠纷(合同执行地或被告经营地法院管辖)、其他(被告的驻地或其经营地的法院管辖)。同时,涉案金额也决定法院管辖权:涉案金额小于或等于 2 万塞地,地方法院(District Court);2 万塞地至 5 万塞地,巡回法院(Circuit Court);5 万塞地以上,高等法院(High Court)。

(二)诉讼流程

传票是法院传达出庭命令的书面通知,一般都是法监送达,除非法院允许其他的送达方式,传票须与起诉书一起送达。如果传票送达错误,其中自己不是被告,一定要及时提出,避免不必要的麻烦。如果自己是被告(即使名字拼写错误),须在 8 天之内作出应诉通知(Notice of Appearance)。如果在收到传票 8 天之内,被告不作应诉通知,通常原告有权申请缺席审判(Judgment in Default of Defence)。如果决定应诉(Appearance),被告需在 14 天之内向法院提交辩护(Defence)。如有反诉请求,也一并提交。如果不按时提交,原告在 7 天之内作出回应,可以申请缺席审判。如果被告提出反诉请求,原告需在 14 天内作出回应和抗辩反诉(Defence to the Counter-claim),否则,被告也可以就反诉向法院申请反诉缺席审判。向法院请求阶段结束后 30 天内,原告作申请审判问题批准(Application for Directions - Further Directions),即根据诉状(Pleadings)向法院提交要解决的问题。接下来双方提交证人证词,法院通常也会给 30 天时间。然后正式审理开始,双方证人出庭,双方律师进行交叉询问,双方律师作结案陈词,法院判决。

二、仲裁及其他争议解决方式

(一)加纳仲裁

加纳《法院法》(1993)鼓励法院使用替代性争议解决方式。2010 年,《替代性争议解决法》(Alternative Dispute Resolution Act)正式实施,原有的《仲裁法》(1961)废止。《替代性争议解决法》对仲裁、调解的有关事项进行了规定。加纳主要的仲裁机构为加纳仲裁中心(Ghana Arbitration Center)。加纳于 2005 年成立的商业法庭专门管辖涉及商务的纠纷,包括处理与仲裁有关的争议和仲裁裁决的执行。

(二)仲裁的基本程序

首先由当事人商定,在当事人无法达成协议的情况下,由仲裁庭决定。

第一，仲裁管理会议。在仲裁员确定后的21天内，仲裁员召集当事人或当事人代表举行仲裁管理会议，决定需仲裁的事项、开庭时间和地点、所需文件及需要调查的事项、适用的法律法规、需要交换的事实和证据、裁决书的样式、仲裁及仲裁员费用等。

第二，合议。仲裁机构征得当事人同意，可以在仲裁过程中进行合议，推动争议的解决。

第三，仲裁申请和答辩。当事人可以自主确定提交仲裁申请和答辩书的时间，仲裁申请中需包含仲裁请求、支持仲裁请求的事实、需解决的关键问题及寻求的救济。被申请人可以针对申请人提出反请求。

第四，开庭。当事人及其代表进行陈述与辩论，一方当事人提供给仲裁员的陈述、文件或其他信息同时提供给另一方当事人。采信证据时需当事人双方在场。

第五，调查与裁决。仲裁员应通知当事人进行调查的时间，当事人可以参加调查。仲裁员提交调查报告。裁决，仲裁裁决为终局的，对双方当事人均有约束力。

三、调解

《替代性争议解决法》规定，合同一方当事人征得另一方当事人同意，可以将纠纷提交双方当事人认可的机构或个人进行调解。法院如认为有利于解决争端，也可在诉讼程序中进行调解。在法院最终判决前，诉讼一方当事人征得另一方当事人同意，可以向法院申请调解。调解员原则上只有一名。当事人达成和解后，需起草并签署和解协议，和解协议也可以由调解员起草或协助起草。和解协议对双方当事人均有约束力。

四、外国仲裁裁决的执行

加纳是国际投资争端解决中心（International Center for the Settlement of Investment Disputes，ICSID）的成员国，1958年《承认与执行外国仲裁裁决公约》（Convention on the Recognition and Enforcement of Foreign Arbitral Awards）（即《纽约公约）的缔约国，加纳高等法院执行以下外国仲裁裁决：（1）该国的专业机构依照法律作出的仲裁裁决；（2）加纳与该国存在有关相互安排；（3）依照《纽约公约》作出的仲裁裁决 或依照加纳议会批准的其他国际公约作出的仲裁裁决。

附　录

附录1：加纳主要法律法规

宪法 CONSTITUTIONAL：

（1）《加纳共和国宪法》The Constitution of the Republic of Ghana

（2）《政党法》The Political Parties Act

（3）《总统（过渡）法》The Presidential (Transition) Act

行政法 ADMINISTRATIVE LAW：

（1）《加纳港口和港口管理局法》The Ghana Ports and Harbours Authority Act

（2）《地方政府服务法》The Local Government Service Act

（3）《实施限制法》The Imposition of Restrictions Act

（4）《移民服务法》The Immigration Service Act

（5）《移民法》The Immigration Act

（6）《公民法》The Citizenship Act

（7）《法院组织法》The Advocates Act

（8）《国家道路安全管理局法案》The National Road Safety Authority Bill

（9）《〈假日法案〉（修正案）》The Public Holidays (Amendment) Bill

民商法 CIVIL AND COMMERIAL LAW AND PROCEDURE：

（1）《合作社法令》The Cooperative Societies Decree

（2）《工厂办公室和商店法（修正案》The Factories Offices and Shops (Amendment) Act

（3）《自由区（修正）法》The Free Zones (Amendment) Act

（4）《公司法》The Companies Code

（5）《债权人及债务人法案》The Borrowers and Lenders Bill

(6)《土著企业协会理事会法》The Council of Indigenous Business Associations Act

(7)《替代性争议解决法》The Alternative Dispute Resolution Act

(8)《高等法院（民事诉讼）规则》The High Court (Civil Procedure) Rules

(9)《上诉法院（修正）规则》The Court of Appeal (Amendment) Rules

(10)《最高法院（修正）规则》The Supreme Court (Amendment) Rules

知识产权法 INTELLECTUAL PROPERTY LAW：

(1)《商标（修订）法》The Trademarks (Amendment) Act

(2)《版权条例》The Copyright Regulations

(3)《版权法》The Copyright Act

(4)《集成电路布图设计法》The Layout - Designs (Topographies) of Integrated Circuits Act

(5)《商标法》The Trade Marks Act

(6)《专利法》The Patent Act

(7)《地理标志法》The Geographical Indications Act

(8)《工业品外观设计法》The Industrial Designs Act

刑法和程序 CRIMINAL LAW AND PROCEDURE：

(1)《刑法》The Criminal Code 1960

(2)《反洗钱法》The Anti - Money Laundering Act

(3)《家庭暴力法》The Domestic Violence Act

(4)《少年司法法》The Juvenile Justice Act

(5)《经济和组织犯罪法》The Economic and Organised Crime Act

(6)《严重欺诈办公室法》The Serious Fraud Office Act

(7)《吹哨人法案》The Whistleblower (Amendment) Bill

(8)《刑事诉讼法》The Criminal Procedure Code

(9)《引渡法案》The Extradition Act

公共卫生和福利 PUBLIC HEALTH AND WELFARE：

(1)《公共卫生法》The Public Health Act

(2)《公共卫生紧急冠状病毒病（COVID - 19）大流行文书》The Declaration of Public Health Emergency Coronavirus Disease (COVID - 19) Pandemic Instrument

(3)《地方政府服务法》The Local Government Service Act

投资、贸易和商业 INVESTMENT, TRADE AND COMMERCE：

(1)《自由区法修正案》The Free Zones (Amendment) Act

(2)《防止不正当竞争法》The Protection against Unfair Competition Act

(3)《银行法》The Bank Of Ghana Act

(4)《银行和专门存款机构法案》The Banks and Specialised Deposit - Taking Institutions Act

(5)《印花税法案》The Stamp Duty Act

(6)《证券法》The Securities Industry Law

(7)《非洲联盟进口税法案》The African Union Import Levy Bill

(8)《海关法》The Customs Bill

(9)《所得税法案》The Income Tax Bill

(10)《保险法》The Insurance Bill

(11)《豪华车征税法案》The Luxury Vehicle Levy Bill

环境保护 ENVIRONMENTAL PROTECTION：

(1)《环境保护局法》The The Environmental Protection Agency Act

(2)《渔业法》The Fisheries Act

(3)《矿产和采矿法》The Minerals and Mining Act

(4)《综合铝土矿和铝开发局法案》The Ghana Integrated Bauxxite and Aluminium Development Authority Bill

(5)《石油枢纽开发公司法案》The Petroleum Hub Development Corporation Bill

劳动法与社会保障法 LABOR AND SOCIAL SECURITY LAW：

(1)《劳动法》The Labour Act

(2)《残疾人法》The Persons With Disability Act

(3)《公共部门工资谈判协定》The Agreement on 2014 Public Sector Wage Negotiations

(4)《公平工资和薪金委员会法》The Fair Wages and Salaries Commission Act

(5)《儿童法》The Children’s Act

(6)《国家养恤金法》The National Pensions Act

(7)《社会保障法》The Social Security Law

(8)《工人补偿法》The Workmen's Compensation Act

附录2：加纳主要政府部门与相关机构

（1）贸易和工业部（Ministry of Trade and Industry），http：//www. moti. gov. gh

（2）财政部（Ministry of Finance），https：//www. mofep. gov. gh

（3）通信部（Ministry of Communications），https：//www. moc. gov. gh

（4）环境、科技和创新部（Ministry of Environment，Science，Technology & Innovation），http：//mesti. gov. gh

（5）就业和劳资关系部（Ministry of Employment and Labour Relations），http：//www. melr. gov. gh

（6）卫生部（Ministry Of Health），http：//www. moh. gov. gh

（7）公路和高速公路部（Ministry of Roads &Highways），https：//www. mrh. gov. gh

（8）加纳中央银行（Bank of Ghana），https：//www. bog. gov. gh

（9）加纳税务局（Ghana Revenue Authority），https：//gra. gov. gh

（10）加纳统计局（Ghana Statistical Service），https：//statsghana. gov. gh

（11）环境保护事务局（Environmental Protection Agency），http：//www. epa. gov. gh

（12）加纳投资促进中心（Ghana Investment Promotion Center），https：//www. gipcghana. com

（13）加纳健康局（Ghana Health Service），https：//www. ghanahealthserv - ice. org

（14）数据保护委员会（Data Protection Commission），https：//www. data - protection. org. gh

（15）全国保险委员会（National Insurance Commission），https：//nicgh. org

（16）证券交易委员会（Securities and Exchange Commission），https：//sec. gov. gh

肯尼亚经贸投资
法律环境报告

第一章　肯尼亚基本概况

肯尼亚是东非经贸、物流和交通枢纽的中心。早在15世纪，中国航海家郑和就曾到达肯尼亚的马林迪和蒙巴萨。1963年12月14日，中国和肯尼亚建交，中国已成为肯尼亚重要的贸易伙伴和工程承包、投资的来源国，也是增长最快的海外游客来源国。肯尼亚则连续多年成为吸引中国投资最多的非洲国家之一。2017年中肯全面战略合作伙伴关系的建立，以及“蒙巴萨—内罗毕标准轨铁路”建成通车，肯尼亚已经成为“一带一路”倡议在非洲的重要支点。据商务厅统计，截至2019年末，中国对肯尼亚直接投资存量16.24亿美元，2020年上半年，中国企业对肯尼亚直接投资额为0.74亿美元，在肯尼亚新签承包工程合同额6.6亿美元，完成营业额11.9亿美元。

目前，中国与肯尼亚签订有重要双边文件15份，其中有关经贸合作法律的主要有《中华人民共和国和肯尼亚共和国关于成立贸易、投资和经济技术合作联合委员会的协定》(2011)、《中华人民共和国和肯尼亚共和国引渡条约》(2017)、《中华人民共和国和肯尼亚共和国刑事司法协助条约》(2017)、《中华人民共和国政府和肯尼亚共和国政府对所得避免双重征税和防止逃避税的协定》(2017)、《中华人民共和国政府与肯尼亚共和国政府关于共同推进丝绸之路经济带和21世纪海上丝绸之路建设的谅解备忘录》(2018)、《中华人民共和国商务部与肯尼亚共和国财政和规划部关于共同推动落实中非合作论坛北京峰会“八大行动”经贸举措的谅解备忘录》(2019)等。同时，肯尼亚也是亚洲基础设施投资银行（Asian Infrastructure Investment Bank）的无区域成员国。

第一节　肯尼亚国家概况

公元前3200年至1300年间，库什人最早在肯尼亚低地定居。公元7世纪，阿拉伯人来到肯尼亚东南沿海经商和定居。1498年，葡萄牙人达·伽马到过肯尼亚。英国政府于1895年宣布肯尼亚为“东非保护地”。1963年肯尼亚宣告独立，乔莫·肯雅塔为首任总统，但仍留在英联邦内。肯尼亚现任总统为乌胡鲁·肯雅塔，总理为拉伊拉·奥廷加。

一、肯尼亚的人文和地理环境

肯尼亚共和国（斯瓦希里语：Jamhuri ya Kenya，英语：Republic of Kenya）位于东非，面积58.3万平方公里。肯尼亚北与埃塞俄比亚和南苏丹接壤，东与索马里为邻，西与乌干达交界，南与坦桑尼亚相连，东南濒印度洋，海岸线长536公里。2019年的人口普查中，肯尼亚的人口超过4760万。① 肯尼亚共有42个民族，分为班图、尼罗和库施特三大语系，官方语言是英语和斯瓦希里语。2013年以后，肯尼亚撤销省级建制，划分为47个郡（县市），其首都和最大的城市是内罗毕，最古老的城市和第一大港是蒙巴萨，基苏木市是第三大城市，也是维多利亚湖的内陆港，其他重要的城市中心包括纳库鲁和埃尔多雷特。由于独特的地理位置和发展历史，肯尼亚是一个融合斯瓦希里文化、西方文化、伊斯兰文化甚至印度文化的多元文化国家。

二、肯尼亚的政治和经济环境

肯尼亚曾是英国殖民地，1963年12月12日独立，1964年颁布《宪法》，迄今共历经30次修改，现行宪法为2010年《宪法》。该法规定肯尼亚为多党制民主国家，总统为国家元首、政府首脑兼国防军总司令，任期5年，连任不得超过两届；总统拥有最高行政权和任免权，有权召集或解散议会；总统和内阁集体对议会负责；公民享有宗教信仰、言论、集会、结社和迁徙的自由。目前，宪法维持总统内阁制政体，不再设总理职位，但总统权

① " 2019 Kenya Population and Housing Census – Population by County and Sub County – Kenya Data Portal" . kenya. opendataforafrica. org.

力受削弱；议会为两院制，增设参议院；行政区划由中央、省、地区、分区、乡、村六级改为中央和郡两级。同时，肯尼亚是联合国、非洲联盟、不结盟运动、七十七国集团和英联邦的成员国，而联合国环境规划署总部设在肯尼亚首都内罗毕。肯尼亚也是东南非共同市场（COMESA）和东非共同体（EAC）的重要成员国。

肯尼亚是撒哈拉以南非洲经济基础较好的国家之一，农业、服务业和工业是国民经济三大支柱。肯尼亚国家统计局《2020 经济调查》显示，肯尼亚 2019 年 GDP 总量为 955.03 亿美元，人均 1816 美元，经济增长率为 5.4%，增速有所下降，属发展中低收入经济体。其中，农业 GDP 占比 34.1%，制造业 7.5%，运输及仓储业 8.5%，建筑业 5.6%，电信业 1.2%，住宿及餐饮服务业 0.7%。肯尼亚实行以私营经济为主体的“混合型经济”体制，私营经济在整体经济中所占份额超过 70%。[①] 截至 2020 年 5 月，肯尼亚中央银行外汇储备 93.02 亿美元。此外，联合国贸发会《2020 年世界投资报告》显示，2019 年肯尼亚吸引外国直接投资 13.3 亿美元；世界银行《2020 全球营商环境报告》显示，肯尼亚在全球 190 个经济体中排名第 56 位；世界经济论坛《2019 年全球竞争力报告》显示，肯尼亚在全球最具竞争力的 141 个国家和地区中，排第 95 位；透明国际（Transparency International）2019 年报告显示，肯尼亚在全球 180 个国家和地区中的腐败程度评分为 28 分，排在第 137 位。截至 2020 年，肯尼亚是撒哈拉以南非洲的第三大经济体，仅次于尼日利亚和南非。[②] 但由于新冠肺炎疫情，全球三大信用评级机构穆迪、惠誉和标准普尔均将肯尼亚的信用评级下调至负面。

第二节　肯尼亚法律概况

因长期受英国殖民的影响，肯尼亚的法律主要属英美法系，其法律体系由肯尼亚成文法、本土习惯法、英国普通法、肯尼亚批准的国际条约或公约，以及部分伊斯兰法和印度法构成。

---

① 商务部国际贸易经济合作研究院，中国驻肯尼亚大使馆经济商务处．对外投资合作国别（地区）指南：肯尼亚［R］．商务部国际贸易经济合作研究院，2020：20－22.

② Reporter, Standard. " Kenya now third－largest economy in sub－Saharan Africa" . The Standard. Retrieved 8 June 2020.

一、肯尼亚的立法体系

议会是肯尼亚最高立法机构，2010 年新宪法规定议会由国民议会和参议院两院组成①，主要职能是保护宪法，促进民主治理和制定法律，并且代为行使源于人民的立法权。② 2017 年肯尼亚选举产生了第 12 届议会，议员任期 5 年。

国民议会由议长和 349 名议员组成，其中包括 290 名民选议员（代表全国 290 个选区）、12 名政党指定议员（按各政党在国民议会席位比例分配）、47 名民选妇女代表（代表全国 47 个郡）。议长和副议长由各党分别从本党非议员党员和议员中提名，由全体国民议会议员选举产生。国民议会主要职能有立法、决定国家税收分配、监督政府和国家财政支出、批准战争、延长国家紧急状态、弹劾总统和副总统、批准重要人事任命等，其下设 32 个委员会。③

参议院由参议长和 67 名参议员组成，其中包括 47 名民选参议员（代表全国 47 个郡）、16 名政党指定的妇女代表（按各政党在参议院议席比例分配）、2 名青年代表（参议院最大两党各 1 人）、2 名残疾人代表（参议院最大两党各 1 人）。参议长和副参议长由各党分别从本党非议员和议员中提名，由全体参议员选举产生。参议院主要职能有参与同各郡相关的立法、税收分配、财政支出、放权以及参与弹劾总统和副总统等，其下设 20 个委员会。

二、肯尼亚的行政体系

2010 年《宪法》第 9 章规定了行政权力的原则，行政权力来自肯尼亚人民，通过赋权郡（县市）政府，实现立法和行政权力的下放。肯尼亚采取立法、司法和行政三权分立制度，并且实行总统内阁制，总统为国家元首、政府首脑兼武装部队总司令，由直接普选产生，每届任期 5 年，只能连任一次。2017 年乌胡鲁·肯雅塔成功连任。内阁由总统和总统任命的副总

---

① Article 93 (1), Constitution of Kenya (2010).

② Article 94 (4), Constitution of Kenya (2010).

③ Tom Ojienda, Brian Ojienda, Gregory Otieno, Researching Kenyan Law, Hauser Global Law School Program, New York University School of Law, March/April 2020. nyulawglobal. org/globalex.

统、各部部长以及总检察长组成。

2020 年 1 月，肯雅塔总统改组内阁，改组后的内阁包括总统、副总统、各部部长共 24 名成员。其中主要政府部门有内务和中央政府协调部、放权及干旱和半干旱地区部、财政和规划部、国防部、外交部、教育部、卫生部、交通、基础设施、住房和城市发展部、信息通信、技术、青年和创新部、环境和林业部、土地和实体规划部、体育、文化和遗产部、东共体和区域发展部、劳工和社会保障部、农业、畜牧业、渔业和合作部、贸易、工业和企业发展部、公共服务和性别事务部、旅游和野生生物部、能源部、石油和矿业部、水、公共卫生和灌溉部。此外，肯雅塔总统任命朱比利党总书记图朱为“不管部”的部长，也作为内阁成员之一。

三、肯尼亚的司法体系

2010 年《宪法》规定司法权来自人民，属于并应由根据宪法设立的法院和法庭行使。[①] 因此，肯尼亚全国法院分高级法院和基层法院两个层级。高级法院体系分为三级，从高到低分别为最高法院、上诉法院、高等法院，同时还设置有与高等法院同等地位的就业和劳动法院、土地和环境法院等专门法院，但是专门法院负责的案件高等法院无管辖权。[②] 基层法院级别相同，包括各地区的治安法院、穆斯林地区的卡迪氏（Kadhis）法院、军事法院和议会设立的其他法院。对判决不服的，可逐级上诉至上诉法院乃至最高法院。卡迪氏（Kadhis）法院专门受理穆斯林当事人涉及穆斯林法的个人身份、婚姻和继承等案件。此外，肯尼亚还在穆斯林聚居地设伊斯兰法院，按伊斯兰教法行使有限裁判权。在行使司法权时，肯尼亚的司法机构应只服从宪法和法律，而不受任何个人或权力机构的干预。[③]

此外，2010 年《宪法》还建立了司法服务委员会，以促进司法机构的独立性、高效性、透明性，建立问责制。司法服务委员会由首席大法官、总检察长和每个高级法院的代表、治安法官、管理律师的法定机构、公共服务委员会和非专业人士组成。即使是总统任命的非专业人士代表，也必须得到

---

① Article 159, Constitution of Kenya (2010).

② Article 162 (2), Constitution of Kenya (2010).

③ Article 161, Constitution of Kenya (2010).

国民议会的批准。[1] 委员会成员在工资福利和履职时的豁免权上有特殊规定，以确保其独立行使职权。

① Article 171, Constitution of Kenya (2010).

第二章　肯尼亚投资法律制度

第一节　肯尼亚外资概况

肯尼亚具备良好的外商投资环境，但应同时防范债务风险。肯尼亚在全球 190 个经济体的营商环境评比中排名第 56 位①，在全球最具竞争力的 141 个国家和地区中，排第 95 位。② 2019 年肯尼亚吸引外国直接投资 13.3 亿美元，但与 2018 年的 16.3 亿美元相比，下降了 18.08%。

一、肯尼亚基本经济结构

肯尼亚实行以私营经济为主体的“混合型经济”体制，私营经济在整体经济中所占份额超过 70%。肯尼亚三大创汇行业依次是农业、旅游业、侨汇业。其中，园艺产品（花卉、蔬菜、水果）、茶叶和咖啡为肯尼亚主要出口创汇产品。肯尼亚工业在东非地区相对发达，国内日用消费品基本自给。肯尼亚经济发展较平稳，中产阶级人口增长较快，国内市场不断扩大。随着东非区域一体化推进，作为东非交通枢纽和门户，在肯尼亚境内投资可辐射东非内陆国家，利于开拓整个东非市场。

二、肯尼亚外资经济现状

经济增长与外汇储备上，肯尼亚 2019 年经济增长率为 5.4%，较 2018

① 世界银行《2020 全球营商环境报告》［R/OL］.（2021 – 03 – 14）［2021 – 5 – 16］. https：//www. doingbusiness. org/en/reports/global – reports/doing – business – 2020.

② 世界银行《2019 全球竞争报告》World Economic Forum，The Global Competitiveness Report 2019［R/OL］.（2020 – 06 – 18）［2021 – 5 – 16］. http：//reports. weforum. org/global – competitiveness – report – 2019/competitiveness – rankings/.

年6.3%的增速有所下降。① 截至2020年5月底，肯尼亚中央银行外汇储备93.02亿美元，相当于5.59个月的进口额。债务承担上，截至2020年6月，肯尼亚公共债务余额为6.4万亿肯先令（约合620亿美元），占GDP比重约为55%，其中内部债务占43.4%，外部债务占56.6%。主要贷款来源方为世界银行及旗下的国际开发协会（IDA）和中国，中国占肯尼亚双边债务的72%。目前，肯尼亚外部债务主要为长期债务，63%的外债到期日超过10年，仅11.4%的债务将于4年内到期。因此，国际货币基金组织和世界银行等国际组织均看好肯尼亚经济增长，但同时对肯尼亚债务问题多次提出警告。

第二节 肯尼亚投资法律体系及基本内容

肯尼亚法律体系以英国普通法为基础建立，属于普通法系统。其法律体系由肯尼亚成文法、肯尼亚普通法与衡平法原则、英国普通法与衡平法原则构成，并继受了少量当地部落法和伊斯兰法，投资法律体系受其影响较大。

一、肯尼亚的投资法律体系

肯尼亚投资法规较为完备，设30余法律法规保护外国投资者利益。首先是《外资保护法》《贸易许可法》《投资促进法》，三大投资法基本囊括外国投资者的权利与义务、投资的具体程序、投资许可的申请、投资管理部门以及投资激励机制等方面。其次是一些涉及具体领域的投资管理规定，如《运输许可法》《土地控制法》《水法》《酒店餐馆法》《旅游产业许可法》《矿产法》等。然后是肯尼亚总统已于2015年正式签署的《经济特区法案（2015）》（The Special Economic Zones Bill，2015），该法案旨在成立经济特区，不断开发并管理对投资者有利的环境。最后是肯尼亚与10余个国家签订了双边投资保护协定，加大了外资进入保护力度。

另外，应特别注意肯尼亚相对独立的民商事法律体系。虽然肯尼亚继受了较多英国普通法和衡平法原则，但肯法院多次明确，英国判例无法在肯尼亚直接适用，仅在案情相同时作为补充借鉴，越高级别的英国法院作出的判

---

① 肯尼亚国家统计局（KNBS）.［EB/OL］.（2020-06-14）［2021-5-15］. https：//www.knbs.or.ke/？page_ id=1591.

例对肯尼亚审判的说服力越强。

二、肯尼亚投资法律的主要内容

《投资促进法》（Investment Promotion Act，2004）规定外国投资者在肯投资必须按规定形式向投资管理局申请投资证书，投资额不少于 10 万美元等值的任何货币，所投资项目必须合法且对肯有益，有益是指能为肯尼亚人创造就业机会、获得新技能或技术、对税收或其他政府收入有贡献、将向肯尼亚转让技术、能通过出口或进口替代增加外汇、可利用国内原材料，用品和服务、在加工本地自然和农业资源时可产生增值、可促进通信技术的利用等管理局认为将对肯尼亚有利的一切因素。① 该法还涉及外籍人士入境等规定。

对于保险公司、电信公司和在内罗毕证券交易所上市的公司，外国企业持股总额分别不得超过 66.7%、70% 和 75%；2015 年 7 月，肯尼亚财政部部长宣布废除外资对本地公司所有权限制，以吸引外国投资。此后，除战略性行业外，外资可以 100% 拥有肯尼亚当地上市公司股份，之前该比例为 75%。但同时，肯尼亚没有明确哪些行业属于战略性行业。

除此之外，新的《竞争法》于 2011 年 7 月 1 日起实施，规范企业兼并和收购行为，防止不正当集中和滥用垄断地位；《麻醉和神经药品法》禁止生产和经营麻醉和神经药品；《渔业法》规定外国企业拥有渔业公司有表决权的股份不得超过 49%；《火器法》和《炸药法》规定制造和经营火器（包括军火）及炸药的企业需要获得特殊许可证。

第三节　肯尼亚投资的监管与审批

一、肯尼亚的投资监管部门

肯尼亚投资主管部门主要有肯尼亚贸易部下设的投资促进局、肯尼亚国家投资委员会、肯尼亚竞争管理局。投资促进局主要管理外国投资者的投资

---

① Law of Kenya，Act Title：Investment Promotion [EB/OL]．(2016-06-21) [2021-5-16]．http：//www.kenyalaw.org：8181/exist/kenyalex/actview.xql? actid = No.%206%20of%202004.

活动。可为投资者提供一站式服务信息和帮助，旨在为投资者提供投资顾问、项目推介、企业注册、税号登记、出具投资证明或所需的执照许可等一系列公共服务。该局下设各职能部门、肯尼亚税务局、肯尼亚国家环境管理局、肯尼亚能源局、肯尼亚出口加工区管理局、肯尼亚经济特区管理局、国际贸易中心非洲办公室等。肯尼亚国家投资委员会，为政府提供促进投资的指导方针，审查、分析影响经济发展和投资的因素，并在执行投资政策方面起促进政府与企业的沟通。肯尼亚竞争管理局，负责全国各行各业的竞争监管事务，包括企业兼并、收购、滥用市场支配地位等，并保护消费者利益。

二、肯尼亚投资的监管与审批

肯尼亚《贸易许可法》规定，在肯尼亚从事进口业务需要获得贸易主管部门颁发的贸易许可证。外国投资者不得投资经营的产业约 70 种，涵盖了食品和工业品的特种产品（获得特许证明的除外）。肯尼亚在税收、经营范围、企业所有权和土地等方面，对外资的经营限制远远大于内资，例如外籍人员只能在“一般商业区域”内从事商业活动，入境应办理许可证，首次颁发的许可证仅为期两年。

在肯尼亚限制领域进行投资时则有更为严格的审批程序：第一，对环境有影响的项目需得到肯尼亚国家环境管理局的批准，对公共健康有影响的项目需得到公共健康管理机构的批准等；第二，生产需缴纳消费税的商品，需征得海关和消费税部门的同意；第三，涉及森林产品和采矿业的投资，需得到环境与自然资源部门的批准，肯尼亚 2017 年《矿业（国家参与）条例》规定，2016 年 5 月后取得采矿许可的公司，需免费给予政府 10% 的股份；第四，涉及能源和石油产品的投资，需得到能源部门的批准；第五，在海关保税区内的投资，需得到财政部授权。

第四节　肯尼亚的 BOT 投资模式

2012 年《公私合营法》（Public Private Partnerships Bill）规定，允许私营企业以“建设－经营－移交（BOT）”方式承接基础设施建设项目。至此，私营企业可通过融资、建设、经营和维护方式开展 BOT 建设项目，并在规定期限届满前移交给政府管理部门，最长期限不超过 30 年。根据该法案，BOT 涵盖领域有电站、港口、机场、铁路、公路、供水和灌溉等。同时，肯尼亚设立了公私合营部门，以推动私人投资基础设施建设项目。目前肯尼亚的 BOT 模式仍较为新颖，面临诸多困境。例如肯尼亚公司合营项目主要集中在能源、交通和基础设施领域，而各领域均在不同程度上受到融资不畅、开展受阻、移交受限等影响。中国承包商在肯尼亚的 BOT 模式的表现有，2017 年由中国交通建设股份有限公司承建的“内罗毕 - 蒙巴萨”铁路，现已顺利完工。

第五节　肯尼亚投资法律风险及其防范

肯尼亚政府出台一系列外资优惠政策，并通过鼓励工业园区、经济特区投资来吸引外资。但现实中，肯尼亚的投资便利化程度整体不高、优惠政策落实不足、政府部门工作效率偏低、监管和透明度较低、物流运输能力不足、工业配套能力较差、融资成本偏高、恐怖袭击和治安事件时有发生等情况，形成对肯投资有较大风险。

一、投资肯尼亚的主要法律风险

一是保函纠纷风险。首先，是独立保函的认定、索赔难。开往肯尼亚的保函几乎都是独立保函，类型主要集中在承包工程项下的投标保函、预付款保函和履约保函，保函开立语言为英语。其次，是保函开具的地域限制。非洲各国普遍要求通过当地金融机构转开保函，肯尼亚同样较常通过当地银行开具保函。且肯尼亚业主及银行的反担保函及主保函主要适用 URDG758，这意味着主保函适用法律为肯尼亚法律，由肯尼亚法院专属管辖，因此存在法律风险和司法风险。最后，是反担保保函中的币种选择风险。我国国内保函币种为美元或欧元，肯尼亚部分保函开立币种为先令。在保函地域限制的前提下，现实中的转开保函通常由转开行向受益人赔付肯尼亚先令，反担保行再向转开行赔付等值美元/欧元，反担保函中一般会约定以肯尼亚先令按索赔时的汇率折算美元/欧元赔付。因此当肯尼亚先令升值时，汇率风险由反担保行及承包商承担。

二是贸易诈骗风险。中国公司与肯公司贸易往来时，因遇贸易诈骗导致货物滞留蒙巴萨港。由于高额滞港费和货物在未支付货款的情况下被提走，企业遭受严重损失。诈骗手法主要有：冒用知名企业（或其子公司）名义行骗，伪造文件、签章及职员身份，签订虚假合同。要求使用赊销（O/A）

等卖方风险较大支付方式交易。提货后拒不付款甚至失联。

三是展会风险。在肯尼亚参展期间，因中国展商的展品违反肯尼亚商标法，导致被带走调查。赴肯尼亚参展企业须充分了解当地相关法规政策，与展会主办方做好对接，确保展品不违反当地知识产权法等。

四是安全风险。肯尼亚恐怖袭击、抢劫盗窃等治安案件时有发生。2017年，受大选影响发生多起中资企业项目和人员被抢、被盗事件。2019 年 1月，索马里青年党在内罗毕都喜酒店制造恐怖袭击事件，造成 21 人丧生。2020 年初，索马里青年党连续在肯尼亚制造袭击事件。

五是外商直接投资限制大。肯尼亚外商直接投资便利化程度较低，基础设施落后，办事花费时间较长。因肯尼亚承担着巨大的债务义务，包括需要分摊外部贷款的超额付款和为短期国内贷款再融资，其中大部分将于 2020年 6 月底到期。2020 年 5 月，信用评级机构穆迪将肯尼亚信用评级从“B2稳定”调整为“B2 负面”，并表示可能在下一次审查中降低至 B3。肯尼亚目前评级受到疫情影响、部族关系紧张、人均 GDP 水平较低及财政赤字和债务高企的影响。

二、投资肯尼亚的法律风险防范

中国企业应认真分析肯尼亚的资源与市场、制定发展规划，了解当地政策法规，切实选好合作领域，做好投资前期的可行性研究和拟定积极稳妥的中长期发展战略，同时要进行实地考察，了解环境和交通服务设施甚至风俗礼仪等。

（一）常规风险防范

一是注重项目预先评估。重视项目风险预估，工程承包项目应符合肯尼亚当前国家发展战略，优先选择国际金融机构援助的项目。考察业主支付能力，做好从传统的 EPC 模式向 EPC + F、EPC + I 模式转换的准备。

二是注重项目动态跟进。重点关注当地政治局势变化，适时调整施工方案和管理策略。全流程关注业主的资信状况、工程施工能力和施工资质变动。不定期关注肯尼亚的财政预算，跟进相关批复及拨款情况，以便及时收取工程进度款。规范管理外籍员工的工作许可证，提前办理外籍员工许可展期。

三是充分利用合同创造有利环境。合同可约定采用中国的施工标准，在工期及费用上加入安保因素。在合同中明确主保函和反担保函的币种选择，并约定最大担保金额，反担保函金额可按当前肯先令汇率水平升值一定幅度折算，超出部分的汇率风险由转开行承担。对于联合承包或存在分包的，应在合同中明确各承包方、分包商的工程执行范围、责任与义务。

四是遵守环境保护要求。肯尼亚非常重视环境保护，政府有专业督察员监控企业的环保措施执行情况。中资企业一定要严格遵守肯尼亚环境法令，在投资预算中要充分考虑用于环境保护的支出。重视工程施工自主预先环评，以应对肯尼亚的复杂环评要求。

（二）类别风险的具体应对

首先，重点应对保函风险。其一，通过关注肯尼亚上诉法院、最高法院判决中对独立保函属性认定标准、欺诈认定标准、相符索赔认定标准等关键问题的分析，可预知我方开立的独立保函能够得到肯尼亚法律的保护和支持。其二，要求提供付款保函、中信保买方信贷保险项下的出口买方信贷、中信保出口延付合同再融资保险下的应收账款融资、中信保海外投资（债权）保险项下的项目融资等方式来保障企业利益。其三，银行的选择。肯尼亚本土银行方面，与国内银行合作较密切的是肯尼亚商业银行（肯尼亚最大的国有商业银行）、肯尼亚合作银行、肯尼亚公平银行；外资银行方面，可选择海外分支机构较多、国际评级较稳定的大型外资银行，如渣打银行、巴克莱银行、标准银行、花旗银行。

其次，有效应对远程贸易诈骗风险。一是避免在交易中使用高风险支付方式，可以信用证方式降低风险；二是仔细辨别贸易伙伴信息，多渠道了解交易对方资信状况，包括电话联系对方总部核实其分公司信息及相关订单的真实性；三是在风险发生后，及时采取法律手段维护自身权益。可在向中国国际刑警组织报案的同时，委派专门人员办理货物退运或转运，并向主管部门及使馆经商处反映情况，以便及时止损和权益救济。

然后，合理应对复杂法规的风险。中国企业在妥善处理与肯尼亚政府、议会、工会的关系的前提下，可充分了解相关政府主管部门职责、办事程序、工作时间、关键办事人员姓名等信息，掌握对方办事习惯和办事规则，提高办事效率。重视肯尼亚中央工会的社会、经济和政治的重要影响，与有关工会组织建立正常的沟通渠道，降低劳资纠纷损失。

最后，积极防范汇率风险。肯尼亚央行实施自由浮动汇率制度，2014年至2019年肯尼亚先令贬值幅度达到20%。投资肯尼亚时，可争取工程款由人民币或美元的支付，但在当地采购时，则尽量使用肯先令支付。

第三章　肯尼亚贸易法律制度

肯尼亚的主要贸易伙伴有中国、印度、阿联酋、沙特阿拉伯、日本和美国。肯尼亚的茶叶、园艺作物、纺织品、咖啡等农业产品占到了出口比例的一半；并且自2017年开始肯尼亚成为非洲最大的牛油果出口国，肯尼亚出口产品主要为高附加值非资源型产品和资源性产品。

自建交以来，中国为肯尼亚援建的主要项目有卡通都医院、莫伊国际体育中心、甘波基－塞勒姆公路、玉米粉加工厂等。中国已经连续五年成为肯尼亚最大的贸易伙伴。肯尼亚主要向中国出口矿石等资源型产品，从中国进口机械设备、车辆零配件、钢铁等工业产品等。

第一节　肯尼亚贸易法律体系及基本内容

一、有关贸易的主要法律

肯尼亚的主要贸易法律有《贸易许可法》《东非海关管理法》《关税与货物税法》《金融法》《进出口和基本供给法》《银行法》《保险法》《增值税法》《出口加工区法》《标准法》《公共健康法》《食品、药物和化学品法》《制药和毒物法》《矿产法》《未加工贵金属贸易法》《植物保护法》《有害杂草控制法》《农产品（出口）法》《农业法》《危险药品法》和《渔业法》。其他与贸易有关的法规还有《工业产权法》《版权法》《商标法》《植物种子品种法》等。此外，政府采购方面的相关法律有《地方政府法》《政府合同法》《政府采购和安置法草案》等。

二、贸易相关法律的主要内容

在肯尼亚贸易有关的法律中，《关税与货物税法》为肯尼亚对进出口产品采取反倾销和反补贴措施提供了法律依据；《贸易许可法》规定了在肯尼亚从事进出口业务需要获得基恩尼亚贸易产业部办法的贸易许可证，并且肯尼亚政府禁止非本国居民从事进口业务。[①] 另外，《东非海关管理法》对于进口关税退税的问题做了相关规定，如果进口商品是为了制造出口品、运往自由港或者运往出口加工区，那么该进口商品可以申请进口关税退税，但是在申请退税之前需要先获得海关的授权，退税的额度也由海关决定，该申请需要于商品出口之日起 12 个月内提交；《植物保护法》规定进口的植物、种子、水果（罐头水果除外）需要有肯尼亚植物健康监察局出具的植物卫生证明方可通关。

第二节　肯尼亚贸易法律风险及其防范

由于肯尼亚的贸易政策、市场环境、法律制度有待完善，中国企业在肯尼亚进行投资会遇到很大的风险，因此我国企业在肯进行贸易时应当注意风险的防控，了解当地的相关法律制度、贸易政策、风俗习惯、市场需求、市场状况、支付方式以及当地民众的消费习惯和购买能力等，这些将对于中国企业在肯贸易提供很大的便利，极大地规避风险。

一、肯尼亚的主要贸易法律风险

虽然肯尼亚的政治制度比较稳定，但是政权斗争激烈。例如，在 2007 年的肯尼亚针对大选而产生的政治对峙造成了社会动荡，历时 4 个月联合政府才宣告成立，由此可见，肯尼亚的民主制度是否符合该国的现实状况有待商榷，国家的政局稳定与否直接会影响到我国在肯尼亚的贸易环境。近年来肯尼亚由于经济政治缺乏灵活度、政府管理不善、腐败问题根深蒂固导致外部信贷环境从紧等因素，肯尼亚经济发展明显放缓。[②] 司法脆弱、治安恶化和基础设施差也是当前肯尼亚经济发展面临的主要障碍。再者，最近几年肯尼亚经贸环境安全风险上升，例如法律政策执行力不足、缺乏专业的法律工作人员、基础设施发展落后、行政效率低、腐败现象严重、国内犯罪率高。我国企业在与肯尼亚企业商人进行交易时拖欠付款的现象时有发生。

---

① 肯尼亚贸易投资法律体系［N］．公共商务信息导报，2006－05－05（004）．

② 肯尼亚投资与经贸风险分析报告［J］．国际融资，2009（03）：66－68.

二、肯尼亚贸易法律风险的防范

第一，应当尽量避免采用高风险的付款方式进行交易，尽量采用信用证的方式来降低交易的风险；第二，我国企业应当谨慎选择贸易伙伴，通过各种途径和方式了解对方的信资状况以及以前的交易状况；第三，当有法律问题发生时，应当及时采取法律手段维护自己的合法权益，及时向中国的相关国际组织保安，尽量将损失降到最低，并向相关主管部门和使馆经商处反映情况；最后，适当预测肯尼亚当前经贸环境后决定是否进行相关交易。

第四章　肯尼亚工程承包法律制度

第一节　在肯尼亚进行工程承包的业务流程

一、获取信息

肯尼亚各大报刊及其网站上每日刊登各种工程招标信息。政府招标信息刊登在当地报纸等媒体和各主管政府部门的官方网站上。企业和非政府组织招标信息刊登在当地报纸等媒体和各自注册的网站上。

二、招标投标

承包商根据招标信息内容到发标机构购买招标文件，按照招标文件的要求制作标书并提供所需文件资料，参与招投标。

三、许可手续

承包商需要向相应的政府主管部门办理注册登记手续，通过资质认证后方可按照招标要求进行投标。办理注册登记和资质认证手续时需提交公司注册文件、公司简介、年度财务报告、公司资质、完税证明等文件。①

---

① 吴春陆．建筑企业在肯尼亚承包工程项目风险对策浅析［J］．河南建材，2017(04)：258－263.

第二节　肯尼亚工程承包的主要实体法律制度

一、许可制度

外国承包商必须经批准登记注册，并被肯尼亚有关部门认定企业资质后，方可承包由肯尼亚政府、企业或国际组织在肯尼亚境内发包的工程项目。工程建设过程、工程验收等条件均参照国际咨询工程师联合会（FIDIC）施工合同条款的相关技术条件。外国自然人不具备在当地承揽工程承包项目的资格。

二、禁止领域

外国承包商可承包公开发包的任何工程项目。

三、招标方式

政府的所有发包项目必须通过媒体（主要是报纸）发布招标信息，进行公开招标。需要注意的是，肯尼亚对承包工程的本地化要求逐渐提高。肯尼亚建筑管理局（NCA）发布《2014 建筑管理条例》，要求外资承包商至少应将其合同工程金额的 30% 交由当地分包商或与当地分包商联营合作。该条例还规定，同一外资企业同一时间段内只能在肯尼亚境内实施一个同类工程项目。此外，为提高本地化成分，肯尼亚还原则要求所有肯尼亚政府或国有企业机构的采购、服务和项目至少 40% 应从当地采购。①

第三节　肯尼亚工程承包的法律风险与防范

一、肯尼亚工程承包的主要法律风险

一是劳工法律风险。肯尼亚政府限制非技术性劳务人员进入，并实行严格的工作许可审批制度。劳动力缺乏，缺少普遍职业培训，熟练技术工人非

---

① 陈吉勇．肯尼亚承包工程市场概况［J］．国际工程与劳务，2014（07）：25－27.

常短缺，工作效率较中方员工低下。不能直接当场辞退当地员工，应进行第一次和第二次的书面警告，第三次犯错可解雇。2012 年、2013 年，肯尼亚劳动部连续上调最低工资标准幅度达 15% 和 14%。

二是特殊事项审批风险。工程项目在开工建设前，必须向肯尼亚国家环境管理委员会提交环境评估报告并获得批准，未得到批准而进行项目建设视为犯罪行为。在施工过程中，要在河流取用水或河道改道等与环境相关的事项，必须事先向当地政府部门申请并得到批准。

三是法律政策风险。肯尼亚有些法律还不够健全，如政府出台了《2013 年 PPP 公私合营法》，列出了 13 种合作模式。并设立了公私合营部门，以推动 PPP 模式能够应用于能源、交通等基础设施建设领域，在 2014—2015、2015—2016 和 2016—2017 三个财年计划了 1 万千米公路分三期采用 PPP 模式建设，但因缺少具体实施细则等方面的原因，目前还尚未开展。①

四是合同履行风险。肯尼亚国家一般采用菲迪克（FIDIC）合同条件普通条款，专用条款由业主自行制订，其合约风险主要包括业主通过合同条款将风险转移给承包商，部分条款描述不清晰、不严密等。② 业主在招标过程中，会将有些专业项目按固定价指定分包商，或在承包商实施过程中，指定分包商进行某个部位或专业项目施工，在房建施工项目中更为普遍存在。

二、肯尼亚工程承包法律风险的防范

首先，加强当地劳工的管理，熟悉当地的劳工政策。不随意辞退当地员工，犯错的可进行书面警告，警告两次后方可开除。同劳工部和当地较大的工会组织保持密切的沟通和联系，参加其组织的培训教育。③

其次，注意特殊事项的审批。事先了解施工项目是否已通过环境评估报告的审批。河流取用水和河道改道必须经过当地政府部门的审批，在审批通过后再实施。④

---

① 吴春陆．建筑企业在肯尼亚承包工程项目风险对策浅析［J］．河南建材，2017（04）：258－263.

② 田威．FIDIC 合同条件应用实务［M］．北京：中国建筑工业出版社，2009，171.

③ 李启明．国际工程管理［M］．南京：东南大学出版社，2010，145.

④ 韦欣．江西 ZM 集团国际工程项目管理标准化研究［D］．南昌大学，2017.

再次，通过聘用当地律师或通过咨询服务，对重大事项和重要合同进行把关。如跟踪涉及目前没有相关法律文件支撑或法律还不明确清晰的特殊项目，须慎重研究和考虑，避免须由议会审批时间长且难度大带来的影响。

最后，重视合同履约问题。一方面，争取以 FIDIC 合同条件模板签订项目合同，对于业主方和承包商双方的权利较显公平。熟读合同专用条款，提前做好风险的防范。在履约过程中，聘用或咨询当地资深优秀的律师和工程师，利用其语言和熟悉当地惯例、法律条款等优势，做好合同风险管控防范。另一方面，应注重其分包合同施工范围的界定，采用分段落、分部位或分区域进行签订，根据履约情况和施工完成质量考虑下一步是否续签，避免没有施工能力而又无法退场所产生的风险。

第五章　肯尼亚劳工法律制度

近年来，中国大型国有企业集团下属分公司及其一些中小企业和贸易商到肯尼亚投资逐渐上升趋势，其中承包劳务占比较高。但很多中国企业由于缺乏对当地劳动法律法规的了解和认识，对当地员工性格与行为习惯了解不足，时常与当地劳工发生纠纷，不但对企业利益造成损失，而且损害了中国企业的整体海外形象。[①]

第一节　肯尼亚的主要劳工法律

肯尼亚劳动法主要由五部律案组成，分别是《雇佣法》《劳动机构法》《劳资关系法》《职业安全与健康法》（OSHA）和《工伤福利法》（WIBA）。目前五部法案经过修改仍在实施。并且肯尼亚的雇佣关系受以下法规监管：宪法权利、法规规定的法定权利、集体协议规定的权利以及集体协议的延期命令、个人劳动合同。

一、《宪法》中关于劳工权利的主要内容

《宪法》在第四章人权法案部分第27条明确规定了公民平等和不受歧视的权利，有权享有法律的平等保护和平等利益。[②] 第30条规定任何人不得被奴役或奴役，不得被要求从事强迫劳动。[③] 保护了工人免受奴役和强迫劳动的自由。并在第36条规定了结社自由。[④] 在第41条中宪法从根本上规

---

① 邓志聪．中国企业在肯尼亚的劳工困境［J］．WTO经济导刊，2014（07）：80－81.

② Article 27, Constitution of Kenya (2010).

③ Article 30, Constitution of Kenya (2010).

④ Article 36, Constitution of Kenya (2010).

定了劳工关系，确定了工人、雇主和工会的权利，明确表示每个工人都有权获得劳动报酬，并在合理的工作条件下组成或参加工会的活动和计划，包括举行罢工。①

该宪法还设立了肯尼亚国家人权与平等委员会，给予每个人在《人权法案》中的一项权利或基本自由遭到剥夺，侵犯或侵害或受到威胁时都可以向委员会投诉的权利。② 根据《宪法》第162条（2）（a）和165条的规定，议会应设立具有高等法院地位的法院，即就业和劳动关系法院，以审理和裁定就业和劳资关系有关的争议，它是一个地位类似于高等法院的特别法庭，具有劳动法专门知识的法官；③ 高等法院具有审理和裁定对《权利法案》中的权利或基本自由进行否认，侵犯，侵害或威胁的申请的管辖权。在根据第22条提起的法律程序中，法院可以给予适当的救济。④

二、《雇佣法》的主要内容

该法律制定最低雇佣条款和条件。法案涉及员工的工资，津贴和扣除额的支付，处置和回收。此外，所有员工均有权获得详细的薪水单或薪水表。法律还规定了服务合同的基本条件，包括工作时间和年假，产假和病假，住房，水，食物和医疗护理。⑤ 该法涉及解雇和解雇程序。该法律规定了解雇雇员的先决条件，雇主在结束雇佣合同时，如其雇用时间超过4个月，应给雇员出具雇用证明。⑥

2021年4月15日肯尼亚议会颁布了一项《雇佣法》修正案，即2021年《雇佣（修正）法》。新定义了“离境证明”，是指注册领养协会给予准养父母的书面授权，将孩子从领养协会的监护下带走。在紧接第29条之后加入新的第29A条。领养前休假。29A号（1）根据第157条，根据《儿童

① Article 41, Constitution of Kenya (2010).

② Article 59 (3), Constitution of Kenya (2010).

③ Article 162, Constitution of Kenya (2010).

④ Article 165, 22, 23, Constitution of Kenya (2010).

⑤ 商务部国际贸易经济合作研究院，中国驻肯尼亚大使馆经济商务处. 对外投资合作国别（地区）指南：肯尼亚［R］. 商务部国际贸易经济合作研究院，2020：55－56.

⑥ 商务部国际贸易经济合作研究院，中国驻肯尼亚大使馆经济商务处. 对外投资合作国别（地区）指南：肯尼亚［R］. 商务部国际贸易经济合作研究院，2020：56－57.

法》的规定，儿童将由作为本法雇员的申请人继续照料和控制，雇员有权享有一个月的领养前全薪假，自安置子女之日起计算。(2) 根据第（1）款有资格休假的雇员，须在领养前至少 14 天，以书面通知雇主领养会拟将子女交由雇员看管孩子的安置。(3) 根据第（2）款发出的通知，须附有证明领养会有意将该子女交由该雇员看管的文件，包括该雇员与领养会订立的 2021 年《第 2 号雇佣（修订）监护协议》（第 16 号）及离境证明书。(4) 第 29 条第（2）款，第（3）及第（7）款在作出必要的变通后，适用于根据本条有资格休假的雇员。①

三、《劳动机构法》的主要内容

该法律建立了负责劳动关系管理和管理的机构和组织，国家劳动委员会，工业法院，调查委员会，劳动行政管理和检查，工资委员会和就业机构。②

该法规定国家劳动委员会的成员由劳工部长任命以及董事会的职责。③有关工业法院的相关规定，根据 2011 年第 20 号法，第 31 条予以废除。规定了涉及管理与劳动和就业有关的获授权人员进入处所的权力，医务人员的权力等，妨碍获授权人员执行公务的处罚以及规定公司，协会，法人团体或公共机构犯下的罪行，证据的认定；以及年度报告的范围事项等。④

四、《劳资关系法》的主要内容

该法旨在巩固有关工会和贸易争端的法律，规定工会和雇主组织或联合会的注册，法规，管理和民主化，促进良好的劳资关系，鼓励有效的集体谈判，促进有序和迅速的争端解决。⑤

明确了工会，雇主组织和联合会的权利。⑥ 详细规定了工会和雇主组织的建立和注册要求，和注册后的效力等。⑦ 规定了工会和雇员组织的行政工

---

① Employment (Amendment) Act, No. 2 of 2021.

② Article 4 (1), Labor Institutions Act 12 of 2007.

③ Article 7, Labor Institutions Act 12 of 2007.

④ Article 34, 35, 37, 38, 39, 40, 42, Labor Institutions Act 12 of 2007.

⑤ Article 3, Labor Relation Act 14 of 2007.

⑥ Chapter 2, Labor Relation Act 14 of 2007.

⑦ Chapter 3, Labor Relation Act 14 of 2007.

作人员和成员的资格认定和选举程序。[①] 对工会，雇主组织和联合会的财产，资金，特别是资金的运用目的作出具体规定。[②] 该法还规定了工会及工会代表的选举，集体协议的效力和登记。关于争议的解决和裁定事项，该法主要规定了调解员解决争端的权力，调解后的争议解决，调解后未解决的争议以及将争议移交给工业法院的要求。[③] 还特别指出受保护的罢工和停工以及禁止的罢工和停工的具体事项，并赋予工业法院调解的权力。[④]

五、《职业安全与健康法》的主要内容

该法适用于任何人在临时或永久工作的所有工作场所。目的是确保工作人员的安全，健康和福利；和保护工作人员以外的人员免受工作人员的活动引起的或与之相关的安全与健康风险；[⑤] 并建立国家职业安全与卫生委员会。

该法主要规定了雇佣人的职责。[⑥] 该法行政部分主要规定了职业安全与卫生服务局局长负责本法的行政管理，及其相关职责。[⑦] 在相关执法部分，规定了职业安全及健康官员的进行法律诉讼程序权力等；[⑧] 并对工作场所的卫生清洁度，空间，通风和排水等方面作出了具体要求；[⑨] 该法还对健康，安全和福利进行了特殊规定，并单独列举了违反该法的犯罪行为及其处罚和相关的法律程序。[⑩]

六、《工伤福利法》的主要内容

该法针对雇员在雇用过程中以及与之相关的目的而与工作有关的伤害和疾病，向其提供补偿。该法规定用人单位有义务获得一份保险单，以承包用

---

① Article 31, 34, Labor Relation Act 14 of 2007.

② Article 39, Labor Relation Act 14 of 2007.

③ Chapter 8, 9, Labor Relation Act 14 of 2007.

④ Article 76, 77, 78, Labor Relation Act 14 of 2007.

⑤ Article 3, Occupational Safety and Health Act 15 of 2007.

⑥ Article 6, Occupational Safety and Health Act 15 of 2007.

⑦ Article 23, 27, Occupational Safety and Health Act 15 of 2007.

⑧ Article 44, Occupational Safety and Health Act 15 of 2007.

⑨ Article 47, 48, 49, 50, 51, Occupational Safety and Health Act 15 of 2007.

⑩ Chapter 7, 9, 10, 11, 13, Occupational Safety and Health Act 15 of 2007.

人单位的责任，并在工伤赔偿处登记，并保存记录并取得年度回报。①

法律还规定了赔偿责任的界定和赔偿计算。以及在工作中报告事故的程序。报告的时效期限。法律规定雇主向雇员提供医疗援助，包括急救设施，并支付医疗费用。②

第二节 肯尼亚的劳工法律风险及其防范

目前中国已成为肯尼亚非常重要的贸易伙伴国，肯尼亚也是中国重要的进口来源地、海外工程承包市场和投资目的地。但与此同时，中国企业普遍存在因非正式用工、工资标准、福利待遇、与工会关系处理、语言交流不畅等原因引起的劳工问题，这也成为中国企业在肯尼亚必须面对和解决的主要问题。

一、在肯尼亚进行劳务合作存在的法律风险

一方面，多数中国企业与当地员工不签订劳工合同。由于当地劳工人力成本较低，也为了进一步促进企业的本土化发展，很多中国企业都愿意雇佣当地员工，但对当地员工性格、习惯认识不足。多家中国公司普遍表示，当地的工人懒散，经常上几天班不上几天班，公司只能按天给他们算工资，签合同意义不大。但事实上在肯尼亚不论签订合同与否，只要存在实际雇佣关系，员工就受当地劳工法保护。

另一方面，由于缺乏对当地劳动法律法规的了解和认识，在非正式用工、工资标准、福利待遇、工会关系处理等方面时常发生劳工纠纷。此外，由于语言、文化、宗教信仰和价值观等方面的差异，有些企业对当地的投入不足，工作手段单一，发生纠纷后能未及时化解劳工纠纷，罢工事件也会发生。

二、对肯尼亚进行劳务合作中法律风险的防范

根据肯尼亚劳工部统计，最常见的劳工纠纷案件类型是工资低于最低工

---

① 商务部国际贸易经济合作研究院，中国驻肯尼亚大使馆经济商务处．对外投资合作国别（地区）指南：肯尼亚［R］．商务部国际贸易经济合作研究院，2020：57.

② 商务部国际贸易经济合作研究院，中国驻肯尼亚大使馆经济商务处．对外投资合作国别（地区）指南：肯尼亚［R］．商务部国际贸易经济合作研究院，2020：57.

资标准和不公正解雇。中国企业应深入了解当地劳工法，总结并借鉴其他公司处理当地劳工问题的经验，注意劳工法中规定的最低工资标准、工会、解雇程序、假期、住房、医疗等福利，遵守当地劳工法，依法行事，树立中国企业正面的海外形象。

首先，及时沟通，了解法律程序。按照正常程序，明确了解当员工受到不公正待遇时，首先可以直接与雇主沟通，认为无法解决时再到劳工部或工会进行投诉，仍无法解决，可到劳资法庭通过司法途径解决。劳工部受理劳工纠纷案件后，会把雇主和雇员双方都召集到一起开会进行劳动仲裁，双方自己陈述理由，劳工部仲裁专员在了解完整事实后判定双方责任。

其次，招工用工时通过多种方式审核人选，深入了解应聘者的背景和品行。通过劳务中介介绍的人，也应当要求聘者提供身份证复印件、前雇主推荐信、品行证明等材料，避免雇佣品行不端的员工，在发生劳工纠纷时，雇主也可以通过劳工中介第三方与员工进行沟通。在用工时，中国雇主可以建立员工档案，记录员工行为、出勤、工资收支等情况，达到在发生劳工纠纷时能有据可循。

最后，妥善处理与工会的关系。肯尼亚中央工会在社会、经济和政治生活中具有重要影响，一旦企业发生劳资纠纷，工会组织将出面维护劳工利益。中国企业要与有关工会组织建立正常的沟通渠道，处理好与工会的关系，在与工会协商无果的情况下，可寻求政府或司法部门介入。①

① 商务部国际贸易经济合作研究院，中国驻肯尼亚大使馆经济商务处．对外投资合作国别（地区）指南：肯尼亚［R］．商务部国际贸易经济合作研究院，2020：79.

第六章 肯尼亚财税金融法律制度

第一节 肯尼亚财政金融概述

一、肯尼亚财政情况

肯尼亚是东非最大的经济体。在过去几年中，肯尼亚的国内生产总值持续增长，这得益于正在进行的公共基础设施项目、强有力的公共和私营部门投资以及适当的经济和财政政策。一方面，肯尼亚政府不断加强财政支持，肯尼亚的财政赤字已从2017—2018财年的7.4%扩大至2018—2019财年的GDP的7.7%，而公共债务则在2019年12月增至62.4%。另一方面，肯尼亚得到包括美国、英国、欧盟、日本等的援助，世界银行和国际货币基金组织（IMF）在向肯尼亚提供大额援助的同时则要求肯尼亚按照人权、良治等标准对自身进行改革。①

二、肯尼亚金融环境

1. 货币

肯尼亚货币为肯尼亚先令（Kenyan Shilling，KSh），可与西方主要货币自由兑换。2015年，受国际宏观经济形势影响，肯尼亚先令曾出现波动，肯尼亚先令兑美元汇率为98.18先令=1美元，2018年肯尼亚先令兑美元汇率为101.3先令=1美元，2019年肯先令基本保持稳定，兑美元汇率为

① 商务部国际贸易经济合作研究院，中国驻肯尼亚大使馆经济商务处．对外投资合作国别（地区）指南：肯尼亚［R］．商务部国际贸易经济合作研究院，2020：7－13.

101.99 先令 =1 美元。

近年来，受中肯经贸往来频繁的现实需要，肯尼亚先令兑人民币结算业务发展较快。花旗（肯尼亚）银行和标准（肯尼亚）银行均支持人民币账户服务，中国银联与肯尼亚公平银行签署合作协议，银联卡持有者可通过该行自动柜员机及营业网点进行肯先令与人民币之间的兑换。

2. 银行与保险公司

肯尼亚现有的金融服务体系较为完善，包括了中央银行、42 家商业银行、1 家抵押放款公司、14 家汇款服务商、13 家小额信贷银行和 1 个资本市场管理局。

肯尼亚中央银行是根据 2010 年《肯尼亚宪法》第 231 条设立的公共机构。其主要职能包括：

（1）制定和实施外汇政策；

（2）持有和管理外汇储备；

（3）授权和监督授权经销商；

（4）制定和执行最有效的政策，促进建立、规范和监督高效、有效的支付、清算和结算系统；

（5）作为政府的银行家和顾问以及财政代理人；

（6）发行纸币和硬币。

42 家商业银行中，肯尼亚政府控股的有 3 家，当地控股的有 25 家，外资控股的有 14 家。其中，肯尼亚商业银行有限公司、渣打银行肯尼亚有限公司、肯尼亚合作银行有限公司、巴克莱银行肯尼亚有限公司、肯尼亚公平银行、标准银行肯尼亚公司、花旗银行肯尼亚公司同中国国内银行存在密切合作。

肯尼亚保险业也较为发达，主要保险公司有安联、怡安、英美保险公司等。

3. 外汇管理

肯尼亚依照《肯尼亚中央银行法》第七部分 33A－33O 有关条款以及政府 1996 年 2 月发布的第 23 号法律公告对外汇进行管理，具体操作规程包括《外汇业务指引》（Guidelines on Foreign Exchange）、《汇兑公司管理指引》（Forex Bureau Guidelines）及肯尼亚中央银行发布的有关通知。

肯尼亚没有对外汇进行管制。肯尼亚居民和非居民均可在提供相关凭证和证明材料后可自由地开展以外汇作为支付手段的商品或服务（包括经常项目和资本项目）买卖活动，向特许银行申请获得外汇融资便利。任何公司和个人无须申请便可在商业银行开设外汇账户。外资利润汇出同样的自由，完税后的外籍人员在缴纳最低汇款费用1500肯先令即可汇出。在出入境管理上，携带超过5000美元的需进行海关登记，但携带数额仍不受限制。

4. 融资条件

融资条件方面，肯尼亚境内的外国企业可向当地银行申请融资业务，享受与当地企业的同等待遇。能够向企业提供中长期外币信贷业务服务的金融机构包括：肯尼亚开发银行有限公司（DBK）、东非开发银行（EADB）、东南非贸易与开发银行（PTA BANK）、工业开发银行（IDB）、工商开发公司（ICDC）、肯尼亚工业财产（KIE）和肯尼亚发展银行（DBK）、肯尼亚旅游发展公司（KTDC）和国际金融公司（IFC）等。

目前暂无中资企业使用人民币在当地开展跨境贸易和投资合作，但部分中资企业承建的承包工程项目使用国内金融机构的人民币贷款。

5. 证券市场

肯尼亚股票市场是撒哈拉以南非洲地区仅次于南非和尼日利亚的第三大股票交易市场。受肯先令对美元升值而同期其他非洲国家本币对美元贬值的影响，即使遭遇2018年的熊市，内罗毕股票市场的美元收益仍达13.5%，超过尼日利亚、南非、乌干达、坦桑尼亚和埃及。①

第二节　肯尼亚税收法律及基本内容

一、肯尼亚税收主要法律

肯尼亚属于税制较为复杂的非洲国家，实行属地税制和属人税制，以属地税制为主，对所得税方面实行属人税制。肯尼亚税收体系包括各种税种征收及豁免、零税率、退税和债务冲销等。主要的税收法律包括2013年《增值税法案》、2014年《所得税法案》、2010年《关税和消费税法案》、2015年《税收程序法案》、2013年《税务上诉法庭法案》、2018年《财务法案》、

① 商务部国际贸易经济合作研究院，中国驻肯尼亚大使馆经济商务处．对外投资合作国别（地区）指南：肯尼亚［R］．商务部国际贸易经济合作研究院，2020：39－40.

2019 年《财务法案》《增值税法案》《东非共同体海关管理法》。①

二、主要税收种类及税率

一是企业所得税。肯尼亚企业所得税是对所有法人实体在肯尼亚境内发生或来源于肯尼亚境内的收入征收的一种所得税。在征收对象上，区分居民企业与非居民企业，肯尼亚的居民企业（包括外国母公司在肯尼亚的子公司）适用的企业所得税税率为 30%；外国企业设立在肯尼亚的分公司和常设机构的营业收入，适用的企业所得税税率为 37.5%。

二是个人所得税。肯尼亚个人所得税实行累进税率，税率为 10%—30%。应纳税收入包括所有业务所得、红利、利息和财产所得。自 2018 年 1 月 1 日起，个税起征点为月收入 11180 肯先令，起征税率为 10%；月收入达到 42780 肯先令及以上，税率为 30%。

三是增值税。依据《增值税法案》规定，纳税人销售商品或提供服务产生的应税销售额在 12 个月内达到或超过 500 万先令时，需进行税务登记，承担纳税义务。增值税的一般税率为 16%。

四是消费税。消费税是肯尼亚政府针对特定货物及服务的生产和进口征收的税种。消费税的应税商品包括水、塑料袋、不含酒精饮料、香烟、酒精饮料和汽车。

五是关税。肯尼亚是世界上为数不多的仍使用单式税则（每个税目只有一种税率）的国家之一，关税类型多为从价税。目前肯尼亚基于《东非共同体海关管理法》征收三级关税。

三、税收主管机关

肯尼亚税务局（Kenya Revenue Authority，KRA）根据肯尼亚国会法案第 469 章成立，是肯尼亚的税收征收、管理和监督部门。下设关税服务及边境管控司、国内税收管理司、企业支持服务司、战略创新和风险管理司、法律服务及部门协调司。同时下辖裂谷区、西区、南区、北区、中央区等五个区局。

---

① 国家税务总局国际税务司．中国居民赴肯尼亚投资税收指南 2020.［R/OL］.（2020-07-14）［2021-05-16］. http：//www.chinatax.gov.cn/chinatax//n810219/n810744/n1671176/n1671206/c2582090/5116201/files/7ba992cd78e24d0f84ea8b9bfda6685e.pdf.

四、外国投资的税收优惠

肯尼亚政府为鼓励投资制定有一系列优惠政策，如投资补贴、折旧、亏损结转、关税减免等。

第一，投资补贴。肯尼亚政府在全国范围内对制造业和酒店业以及保税工厂和出口加工区企业给予投资额100%的税收减让，即对该企业相当于投资额的利润免征企业所得税。

第二，折旧。允许资产按账面价值进行折旧。

第三，亏损。商业企业的亏损可结转到下一年度，直至盈利。

第四，免除税赋。对特定行业、项目投资进行相应的税收减免。

第五，地区政策鼓励。符合政府保税计划的企业可在内罗毕、蒙巴萨、基苏木等城市或周边开办报税工厂。

五、税收协定

肯尼亚已与18个国家签订了避免双重征税协定，生效的有英国、瑞典、印度、丹麦、挪威、赞比亚、法国、德国和加拿大。2017年9月，中国与肯尼亚签署避免双重征税协定谈判，但肯方尚未完成内部生效手续。

第三节　肯尼亚的财税金融法律风险及其防范

一、肯尼亚金融法律风险及其防范

一方面，肯尼亚近几年的移动金融发展迅速，金融服务的渗透率在10年间增长了2倍多，到2019年已经达到82.9%。但另一方面，整体信用基础较差，信贷违约率极高。2016年4月，肯尼亚央行委派肯尼亚存款保险公司（KDIC）接管由于资金困难而无法继续运营的Chase Bank，接管期12月以处理该银行的储户，债权人和公众事务。驻肯尼亚使馆经商参处就该事件发文提示中资企业注意防范金融风险。在考虑进行银行储蓄等金融服务时需就信誉、风险等问题事先评估，以降低金融风险。

二、肯尼亚税收法律风险及其防范

肯尼亚政府会根据年度经贸数据、国内预算、产值等情况，对某些税种的税率和征税对象作出调整，对某一行业或地区实施新的税收优惠政策，或临时颁布专门的税收法规，给外国投资者带来一定影响。“走出去”企业如果事先没有充分了解投资目的地国家的税收制度，也没有实时关注其最新的税收政策变动，就会造成税收优惠应享未享或违反税收政策等后果。企业应当提高对投资目的国税收制度的重视程度，充分掌握境外税收环境。

第七章　肯尼亚环境资源法律制度

第一节　肯尼亚环境资源法律概述

肯尼亚的环境法律制度发展有其深刻的历史根源，在英属殖民地时期以及建国后很长一段时间内，肯尼亚的环境资源遭到严重破坏，这是促使肯尼亚系统变革其环境法律制度的直接促发因素。肯尼亚的环境法律制度在变革过程中，受到非洲习惯法、伊斯兰法、英国普通法等多种法律的影响才最终形成了今天的具体制度。①

现今肯尼亚的环境立法体系包括宪法环境权条款、环境基本法、环境单行法规和国际条约。2010 年新宪法颁布后，环境权利条款纳入了宪法，将引领环境法律体系的发展方向。环境基本法构建了环境法制的基本框架，创设了多种环境基本制度，对肯尼亚的环境保护意义重大。环境资源要素法规和环境污染防护法规，针对各要素或具体环境问题做了规定。

为了推动矿产资源的可持续开发利用，管理和处理矿产勘探、开采、加工和其他矿业相关活动，为了促进矿产行业的外国投资和地方参股活动，平衡各方利益，肯尼亚于 2016 年初通过了新矿业法。新矿业法内容几乎涵盖矿产所有权、矿业权分类及内容、矿业权的管理、矿产税费缴纳、矿产资源利益分配等矿业法的各个问题。

---

① 张小虎，杨双瑜．论肯尼亚的环境法律规制与投资风险防范［J］．河南科技学院学报，2020，40（07）：27－33.

第二节　肯尼亚土地法的主要内容

在以农业为主要经济的肯尼亚，土地问题一直都是政府关注的一个关键问题。① 在独立后，肯尼亚政府并没有制定平等的土地政策，反而延续了殖民时期的不平等。肯尼亚历史上与土地利用相关的法规包括：《政府土地法案》（Government Lands Act）、《土地规划法》（Land Planning Act）、《土地征收法》（Land Acquisition Act）、《物质规划法》（Physical Planning Act）、《信托土地法》（Trust Land Act）和《土地控制法》等。

一、1998 年《物质规划法》

《物质规划法》是肯尼亚最新且最全面的有关土地利用的法律。1996 年施行的《物质规划法》废除了《土地规划法》和其他殖民时期的土地使用法规，如《城市规划法》（Town Planning Act）。② 该法对《土地规划法》的规定作了许多重要的修改，特别是大大增加了要获得土地开发许可的要求，增加了行政机构的职责内容。该法规定由公共服务委员会（Public Service Commission）指定一名负责物质规划的主任。该主任要总负责指定国家的、区域的和地方的发展战略。同时，在与物质规划相关的问题上，该主任也是政府的首席顾问。而先前由中央规划机构负责的事项，现在转由国家物质规划联络委员会（National Physical Planning Liaison Committee）负责。该委员会的主要职责是听取并处理公民或者地方当局权利受到其他联络委员会侵害的申诉，解决物质规划问题，在物质规划政策、标准、城市农业区域划分、等广泛的问题上给部长提供建议，在跨越两个行政区以上的物质规划上给出指导。其他各种联络委员会主要负责帮助执行一系列本法规定的各种职责，如决定与工业用途、垃圾倾倒场选址、污水处理厂选址等相关的，会对环境和其他相邻权益人造成有害影响的事项。

《物质规划法》还规定了地方物质规划计划，用以控制城市区域的发展

---

① Carmen G. Gonzalez. Institutionalizing Inequality: The WTO Agreement On Agriculture, Food Security, And Developing Countries. Columbia Journal of Environmental Law, 2002, 433.

② Physical Planning Act (1998), Article 4, 5, 10, 53.

性质。[①] 包含地方短期和长期的发展、更新和重建。地方规划可以包含该地区区域的划分、在土地所有权人之间重新分配土地、调整土地边界、确定发展的类型和密度，保护该地区的自然风景区域，保护在建筑学、历史、考古或者科学上具有价值的物品。

二、1968 年《土地征收法》

另一部与土地使用制度有关的法律是 1968 年的《土地征收法》。[②] 它规定，部长可以因为公共利益，比如安全、防御、健康或者是以任何方式能够促进公共利益而确定土地征收。该法案规定了强制征收土地的程序，包括在土地被征收之前需要调查与该土地有关的各利益方，并保障各利益方对其损失获得了充分的赔偿。在征收期满后，专员需要确保土地恢复到被征收之前的状态，如果有任何损害则需要进行相应的补偿。

三、其他土地的相关法律

《信托土地法》授权部长制定有关宪法土地信托规定的相关规则，这些规则可以包含很多有关土地使用用途的规定，如：控制用于农业和畜牧业的土地，管理土地的适用和保护，颁发利用土地的租赁和适用许可证。[③]

《土地控制法》规定有关农业土地交易的事项。根据该法，部长有权划分土地，并在每块区域上建立控制委员会。在《环境管理与协作法》颁布之前，《土地控制法》是肯尼亚法律中唯一规定环境影响评价条款的法。[④] 在准许进行农用地交易之前，土地控制委员会需要考虑该交易对当地农用地的维持和提高会产生的影响。包括出售、转移、租赁、抵押或者划分土地的任何交易，都需要得到土地控制委员会的同意，否则将是无效的。

第三节　肯尼亚《矿业法》的主要内容

肯尼亚旧矿业法于 1940 年颁布，在新矿业法出台前已走过 70 多年历

---

① Physical Planning Act (1998), Article24, 27, 30.

② The Land Acquisition Act (1968), Article 3, 4, 6, 8.

③ The Trust Land Act (1970), Article 37, 65.

④ The Land Control Act (1989), Article 9.

程，在20世纪80年代经历了一次修改，之后便一直沿用。在过去相当长的一段时期内，1940年矿业法因没有对技法术、经济和环境发展作任何规定而被投资者批评为过时的、与时代脱节的。① 2016年颁布的肯尼亚新《矿业法》致力于弥补1940年矿业法的不足，旨在通过采纳矿业部门的进步做法，如环境管理、社区参与和发展、健康和安全等，简化该国的矿产行业并为其发展打开大门，使矿产行业与最新的全球趋势相一致，并实现矿产行业与环境保护的可持续性发展。

一、2016年《矿业法》

和此前的矿业法相比，肯尼亚2016年《矿业法》呈现出如下特点：第一，内容丰富细致。肯尼亚新《矿业法》共225条，内容几乎涵盖矿产所有权、矿业权分类及内容、矿业权的管理、矿产税费缴纳、矿产资源利益分配等矿业法的各个问题。为了便于查看，法案后面还附上了《矿产的分类》和《小规模踏勘和采矿作业的识别标准》两个表格。第二，体系完整规范。肯尼亚新《矿业法》从一般原则到行政管理、矿产机构、矿业权的一般规定、矿产协议、矿产的交易、矿产的进口和出口、执照的暂停和取消、健康安全和环境、财务规定、矿业权的记录和登记、监督遵守和执行，以及最后的杂项规定，一应俱全、完整规范。第三，紧跟国际趋势。实现矿业经济可持续发展和发展矿业与保护环境兼顾是近年来各国对矿业发展最为关心的两个问题。肯尼亚新《矿业法》亦紧跟国际趋势，通过规定收取申请发放许可证费、地表租金，进出口关税、权利金、保证金等制度来增加税收收入，同时对收入的层级比例分配作出了规定。环境保护问题亦是肯尼亚所重视的问题，如前所述，新矿业法亦对矿山安全、矿山环境恢复等问题作出了规定。

二、其他矿业的相关法律

肯尼亚自2016年《矿业法》颁布后，又相继颁布了《采矿（执照和许

① 探索：肯尼亚2016矿业法的详细观察［EB/OL］.（2017－06－14）［2021－5－16］. http：//www.oraro. co. ke/alert/exploring－a－detailed－look－at－kenyas－mining－act－2016/.

可证）实施细则（2017）》[①]《采矿（资产使用）实施细则（2017）》[②]《采矿（矿物交易）实施细则（2017）》[③]《采矿（就业和培训）条例》[④]《采矿（工作计划和勘探报告）指南》[⑤] 《采矿（使用当地商品和服务）条例（2017）》[⑥]《采矿（采矿和矿物相关活动的报告）条例（2017）》[⑦] 等共计13 项相关规定，刊登于肯尼亚宪报上。肯尼亚矿产管理机关进一步加强对矿产活动的监督与管理，相关法律法规的颁布对规范探矿、采矿行为以及保护生态环境起到了积极的作用。

第四节 肯尼亚的环境资源法律风险及其防范

目前肯尼亚的环境立法与制度框架较为完善，但实施效果却不太理想。一方面，通过环境权入宪提升了环保意识及其司法保障，但环境行政执法职能却相对集中，部长权力过大；另一方面，在环境违法行为处置上，法律协调性较差，有关环境保护的制定法过多，容易导致环境执法和司法过程中的法律适用冲突，增加了释法与适法的负担。据此，通过分析肯尼亚环境法律制度及其问题，可以为中国投资者规避赴肯投资的环境法律风险提供对策建议。

一、主动核实环境资源权属

中国对肯尼亚的项目投资以基础设施建造为主，涉及大量对土地、水等环境资源的利用。肯尼亚实行土地私有制，个人对享有的土地所有权，政府也不得对抗。实践中，由于对东道国环境与土地法律制度的疏忽，中国企业与肯尼亚政府签订投资合同时容易忽略该问题。项目建设过程中使用的环境资源可能无意非法使用了他人私有财产，引起财产诉讼、被迫恢复环境，这将导致赔偿或引发项目中断、停止。因此中国企业在投资前应核查清楚将利

---

① Mining (Licence and Permit) Regulations, 2017.
② Mining (Use of Assets) Regulations, 2017.
③ Mining (Dealingsin Minerals) Regulations, 2017.
④ Mining (Employment and Training) Regulations, 2017.
⑤ Mining (Work Programme and Exploration Reports) Guidelines.
⑥ Mining (Use of Local Goods and Services) Regulations, 2017.
⑦ Mining (Reporting on Mining and Mineral Related Activities) Regulations, 2017.

用的环境资源要素权属，准确预估项目成本，以免引起不必要的争端，造成投资损失。

二、实质履行环境影响评价程序

根据《环境管理与协调法》，中国在肯尼亚投资的基建项目均要进行环评，基本法和条例对环评程序作了严格且细致的规定，中国企业应主动研究相关规定。在肯尼亚公民环保意识较强，法律又重视和鼓励公民通过环境诉讼来保护环境权，并且立法还降低了环境诉讼的提起门槛，作为投资者要主动履行环评的所有手续，特别是公众参与程序，征求意见的公众范围、形式以及公众意见的内容都要切实在环评报告中反映，避免受项目影响的公众在项目启动后提起诉讼，给项目造成中断、停止的损失。

三、积极应对环境法律诉讼

虽然“肯尼亚公民大部分没有能力承担环境诉讼昂贵的经济成本”①，但自从设立环境和土地法院后，环境侵权的案件也大量增加，有能力负担的公民积极用诉讼的方式维护自己的环境权。当然也有分析认为“环境诉讼会导致肯尼亚对外资投资激励的减少”②，但作为负责任的大国企业，在遵守肯尼亚法律的同时也要积极维护自身权益。中国企业在项目运营中，如果出现环境纠纷，应仔细研究环境法律及其审判专门化制度，核查先前行为是否不符合法律规定。由于肯尼亚环境法律的细化规定不足，法院在审理案件时可直接引用宪法的环境权利条款作为判决依据，截至目前，法院对其中“清洁、健康”的含义仍然无统一定义。③ 因此，法院在审理案件中存在很大的解释空间，中国企业应注意这一特点，面对纠纷时做好法律准备，争取获得法官的支持。

---

① Miller D, Climbing The Mountain: Providing A Vehicle For Banking Services To Kenya’s Rural Farmers, Georgetown International Environmental Law Review, Vol. 19, No. 2 (2007): 783 – 807.

② Verhoosel G, Foreign Direct Investment And Legal Constraints On Domestic Environmental Policies: Striking A “Reasonable” Balance Between Stability And Change, Law and Policy in International Business, Vol. 29, No. 4 (1997): 451 – 479.

③ Burger M, Bi – Polar And Polycentric Approaches To Human Rights and the Environment, Columbia Journal of Environmental Law, Vol. 29, No. 2 (2003): 371 – 393.

四、防范 NGO 滥用环境公益诉讼

目前，在肯尼亚通过 NGO 提起的环境公益诉讼较多，且不乏有涉及中国的案例。在肯尼亚，宪法规定的环境公益诉讼主体资格门槛较低，可提起诉讼的主体范围宽泛，当环境权利受到侵害时，不仅受侵害人本人可以向法院起诉，其他人为了公共利益或满足特定条件的也可以提起诉讼，包括代表不能以自己的名义行事的另一个人、一个群体的成员或能代表团体利益的人、代表公共利益的人、代表一个或多个成员利益的团体。① 同时，从肯尼亚的环保司法实践来看，多数案件是以公众参与、信息公开等程序性权利救济为诉求，通过宪法、环境法和行政法，将环境权与公民的知情权和参与权相结合。②

---

① 张小虎．化解对非投资的环境法律风险［J］．中国投资（中英文），2019（14）：74－75.

② 张小虎．非洲国家宪法环境权比较研究——兼谈南非与肯尼亚宪法环境权的启示［J］．人大法律评论，2018（02）：96－115.

第八章　肯尼亚争端解决法律制度

肯尼亚拥有独立的法院系统。但从实践来看，因当地法院能力有限、缺乏透明度，以法院诉讼的形式解决投资争议，效果通常不尽人意。而在仲裁解决机制方面，中国与肯尼亚都加入了《关于承认与执行外国仲裁裁决公约》（即1958年纽约公约）。因此，在肯尼亚投资合作中发生的商务纠纷，可采用以下途径解决：一是双方友好协商，最后达成一致；二是根据合同的约定提起诉讼或者仲裁。合同中应当约定双方发生纠纷时适用的法律，可采用肯尼亚本国法律，也可采用外国法律，因肯尼亚属英美法系国家，采用外国法律时以英国法律为首选。如双方约定提起仲裁，仲裁机构可选择肯尼亚本地仲裁机构，也可选择国际仲裁机构。

另外，也可考虑调解等替代性争议解决制度，在调解过程中争议各方达成的协议同样具有约束力和可执行性。

第一节　肯尼亚的法院系统

根据新宪法，全国法院被分为高级法院和基层法院两个层级。高级法院体系分为三级，从高到低为最高法院，上诉法院，高等法院及议会设立的与高等法院同级别的负责劳资、土地和环境等纠纷的特别法院，专门由特别法院负责的案件高等法院无管辖权。基层法院级别相同，包括各地区的治安法院、穆斯林地区的卡迪氏法院、军事法院和议会设立的其他法院。对判决不服的可逐级上诉至上诉法院乃至最高法院。此外，肯尼亚还在穆斯林聚居地设伊斯兰法院，按伊斯兰教法行使有限裁判权。①

① 商务部国际贸易经济合作研究院，中国驻肯尼亚大使馆经济商务处．对外投资合作国别（地区）指南：肯尼亚［R］．商务部国际贸易经济合作研究院，2020：6.

一、最高法院

最高法院是肯尼亚最高法院。最高法院是由七名法官组成的最高纪录法院，包括首席大法官和副首席大法官。[①] 法院在内罗毕的最高法院大楼开庭，当五名法官开庭时，就其诉讼程序而言，被认为是适当组成。根据《宪法》第140条，最高法院有对与总统选举有关的争议进行听证和裁决的专属原始管辖权，有对上诉法院或国家立法规定的任何法院或法庭的上诉管辖权。[②] 值得注意的是，只有在两种情况下才可以从上诉法院向最高法院提出上诉。第一，当某一事项涉及宪法的解释或适用时，第二，当最高法院或上诉法院证明某一事项具有普遍的公共意义时。

二、上诉法院

肯尼亚上诉法院是根据《肯尼亚宪法》第164条设立的，由若干名法官组成，人数不少于12人。上诉法院处理对高等法院以及法律规定的任何其他法院或法庭的裁决提出的上诉。[③] 法院最多由30名法官组成。上诉法院的法官们从他们中间选出一名院长。上诉法院已经下放权力，目前共有六个登记处，即内罗毕、蒙巴萨、涅里、基苏木、纳库鲁和埃尔多雷特。它只对民事和刑事案件有上诉管辖权。根据既定原则，上诉法院的裁决对所有级别较低的法院，包括高等法院，都具有约束力。

三、高等法院

高等法院是《宪法》中法院系统层次结构中的第三大法院。《高等法院（组织和管理）法》规定了高等法院的组成、组织和管理。该法院有一名首席法官，由高等法院的法官从他们中间选出。高等法院对刑事和民事事项具有初始管辖权；有权确定《权利法案》中的权利或基本自由是否被剥夺、违反、侵犯或威胁；有权审理为解除某人职务而任命的法庭的上诉；有权审理任何有关《宪法》解释的问题。内罗毕的高等法院设有家庭法庭、刑事法庭、民事法庭、商业法庭、宪法和司法审查法庭。全国有39个高级法院

---

① Article 163 (1), Constitution of Kenya (2010).

② Article 140, Constitution of Kenya (2010).

③ Article 164 (3), Constitution of Kenya (2010).

分院。通常情况下，高等法院是由一名法官单独审理组成的。然而，任何被证明引起重大法律问题的事项都由首席法官指定不少于三名的法官审理。

四、特别法院

《宪法》第162条授权议会设立具有高等法院地位的法院，以审理和裁定与就业和劳动关系以及环境和土地有关的争议。议会还负责确定上述法院的管辖权和职能。为了落实《宪法》，议会颁布了《环境和土地法院法》①（ELC法）和《就业和劳动关系法院法》②（ELRC法）。与此相关的是，第165（5）条规定，高等法院不得受理保留给环境与土地法院和就业与劳动关系法院的事项。同样，环境和土地法院与就业和劳动关系法院不能审理保留给高等法院管辖的事项。

环境和土地法院在肯尼亚全国行使管辖权，有专属的初始和上诉管辖权，可以审理和裁定与环境和土地使用和占有及所有权有关的争议。它由一名主审法官和司法服务委员会决定的法官人数组成。就像高等法院一样，该法院有权在其认为合适和公正的情况下发布任何命令和给予任何救济。

就业和劳动关系法院是一个具有高等法院地位的高级记录法院，在肯尼亚全国行使管辖权。它在审理和裁定与就业和劳动关系有关的争议方面具有专属的初始和上诉管辖权。它由一名首席法官和司法服务委员会可能确定和招聘的法官人数组成。③ 与高等法院一样，该法院也有管辖权，除其他外，可下达禁止令、具体执行令和赔偿金裁决。

五、基层法院

《宪法》第169（1）条规定，基层法院包括治安法庭、卡迪氏法庭、军事法庭和根据法规设立的其他法庭。治安法庭按等级顺序为：首席治安官法庭，其次是高级首席治安官法庭、首席治安官法庭、高级驻地治安官法庭、驻地治安官法庭和地区治安官法庭。治安法庭的管辖权是根据地域和金钱来确定的。基层法院的管辖权和职能由法规规定。④ 值得注意的是，治安

① Environment and Land Act (Act No. 19 of 2011).

② Employment and Labour Relations Court Act t (Act No. 20 of 2011).

③ Section 5, Employment and Labour Relations Court Act (Act No. 20 of 2011).

④ Article 169 (2), Constitution of Kenya (2010).

法庭有权审理和裁定与侵犯免于酷刑和免于奴役的自由有关的索赔。[1] 此外，治安法庭在审理和裁定就业、劳资关系以及土地和环境方面的索赔方面拥有有限的管辖权。卡迪氏法院的管辖权仅限于确定与穆斯林个人身份、婚姻、离婚或继承有关的穆斯林法律问题。军事法庭是对肯尼亚国防军所引起的问题具有管辖权的军法庭，可向高等法院上诉。

第二节 肯尼亚的庭审程序

民事诉讼是通过向法院提交诉状（连同所附文件）开始的（《民事诉讼规则》第 3 条）。当事人没有义务或选择在网上开始诉讼，索赔必须在相关的时效期限内开始。2020 年 3 月 20 日，首席大法官发布了《2020 年电子案件管理实践指南》（发布于 2020 年第 2357 号公报），旨在将信息通信技术（ICT）纳入司法程序。电子法庭案件管理系统支持文件的电子存档、电子送达、案件的电子搜索、电子支付和接收以及电子命令请求。该系统于 2020 年 7 月 1 日启动，目前正在全国范围内分阶段推广该服务。

提交诉状后，原告必须向被告送达诉状副本和出庭传票。分配给被告出庭的时间不得少于 10 天。文件的送达是通过法庭传票送达员（court process server）完成的。2020 年 2 月 26 日，《民事诉讼程序（修正）规则》引入了三种可供选择的送达方式，即通过注册快递服务商送达、通过电子邮件送达和通过支持移动的消息应用程序送达。传票的有效期为自签发之日起 12 个月。当 12 个月内无法找到被告时，原告可以向法院申请延期。

被告必须在出庭后 14 天内提出辩护或反诉。这必须在提交之日起 14 天内送达原告，同时附上法院的送达宣誓书。[2] 如果被告没有在规定的时间内送达出庭备忘录或辩护书，法院可以自行或应原告的申请，剔除出庭备忘录或辩护书，并作出其认为合适的命令。[3] 如果提交了反诉，原告必须在收到反诉后 15 天内作出回应并向诉讼各方送达回应。如果只提交和送达了答辩书，原告可以在 14 天内对答辩书作出答复。

在诉状提交结束后 10 天内，各方必须完成、提交和送达审前调查表。

---

① Section 8, Magistrates' Court Act (Act No. 26 of 2015).

② Order 7, Rule 1, Civil Procedure Rules.

③ Order 10, rule 3, Civil Procedure Rules.

这是一系列审前程序中的第一个。① 审前阶段的目的是确保诉状、宣誓书和相关证据以适当的方式提交和送达。审前调查表还有助于法院确定必要的程序或证据步骤是否已经得到满足。

法院随后将在答辩结束后30天内召开案件管理会议。案件管理会议的目的是确定和了解争议的真正问题，并考虑是否可以在审判前缩小这些问题的范围。这也可以帮助当事人解决全部或部分的争议。

随后，法院将在争议的审理日期前至少30天举行审前会议。审前会议的目的是规划审判时间，以及决定进行审判的最快方式。一旦审前会议结束，法院就会公布开庭日期。

第三节　肯尼亚的替代性争端解决制度

《宪法》第159条要求法院促进争议解决的其他形式，包括和解、调解、仲裁和传统争议解决机制，前提是它们不违反《权利法案》、公正和道德以及不与《宪法》或任何成文法相抵触。《民事诉讼法》第59条规定，在当事方同意或法院认为案件适合移交的情况下，可将诉讼移交给任何其他解决纠纷的方法。任何其他的替代性纠纷解决方法，应受当事人自己同意的或法院酌情命令的程序的制约，由法院或当事人的协议提交给任何其他替代性争议解决方法的诉讼所产生的任何结果，应作为法院的判决予以执行。根据替代性争议解决方式所作的判决不得上诉。②

和解，一个由第三方恢复争议各方之间受损关系的过程，方式使将双方聚集在一起，澄清看法，并指出误解。肯尼亚的各种法规，如2010年《就业法》，承认并提出将和解作为解决争议的一种手段。

调解，一种自愿的、双方同意的、保密的争议解决程序，在这一程序中，应有关各方的要求，法院可以将案件提交调解，争议各方应为此目的选择一名调解员，其姓名应出现在调解资格认证委员会所保管的调解登记册中。调解应按照调解规则进行，争议各方在调解过程中达成的协议，应以书面形式记录，并在法院登记，并可强制执行，如同该法院的判决一样。调解

① Order 11, rule 2, Civil Procedure Rules.

② Section59C, Civil Procedure Act, (Act No. 18 of 2018).

结果的解决协议在肯尼亚具有约束力和可执行性。①

仲裁，1995 年《仲裁法》规定的程序，使各方能够将他们的争议提交给第三方中立者，以确定争议并作出最终和有约束力的裁决，能够在肯尼亚和肯尼亚以外的地方得到承认和执行（根据《联合国承认和执行外国仲裁裁决公约》）。仲裁的主要原则是当事人自主、保密、公平、公正以及从时间和成本角度有效和迅速地解决争议。

传统的争议解决机制，在肯尼亚建立正式的司法系统之前，争议解决机制在社区中得到认可。肯尼亚于 2020 年 8 月推出的《替代性司法系统政策》承认替代性司法系统是解决争议的合法系统。

第四节　外国诉讼判决与仲裁裁决在肯尼亚的执行

肯尼亚加入了《关于承认与执行外国仲裁裁决公约》（即 1958 年纽约公约），因此，就目前而言，通过仲裁解决中国与肯尼亚之间的民商事争议是一种可行的选择。通过仲裁解决民商事争议，当事人可以约定仲裁所适用的语言、仲裁地、甚至是仲裁程序所适用的法律，这样就可以避免通过诉讼解决方式解决争议所带来的困扰和难题，仲裁裁决的承认和执行也不会像法院判决的承认和执行那样遇到许多障碍和困境。

一、外国诉讼判决在肯尼亚的执行

肯尼亚法庭一般认可当事人在商事合同中选择肯尼亚以外的外国法院的排他性管辖条款。但外国法院的判决在肯尼亚的执行需要符合互惠原则。根据《外国判决法》（Foreign Judgments Act），互惠国家的法院作出的判决，在满足以下条件时，可以不经肯尼亚高等法院的再行审查，直接获得承认和执行：外国判决作出之日起六年内，该判决已在肯尼亚法院登记或在肯尼亚法院上诉；肯尼亚法院需要的诉讼文书均递交肯尼亚法院；国外判决不违反肯尼亚公共政策；国外判决不涉及惩罚性利息；外国判决非因欺诈获得。肯尼亚与包括但不限于以下国家为判决执行的互惠国家：澳大利亚、英国、马拉维、塞舌尔、坦桑尼亚、赞比亚、乌干达等。如果外国判决法院所在的国家与肯尼亚没有承认判决的互惠关系，申请执行人需要就该外国判决在肯尼

---

① Section59B, Civil Procedure Act,（Act No. 18 of 2018）.

亚法院重新提起诉讼。

如果不存在互惠协议，可以通过普通法规定执行外国判决。这就需要向高等法院提交一份诉状。诉状将简要说明索赔的性质，以及判决债务的金额。它将得到一份核实的宣誓书、证人名单和判决债务数额的支持。一份经核证的外国判决书副本应附在诉状后。被告可以根据《民事诉讼法》第9条规定的理由质疑外国判决的有效性。如果外国判决债权人在审判后胜诉，则判决债权人将受益于高等法院的判决，判决债权人将有权使用肯尼亚法院的程序执行外国判决，该判决将作为肯尼亚判决执行。①

二、外国仲裁裁决在肯尼亚的执行

外国法院的判决通常难以在另一国得到执行，因此跨境投资一般会选择仲裁作为争议解决的方式。中国和肯尼亚均为《承认及执行外国仲裁裁决公约》（即1958年《纽约公约》）的缔约国。因此，缔约国仲裁机构作出的仲裁裁决可以较为方便的获得肯尼亚法院的承认，但仍需按照肯尼亚当地执行程序进行执行。在2013年，肯尼亚通过立法的形式，在首都内罗毕建立了内罗毕国际仲裁中心（Nairobi Center for International Arbitration，NCIA）。此外，中国和肯尼亚均为《关于解决国家与他国国民之间投资争议公约》（Convention on the Settlement of Investment Disputes Between States and Nationals of Other States，简称《1965年华盛顿公约》）和《多边投资担保机构公约》（Convention Establishing the Multilateral Investment Guarantee Agency，MIGA，亦简称《汉城公约》）的成员国，对于投资者与肯尼亚政府间出现的投资争议，在救济无效的情况下，投资者可以根据本国与肯尼亚签署的投资协定，向ICSID寻求救济。②

① Section 9，Civil Procedure Act（Act No. 18 of 2018.）

② 肯尼亚投资法律指南［EB/OL］.（2016－5－6）［2021－5－12］. http://www.ccpit.org/shangshifalv/yewuzhinan.htm? ChannelID=3385.

附　录

附录1：肯尼亚主要法律法规

宪法 CONSTITUTIONAL：

（1）《肯尼亚宪法》The Constitution of Kenya

（2）《国民议会（权力和特权）法》The National Assembly (Powers and Privileges) Act

（3）《国民议会和总统选举法》The National Assembly and Presidential Elections Act

（4）《国民议会薪酬法》The National Assembly Remuneration Act

法院和法院官员 COURTS AND OFFICERS OF THE COURT：

（1）《司法法》The Judicature Act

（2）《上诉管辖法》The Appellate Jurisdiction Act

（3）《治安法院法》The Magistrates' Courts Act

（4）《卡迪斯法院法》The Kadhis' Courts Act

（5）《记录处理法》The Records Disposal Act

（6）《誓言和法定宣言法》The Oaths and Statutory Declarations Act

（7）《倡导者法》The Advocates Act

（8）《法律教育委员会法》The Council of Legal Education Act

（9）《公证人公证法》The Notaries Public Act

（10）《肯尼亚法律协会法》The Law Society of Kenya Act

（11）《公共档案和文件服务法》The Public Archives and Documentation Service Act

民法和程序 CIVIL LAW AND PROCEDURE：

（1）《民事诉讼法》The Civil Procedure Act

（2）《行动限制法》The Limitation of Actions Act

（3）《合同法》The Law of Contract Act

（4）《限制贸易合同法》The Contracts in Restraint of Trade Act

（5）《外汇法案》The Bills of Exchange Act

（6）《伙伴关系法》The Partnership Act

（7）《有限合伙企业法》The Limited Partnerships Act

（8）《货物销售法》The Sale of Goods Act

（9）《致命事故法》The Fatal Accidents Act

（10）《多数年龄法》The Age of Majority Act

（11）《公共当局限制法》The Public Authorities Limitation Act

（12）《政府诉讼法》The Government Proceedings Act

（13）《有毒诉讼法》The Vexatious Proceedings Act

（14）《赔偿法》The Indemnity Act

破产和安排契约 BANKRUPTCY AND DEEDS OF ARRANGEMENT：

（1）《破产法》The Bankruptcy Act

（2）《安排契约法》The Deeds of Arrangement Act

公共秩序和安全 PUBLIC ORDER AND SECURITY：

（1）《公共秩序法》The Public Order Act

（2）《维护公共安全法》The Preservation of Public Security Act

刑法和程序 CRIMINAL LAW AND PROCEDURE：

（1）《刑法》The Penal Code Act

（2）《罪犯缓刑法》The Probation of Offenders Act

（3）《选举犯罪法》The Election Offences Act

（4）《巫术法》The Witchcraft Act

（5）《飞机保护法》The Protection of Aircraft Act

（6）《刑事诉讼法》The Criminal Procedure Code Act

（7）《引渡（连续和外国）法》The Extradition（Contiguous and Foreign Countries）Act

（8）《引渡（英联邦国家）法》The Extradition（Commonwealth Countries）Act

（9）《证人召唤（互惠执行）法》The Witness Summonses（Reciprocal Enforcement）Act

证据 EVIDENCE：

（1）《证据法》The Evidence Act

警察 POLICE：

（1）《警察法》The Police Act

（2）《行政警察法》The Administration Police Act

（3）《逃犯追捕法》The Fugitive Offenders Pursuit Act

监狱和拘留人员 PRISONS AND DETENTION OF PERSONS：

（1）《监狱法》The Prisons Act

（2）《博尔斯塔机构法》The Borstal Institutions Act

总务管理 GENERAL ADMINISTRATION：

（1）《武器学院法》The College of Arms Act

（2）《国旗、徽章和名称法》The National Flag, Emblems and Names Act

（3）《调查委员会法》The Commissions of Inquiry Act

（4）《火灾调查法》The Fire Inquiry Act

（5）《公共收藏法》The Public Collections Act

（6）《登记人员法》The Registration of Persons Act

（7）《社团法》The Societies Act

（8）《书报法》The Books and Newspapers Act

（9）《枪支法》The Firearms Act

（10）《爆炸物法》The Explosives Act

（11）《住房法》The Housing Act

（12）《赌博、彩票和博彩法》The Betting, Lotteries and Gaming Act

儿童 CHILDREN：

（1）《合法性法》The Legitimacy Act

家庭 FAMILY：

（1）《出生和死亡登记法》The Births and Deaths Registration Act

（2）《婚姻法》The Marriage Act

（3）《婚姻原因法》The Matrimonial Causes Act

（4）《维护令执行法》The Maintenance Orders Enforcement Act

（5）《附属法院（分立和维护）法》The Subordinate Courts (Separation and Maintenance) Act

（6）《非洲基督教婚姻和离婚法》The African Christian Marriage and Divorce Act

（7）《穆罕默德婚姻和离婚登记法》The Mohammedan Marriage and Divorce Registration Act

（8）《印度教婚姻和离婚法》The Hindu Marriage and Divorce Act

继承 SUCCESSION：

（1）《继承法》The Law of Succession Act

（2）《永久和积累法》The Perpetuities and Accumulations Act

受托人 TRUSTEES：

（1）《受托人（永久继承）法》The Trustees（Perpetual Succession）Act

（2）《受托人法》The Trustee Act

（3）《公共受托人法》The Public Trustee Act

国籍 NATIONALITY：

（1）《肯尼亚公民法》The Kenya Citizenship Act

（2）《移民法》The Immigration Act

（3）《外国人限制法》The Aliens Restriction Act

外交和领事特权 DIPLOMATIC AND CONSULAR PRIVILEGES：

（1）《特权和豁免法》The Privileges and Immunities Act

公务员制度 THE CIVIL SERVICE：

（1）《服务委员会法》The Service Commissions Act

（2）《官方机密法》The Official Secrets Act

养老金和公积金 PENSIONS AND PROVIDENT FUNDS：

（1）《养老金法》The Pensions Act

（2）《养恤金（增加）法》The Pensions（Increase）Act

（3）《公积金法》The Provident Fund Act

（4）《寡妇和孤儿养恤金法》The Widows' and Orphans' Pensions Act

（5）《议会养恤金法》The Parliamentary Pensions Act

防御 DEFENCE：

（1）《武装部队法》The Armed Forces Act

（2）《肯尼亚军团（领土部队）法》The Kenya Regiment（Territorial Force）Act

（3）《保护区法》The Protected Areas Act

（4）《国家青年服务法》The National Youth Service Act

教育 EDUCATIONAL：

（1）《肯尼亚文学局法》The Kenya Literature Bureau Act

（2）《教育法》The Education Act

（3）《大学法》The Universities Act

（4）《教师服务委员会法》The Teachers Service Commission Act

（5）《高等教育贷款委员会法》The Higher Education Loans Board Act

（6）《肯尼亚童子军法》The Kenya Scouts Act

（7）《女生指南法》The Girl Guides Act

（8）《肯尼亚广播公司法》The Kenya Broadcasting Corporation Act

（9）《电影和舞台剧法》The Films and Stage Plays Act

（10）《成人教育委员会法》The Board of Adult Education Act

（11）《肯尼亚国家图书馆服务委员会法》The Kenya National Library Service Board Act

（12）《肯尼亚国家考试委员会法》The Kenya National Examinations Council Act

就业 EMPLOYMENT：

（1）《工业培训法》The Industrial Training Act

公共卫生和福利 PUBLIC HEALTH AND WELFARE：

（1）《公共卫生法》The Public Health Act

（2）《辐射防护法》The Radiation Protection Act

（3）《疟疾预防法》The Malaria Prevention Act

（4）《心理健康法》The Mental Health Act

（5）《肯尼亚盲人协会法》The Kenya Society for the Blind Act

（6）《肯尼亚红十字会法》The Kenya Red Cross Society Act

（7）《护士法》The Nurses Act

（8）《国家社会保障基金法》The National Social Security Fund Act

（9）《临床干事（培训、登记和许可）法》The Clinical Officers（Training, Registration and Licensing）Act

（10）《肯尼亚医学培训学院法》The Kenya Medical Training College Act

地方政府 LOCAL GOVERNMENT：

（1）《地方政府法》The Local Government Act

（2）《评级估价法》The Valuation for Rating Act

(3)《评级法》The Rating Act

(4)《地方政府贷款法》The Local Government Loans Act

(5)《地方当局公积金法》The Local Authorities Provident Fund Act

(6)《地方当局（收回财产）法》The Local Authorities (Recovery of Possession of Property) Act

土地 LAND：

(1)《政府土地法》The Government Lands Act

(2)《土地所有权法》The Land Titles Act

(3)《土地整理法》The Land Consolidation Act

(4)《土地裁决法》The Land Adjudication Act

(5)《土地征用法》The Land Acquisition Act

(6)《土地（集团代表）法》The Land (Group Representatives) Act

(7)《土地信托法》The Trusts of Land Act

(8)《租金限制法》The Rent Restriction Act

(9)《注册土地法》The Registered Land Act

(10)《土地控制法》The Land Control Act

矿物矿藏 MINES AND MINERALS：

(1)《抵押贷款（特别规定）法》The Mortgages (Special Provisions) Act

(2)《矿业法》The Mining Act

(3)《石油（勘探和生产）法》The Petroleum (Exploration and Production) Act

(4)《未加工贵金属贸易法》The Trading in Unwrought Precious Metals Act

(5)《钻石工业保护法》The Diamond Industry Protection Act

(6)《金矿开发贷款法》The Gold Mines Development Loans Act

农业 AGRICULTURE：

(1)《农业法》The Agriculture Act

(2)《农产品（出口）法》The Agricultural Produce (Export) Act

(3)《农产品销售法》The Agricultural Produce Marketing Act

(4)《作物生产和畜牧业法》The Crop Production and Livestock Act

(5)《农业金融公司法》The Agricultural Finance Corporation Act

(6)《植物保护法》The Plant Protection Act

（7）《种子和植物品种法》The Seeds and Plant Varieties Act

（8）《草火法》The Grass Fires Act

（9）《乳品业法》The Dairy Industry Act

（10）《灌溉法》The Irrigation Act

国家公园、游戏、渔业和旅游 NATIONAL PARKS，GAME，FISHERIES AND TOURISM：

（1）《野生动物（保护和管理）法》The Wildlife（Conservation and Management）Act

（2）《渔业法》The Fisheries Act

（3）《旅游业许可证》The Tourist Industry Licensing

（4）《肯尼亚旅游发展公司法》The Kenya Tourist Development Corporation Act

森林 FORESTS：

（1）《森林法》The Forests Act

（2）《木材法》The Timber Act

方式和通信 WAYS AND COMMUNICATIONS：

（1）《商船法》The Merchant Shipping Act

（2）《海洋保险法》The Marine Insurance Act

（3）《海上货物运输法》The Carriage of Goods by Sea Act

（4）《民用航空法》The Civil Aviation Act

（5）《肯尼亚铁路公司法》The Kenya Railways Corporation Act

（6）《公共道路和道路通行法》The Public Roads and Roads of Access Act

（7）《交通法》The Traffic Act

（8）《肯尼亚邮电公司法》The Kenya Posts and Telecommunications Corporation Act

公共发展当局和机构 PUBLIC DEVELOPMENT AUTHORITIES AND INSTITUTIONS：

（1）《农业发展公司法》The Agricultural Development Corporation Act

（2）《工商发展公司法》The Industrial and Commercial Development Corporation Act

（3）《国有企业法》The State Corporations Act

（4）《海岸开发局法》The Coast Development Authority Act

国际金融协定 INTERNATIONAL FINANCIAL AGREEMENTS：

（1）《国际发展协会法》The International Development Association Act

（2）《国际金融公司法》The International Finance Corporation Act

（3）《国际货币基金组织法》The International Monetary Fund Act

收入 REVENUE：

（1）《肯尼亚税务局法》The Kenya Revenue Authority Act

（2）《所得税法》The Income Tax Act

（3）《海关和消费税法》The Customs and Excise Act

（4）《增值税法》The Value Added Tax Act

（5）《遗产税法》The Estate Duty Act

投资、贸易和商业 INVESTMENT, TRADE AND COMMERCE：

（1）《外国投资保护法》The Foreign Investments Protection Act

（2）《投资促进法》The Investment Promotion Act

（3）《工业产权法》The Industrial Property Act

（4）《运输许可法》The Transport Licensing Act

（5）《禁止货物贸易法》The Trading in Prohibited Goods Act

（6）《水法》The Water Act

（7）《酒店餐馆法》The Hotels and Restaurants Act

（8）《麻醉药品和精神药物（管制）法》The Narcotic Drugs and psychotropic Substances (Control) Act

（9）《资本市场管理局法》The Capital Markets Authority Act

（10）《公司法》The Companies Act

（11）《企业名称登记法》The Registration of Business Names Act

（12）《企业转让法》The Transfer of Businesses Act

（13）《保险法》The Insurance Act

（14）《银行法》The Banking Act

（15）《雇佣购买法》The Hire Purchase Act

（16）《出口加工区法》The Export Processing Zones Act

（17）《标准法》The Standards Act

（18）《植物保护法》The Plant Protection Act

（19）《反假冒法》The Anti - Counterfeit Act,

（20）《食品、药物和化学品法》The Food, Drugs and Chemical Substances Act

(21)《抑制有毒杂草法》The Suppression of Noxious Weeds Act

(22)《种子和植物品种法》The Seeds and Plant Varieties Act

(23)《经济特区法》The Special Economic Zones Act

环境保护 ENVIRONMENTAL PROTECTION：

(1)《环境管理与协调法》The Environmental Management and Co – ordination Act

(2)《环境影响评估规定》The Environment Impact Assessment

知识产权保护 INTELLECTUAL PROPERTY PROTECTION：

(1)《商标法》The Trade Marks Act

(2)《版权法》The Copyright Act

反对商业贿赂 ANTI – COMMERCIAL BRIBERY：

(1)《反腐败经济犯罪法》The Anti – Corruption and Economic Crimes Act

(2)《种族和反贪委员会法》The Ethics and Anti – Corruption Commission Act

附录2：肯尼亚主要政府部门与相关机构

(1) 外交部（Ministry of Foreign Affairs），www. mfa. go. ke

(2) 财政和规划部（National Treasury and Planning ），www. treasury. go. ke

(3) 国防部（Ministry of Defence），www. mod. go. ke

(4) 旅游和野生生物部（Ministry of Tourism and Wildlife），http：//www. tourism. go. ke

(5) 工业、贸易和合作部（Ministry of Industrialization，Trade and Enterprise Development），www. industrialization. go. ke

(6) 交通和基础设施发展部（Ministry of Transport，Infrastructure，Housing，Urban Development and Public Works），www. transport. go. ke

(7) 能源部（Ministry of Energy），www. energy. go. ke

(8) 土地部（Ministry of Lands and Physical Planning），www. ardhi. go. ke

(9) 环境和林业部（Ministry of Environment and Forestry），www. envir – onment. go. ke

(10) 农业和灌溉部（Ministry of Agriculture，Livestock，Fisheries and Co-

operatives），www. kilimo. go. ke

（11）卫生部（Ministry of Health），www. health. go. ke

（12）劳工和社会保障部（Ministry of Labor and Social Services），www. labour. go. ke

（13）教育部（Ministry of Education），www. education. go. ke

（14）信息、通信与技术部（Ministry of Information, Communication and Technology），www. information. go. ke

（15）放权及干旱和半干旱地区部（Ministry of Devolution and ASAL Areas），www. planning. go. ke

（16）石油和矿业部（Ministry of Mining and Petroleum），www. mining. go. ke

（17）内务与中央政府协调部（Ministry of Interior and Coordination of National Government），www. provincialadministration. go. ke

（18）体育和遗产部（Ministry of Sports, Culture and Heritage）

（19）水和公共卫生部（Ministry of Water and Sanitation and Irrigation）

（20）公共服务、青年和性别事务部（Ministry of Public Service and Gender Affairs）

（21）东共体和北部走廊发展部（Ministry of East African Community and Regional Development）

（22）总检察长办公室（Office of The Attorney General），www. attorney - general. go. ke

（23）肯尼亚出口加工区管理局（Export Processing Zones Authority - Kenya），www. epzakenya. com

（24）肯尼亚投资促进局（Kenya Investment Authority），www. investme - ntkenya. com

（25）肯尼亚标准局（Kenya Bureau of Standards），www. kebs. org

（26）肯尼亚税务总局（Kenya Revenue Authority），www. kra. go. ke

（27）肯尼亚野生生物保护局（Kenya wildlife Service），www. kws. go. ke

（28）肯尼亚工业产权协会（Kenya Industrial Property Institute），www. kipi. go. ke/index. htm

（29）肯尼亚工商联合会（Kenya National Chamber of Commerceand Industry）

（30）肯尼亚茶叶理事会（The Tea Board of Kenya），www. teaboard. or. ke

（31）肯尼亚企业家协会（Kenya Association of Manufacturers），www. kam. co. ke

（32）肯尼亚花卉理事会（Kenya Flower Council），www. kenyaflowerco - uncil. org

（33）肯尼亚旅行社协会（Kenya Association of Travel Agents），www. katakenya. org

（34）肯尼亚旅游服务协会（Kenya Association of Tour Operators），www. katokenya. org

附录3：部分律师事务所

（1）Hamilton Harrison & Mathews

地址：Delta Office Suites，1st Flr，Waiyaki Way

电话：00254 - 20 - 3258000/2225981

（2）Coulson Harney LLP

地址：ICEA Lion Center，5th Flr，West Wing，Chiromo Rd

电话：00254 - 20 - 2899000/2527920

（3）Anjarwalla & Khanna Advocates

地址：The Oval，3rd Flr，Ring Rd Parklands/Jalaram Rd

电话：00254 - 20 - 3640000；00254 - 0703032000

（4）Iseme，Kamau & Maema Advocates

地址：I. K. M Place，1st Flr，5th Ngong Ave，Nairobi P. O. Box：11866 - 00400 Tom Mboya St

电话：00254 - 20 - 2710992/2711021

（5）Mbula Nzuki & Associates（MN Legal）

地址：Global Center，1st Flr，Argwings Kodhek Rd，Nairobi

电话：00254 - 0713564851

（6）Center for Legal Empowerment
地址：Ole Odume Rd
电话：00254 －0734874221

（7）Child Rights Advisory Documentation & Legal Center（Cradle）
地址：Swiss Cottages，Ring Rd
电话：00254 －0722201875/0734798199

（8）Childrens Legal Action Network
地址：next to Riara Pri Sch，Mugo Kibiru Rd
电话：00254 －0721569436/0722582367

（9）E －Business & Legal Consultancy Ltd
地址：Hazina Towers，Monrovia St
电话：00254 －0700744531

（10）GertrudeMatata & Waithaka Legal
地址：Hill Side Apartments，Apartment 2，Ragati Rd
电话：00254 －20 －2159836；00254 －0799518283

（11）Independent Medico Legal Unit
地址：David Osieli Rd
电话：00254 －0724256800

（12）International Legal Consultancy Group
地址：Fifty Three Park Offices，Ring Rd
电话：00254 －0774239754/0713801782

（13）Legal Resources Foundation，The
地址：Legal Resources Foundation Bldg Next to Kathy Flats，Lenana Rd
电话：00254 －0735513910/0722209822

（14） Mbairu Legal & Center East Africa

地址：Sirona Hse, 1st Flr, Kaunda St

电话：00254 -20 -2379789；00254 -0722163275

（15） Abbas Brothers

地址：Legal Mansion, Nkrumah Rd

电话：00254 -0739696523

（16） MWC Legal

地址：Westpark Business Suites, 2nd Flr, Ojijo Rd

电话：00254 -0724753009/0723776114

（17） MWC Legal LLP

地址：Westpark Business Suites, 4th Flr, Ojijo Rd

电话：00254 -0709473000

（18） National Legal Aids Awareness Programme

地址：KCS Hse, 9th Flr, Mama Ngina St

电话：00254 -20 -2215627

（19） Christian Legal Education Aid & Research（clear）

地址：Guilders Plaza, 2nd Flr

电话：00254 -57 -2022616

（20） Kituo Cha Sheria Legal Advice Center － Mombasa

地址：Fidelity Bldg Opp Ganjoni Primary School, Gr Flr, Kaunda Ave Off Archbishop Makarios Rd

电话：00254 -0700638379/0731129739

（21） Excellent Security Services Ltd

地址：Legal Mansion, 1st Flr, Nkrumah Rd

电话：00254 -41 -2314342/2315418

（22） Onyinkwa & Co Advocates

地址：Sakong House，1st Flr，Kenyatta Avenue，Eldoret P. O. Box：2052 –30100 Eldoret

电话：00254 –53 –2030750；00254 –0721313548

（23） LJA Associates

地址：Unity Hse，3rd Flr，Mfangano St，Nairobi P. O. Box：10070 –00100 Nairobi GPO

电话：00254 –20 –2228272/3315045

（24） Okundi & Company Advocates

地址：Pension Towers，8th Flr，Loita St，Nairobi P. O. Box：20188 –00200 City Square

电话：00254 –20 –2250242/2250243

（25） Mbugua Nganga And Co. Advocates

地址：Mayfair Center 6th Floor Ralph Bunche Road P. O. Box：9316 –00200 City Square

电话：00254 –20 –2728039；00254 –0722620536

（26） Agravat Insurance Agency

地址：Legal Mansion，Gr Flr，Nkrumah Rd

电话：00254 –0722410449

（27） Fadhil & Kilonzo Associates

地址：Legal Mansions，2nd Flr，Nkrumah Rd

电话：00254 –0721524647/0736204468

卢旺达经贸投资法律环境报告

第一章　卢旺达法律概况

卢旺达是东非的一个内陆国家，拥有“千山之国”的美誉，2011 年被世界经济论坛、世界银行、非洲发展银行评为最具旅游潜力国家之一。自 2018 年 1 月 1 日起，各国公民均可免签赴卢，办理落地签后进行为期不超过 30 天的旅行。中国与卢旺达于 1971 年 11 月 12 日建交，友好合作关系发展顺利。1972 年，两国政府签订贸易协定，规定双方贸易以现汇支付。2005 年 11 月，中国与卢旺达双方签署《中华人民共和国教育部与卢旺达教育、科学、技术及科研部合作协议》等文件。2018 年 7 月，卢旺达与中国签署关于“一带一路”倡议建设的双边合作文件，正式加入“一带一路”倡议。2018 年 7 月，中国和卢旺达签署《关于电子商务合作的谅解备忘录》。

中国投资者的投资方向集中在旅游、采矿和建设。此外，中国企业正在投资发展卢旺达的零售业、工业和酒店业。近 12 年来，该国实现有中国资本投入的项目 61 个，总额达 4.196 亿美元。中国直接投资额为 3.526 亿美元，中国已成为卢旺达主要海外直接经济投资来源国之一。

第一节　卢旺达概况

一、卢旺达的地理和人文环境

卢旺达共和国位于非洲中东部，面积 26338 平方公里，西面与刚果（金）交界，东邻坦桑尼亚，北与乌干达接壤，南连布隆迪，是内陆国家。卢旺达属温带和热带高原气候，平均气温 24.6℃—27.6℃，海拔 1000—4500 米。卢旺达降水丰沛，水资源丰富，人口约 1200 万。卢旺达官方语言为卢旺达语、英语、法语和斯瓦希里语。居民 56.5% 信奉天主教，26% 信奉基督教新教，4.6%信奉伊斯兰教。卢旺达矿藏有锡、钨、铌、钽、绿柱石、黄金等，基伍湖天然气蕴藏量约600亿立方米，尼亚卡班戈钨矿是非洲最大的钨矿。卢旺达共和国分为省、区、县和乡镇。区是国家的基本政治行政单位，全国划分为4个省，首都基加利市为省级行政单位。卢旺达曾分胡图族、图西族和特瓦族。1994年发生种族大屠杀后，为倡导民族和解，不再区分民族，统一称为卢旺达人。

二、卢旺达的政治和经济环境

卢旺达曾是德国殖民地，一次世界大战后，成为比利时殖民地，1962年7月1日宣告独立，成立共和国，实行半总统制。成立于20世纪80年代的卢旺达爱国阵线是当前该国最大的政党，实行爱阵主导、多党参政的政党政治。卢旺达现任总统为来自爱国阵线的领导人卡加梅，2000年4月，在议会和内阁联席会议上被推举为总统。2003年8月，正式当选总统，此后多次连任至今。卢旺达在过去二十多年中在经济繁荣和人类发展方面取得了让人瞩目的进步。卢旺达是中非经济增长最快的国家之一，也是少数几个实现所有千年发展目标的国家之一。政治稳定、政府治理有方、财政和行政权力下放以及对腐败的零容忍，是支撑这个国家包容性增长和发展的关键因素。根据国际反腐败组织“透明国际”公布的2020年各国清廉指数排行榜，卢旺达在非洲国家中排名第四位，在全球180个国家中排名第四十九位。

卢旺达实行开放的经济政策，绝大部分经济领域都欢迎外资进入，货币兑换相对自由，外汇进出不受限制。尽管全球经济增长放缓，但卢旺达经济表现不俗。2019年卢旺达GDP为9.105万亿卢郎（约100.1亿美元），增长9.4%。服务业占GDP的49%，农业占24%，工业占18%。根据国际货币基金组织的预测，2020年卢旺达经济将增长3.5%。卢旺达目前是东非地区营商环境最好的国家之一，对水利、电力、通信、公路等基础设施建设需求较大，未来发展有着广阔的空间。

第二节　卢旺达法律概况

因曾先后是德国和比利时殖民地，卢旺达的法律主要属大陆法系，其法律体系由卢旺达成文法、本土习惯法、卢旺达批准的国际条约或公约构成。

据世界正义工程（World Justice Project）近期公布的《2020年法治指数》报告，从政府权力的制衡、消除腐败、政府开放度、公民基本权利、民事司法及刑事司法等方面对世界各国的法治状况进行了评估，卢旺达综合法治指数在东非排名第一，在全球排名第三十七位，较往年提升了3位，遥遥领先于坦桑尼亚（93）、肯尼亚（102）、乌干达（117）等其他东非国家。2007年政府废除了死刑，同时政府禁止私人持有枪支。总体而言，卢旺达犯罪率低。

卢旺达第一部宪法于1962年11月24日颁布，1973年7月废止，第二部宪法于1978年12月17日公民投票通过。1991年5月30日，国民发展议会审议通过了第三部宪法。2003年5月26日，卢旺达全民公决通过新宪法，其主要内容有：实行半总统制。总统为国家元首和武装部队最高统帅，由无记名投票直接普选产生，任期7年，可连任一次；总理由总统任命，政府成员根据各党在议会的比例确定；实行多党制和立法、行政、司法三权分立制度。2015年12月，卢旺达以全民公决方式通过宪法修正案。宪法修正案维持总统只能连任1次的规定，将每届任期由7年缩短为5年，同时在新宪法条款生效前设置一个7年过渡期，包括卡加梅在内的任何合法候选人均可参选过渡期总统。2017年，卡加梅继续连任成功，这一任期可持续到2024年。

卢旺达议会实行两院制，由参议院和众议院组成，参议院由26名参议员组成，任期5年，目前参议院于2019年产生，任期至2024年。众议院由80名议员组成，任期5年，目前众议院于2018年选举产生，爱国阵线及其联盟共获得超过半数席位。卢旺达司法机构由最高司法委员会、最高法院、5个高级法院、12个中级法院、60个初级法院、1个商事高级法院和3个商事法院组成。最高司法委员会由最高法院正副院长以及来自下级法院的法官组成，最高司法委员会具有除最高法院正副院长外所有法官的任免、升迁等职权，实际上行使着法官的遴选职能。国家检察系统在最高法院、高级法院、中级法院和初级法院均设立了检察院。为了保持司法人员的中立地位，法律规定法官、检察官、军人、警察及治安人员不得加入政党。

卢旺达的法律制度主要以比利时民法制度为基础。但是，自2002年修订法律框架、2003年6月颁布宪法和2009年加入英联邦以来，现在卢旺达也开始吸收英国普通法。卢旺达设立有专门的商事法院，处理商业纠纷，并为财产权的实现和合同的执行提供便利。尽管司法系统运作效率相比其他非洲国家较高，但是依然难以满足民众快速解决纠纷的需求，目前，案件积压情况较为严重，一般案件审理需要 2 年左右时间方能结案，长者可至 5 年。卢旺达政府通常采用符合国际准则的透明政策和有效法律。卢旺达是联合国贸易和发展会议透明投资程序国际网络的成员，并建立在线的电子监管系统数据库，旨在提高卢旺达投资程序的透明度。投资者可在（http：//rwanda. eregulations. org /. ）网站获得有关行政程序的更多信息，并在政府公报或者网上（http：//primature. gov. rw/）公布法律和条例信息供公众查询。

由于卢旺达政府监管较为严格，非政府组织的活动范围受到较大的限制，通常难以对政府行为发出有效的批评和建议。近年来，卢旺达审计长办公室向议会提交的年度报告引发了对涉嫌不当行为和腐败行为的广泛刑事调查。该国设立有消费者保护协会，允许私营企业成立商业协会、联合会等自治组织，商界通过与政府关系密切的商业协会、行业联合会游说政府，并就政府的一些政策草案提供反馈意见。

卢旺达是东非共同体（EAC）标准技术管理委员会的成员。经批准的东非共同体措施通常在六个月内纳入卢旺达监管体系，并与其他国内法律法规一样在国家公报上公布。卢旺达还是国际标准化组织（ISO）和非洲标准化组织（ARSO）的成员。

第二章　卢旺达投资法律制度

第一节　卢旺达吸收外资情况

卢旺达的投资吸引力主要表现在以下几个方面：（1）政局稳定，社会治安良好，经济发展平稳。政府制定了一系列鼓励外国投资的政策，并向外资开放了包括电信业在内的几乎所有行业；（2）许多行业亟待开发，投资机会多；（3）卢旺达是多个地区性、国际性组织的成员国，享受美国、欧盟、中国和其他国家和国际组织给予的许多出口方面的优惠政策。中国于2014年对卢旺达出口中国97%的产品（含8030个税目）给予免关税待遇；（4）卢旺达目前大多数日用消费品需要进口，交通不便且费用高，贸易机会较多；（5）气候宜人，四季如春，适合人们居住和生活；（6）政府廉洁，根据透明国际发布的清廉指数报告，卢旺达在全球排名靠前。世界银行《2020年营商环境报告》显示，卢旺达在被评估的190个经济体中排第38位，在非洲排名第二，是东非地区营商环境最好的国家。世界经济论坛发布的《2019年全球竞争力报告》显示，卢旺达在全球最具竞争力的141个国家和地区中，排第100位。2018年，卢旺达发展委员会被评为东非地区最佳投资促进机构第2名。

在过去十年中，卢旺达政府进行了一系列有利于投资的政策改革，旨在改善投资环境，使卢旺达经济摆脱外国援助，扩大和提高外国直接投资的水平。该国为外国直接投资提供了许多机会，在可再生能源、基础设施、农业、矿业、旅游业以及信息和通信技术等领域存在广泛的投资机会。卢旺达积极鼓励吸引外资，成立投资促进机构，推行一系列引进外资的政策。2017年，卢旺达吸收外国直接投资10.4亿美元，同比增长70%。世界银行《2019年营商环境报告》中，卢旺达位列全球第二十九位，在非洲仅次于毛里求斯。

2009 年，卢旺达出台法令，将原卢旺达投资与出口促进局、卢旺达旅游局、卢旺达私有化秘书处、卢旺达商业登记服务局、卢旺达信息科技局、卢旺达中小企业支持中心和卢旺达人力资源及机构能力发展局进行职能整合，成立卢旺达发展委员会统一管理外商投资事宜，以提高政府服务效率。该委员会的执行总裁将通过总统令任命，任期 5 年，可连任两届。第一执行副总裁由总理任命，任期五年，任满后可续任。

发展委员会将外商投资管理的所有政府机构整合到一个机构下，快速跟踪投资项目。其主要职能包括负责商业登记、投资促进、环境合规许可和其他必要批准。新投资者可以在发展委员会的网站上在线注册，最快 6 个小时就能拿到证书，该机构的“一站式服务”帮助投资者获得所需的批准、证书和工作许可证。

第二节　卢旺达投资法律体系及基本内容

卢旺达建立的有关外国直接投资的法律体系，主要涉及商业监管、投资、私有化和公共投资、土地以及保护环境等领域。2011 年，卢旺达政府改革了纳税流程，并颁布了更多有关破产和仲裁的法律。根据 2012 年《刑法典》，政府可以在欺诈性破产或其他涉嫌刑事犯罪调查的支持下，强制公司向政府当局披露专有信息。2015 年《投资法》制定了关于外国直接投资的政策及监管原则、争端解决等内容。卢旺达政府于 2015 年 5 月公布了新的《投资促进法》，对外资政策作了较大调整，大幅度取消了对外资的优惠政策，包括取消了对中小型投资的增值税和进口关税的优惠政策，鼓励大型外资进入泥煤、太阳能、地热、水力、生物质能、旅游、出口加工、电子信息与技术、物流、沼气和风力的发电、输电和配电以及低造价住房领域，对于符合要求的外资给予公司所得税减免的优惠。卢旺达政府在政策上和吸引外资的实践中均采取了鼓励和开放的态度，法律对外国投资没有行业限制，所有行业都对外资开放，且没有股权限制，政府鼓励投资的行业有信息通信产业、旅游业、基础设施、能源、金融服务等行业。卢旺达允许外国投资者通过独资、合资等方式新设企业，也允许通过收购当地公司或兼并等方式进入卢旺达市场。外资收购一般通过投标进行，由卢旺达发展委员会（RDB）具体负责实施及指导。一般而言，卢旺达政府不会特别地审查外国投资，但是，享受较大税收优惠的外国投资者会被要求向卢旺达政府提交投资计划，以确保投资质量。2010 年 7 月，卢旺达颁布《竞争和消费者保护法》，主要用于规制企业垄断行为。

卢旺达鼓励外国投资建设开发区、出口加工区或工业园，2011 年通过了《卢旺达特区法》。卢旺达未对二手设备出资开展投资合作作出具体规定，但卢旺达禁止进口二手电子产品，用于教育的电脑除外。卢旺达对外资通过 BOT 和 PPP 方式在当地的投资没有限制，政府鼓励外资以多种方式投资当地的基础设施建设，尤其是能源项目推广公私合营出资。2015 年卢旺达通过了 PPP 法律，以推动投资，该法律主要描述了各个行业 PPP 的模式程序，对运输、能源、基础设施领域、医疗教育、卫生、矿产农业等领域风险共享时段内的融资、设计、建设、运营和管理均有相应规定。据目前掌握的情况，截至目前，美国、韩国、土耳其的公司在卢旺达开展了几个为数不多的 BOT/PPP 项目，中资企业尚未开展 BOT/PPP 项目。

在市场竞争和反垄断立法方面，卢旺达已经制定了管制竞争的法律法规，卢旺达政府已经设立卢旺达监察和竞争管理局（RICA），这是一个新的独立机构，其任务是促进生产者之间的公平竞争。据报道，该机构将致力于消费者利益保护和市场标准的执行。监察和竞争管理局将作为监管机构，执行与贸易有关的技术法规，而卢旺达标准委员会（RSB）将继续制定货物的质量标准。

2015 年《投资法》禁止为了公共利益征用投资者的财产，除非投资者得到公平补偿。2015 年 3 月，新的《征收法》生效，其中包括对财产所有人更明确的保护。虽然卢旺达法律明确规定，只有在公共利益和按照市场利率进行适当补偿之后，才能征用私人财产，但依然有财产所有人对“公共利益”的界定、估价程序、支付标准和付款时间提出了质疑。在过去几年中，一些被征收者抗议基加利市征用他们的财产，并声称提供的补偿低于市场价值违背《征收法》。

在 2016 年世界银行的《营商环境报告》中，卢旺达在 190 个解决破产问题的经济体中排名 72 位。根据这份报告，卢旺达的破产程序平均需要两年半的时间。卢旺达通过 2009 年的《破产法》改进了其破产制度，明确了启动破产程序的标准，防止在重组程序中分离债务人的资产，为提交重组计划规定了明确的时限，对债权人的强制执行行动实行自动中止，对可撤销的交易和批准重组计划作出规定，最后，在重组程序中为债权人确立额外的保障措施。

第三节　卢旺达投资风险

尽管卢旺达发展委员会发挥着促进投资的作用，在线注册也较为便捷，但由于政府延迟支付所提供服务或货物的费用、合同谈判期间谅解备忘录条件的变化、额外的税务评估，促进投资便利化的措施在实施中效果并不理想。投资者在获得或续签工作签证方面也面临困难，卢旺达政府与其他非洲国家一样，实施用工本地化政策，明显倾向于雇用本国或东非共同体居民，而不是第三国国民。投资者与卢旺达发展委员会签署的投资协议中往往包含有税收优惠条款，而卢旺达税务当局有时并未遵守这些政策，税收优惠政策的享有并不及时充分。此外，由于卢旺达移民局并不隶属于发展委员会，移民局在实施移民检查中，存在不履行投资证书、协议上有关的就业和移民承诺。

在卢旺达开展投资业务面临的另一个重大挑战是税收优惠和进口关税方面。根据卢旺达法律，外国公司在税收以及获得许可证、批准和采购方面应得到平等待遇。依据卢旺达投资法律规定，税务当局在收到外国公司的增值税退税申请后，应在 15 天内将退税拨付到位，但由于政府效率问题，依然存在延迟拨付的现象，退税过程可能需要数月甚至数年，而且往往需要经过卢旺达税务局冗长的审计。卢旺达税务局有权对税务征收中的违法行为处以惩罚性罚款。

卢旺达既没有对外国财产所有权或控制权的法定限制，也没有任何歧视外国投资者的官方经济或工业战略。本地和外国投资者有权拥有和建立各种形式的经营企业。卢旺达宪法规定，每个人都有权拥有私人财产，无论是个人财产还是与他人共有的财产。政府不能侵犯私有权，除非是为了公共利益，而且只有在遵循法律确定的程序并得到公平补偿之后方能对私有财产进行限制。

外国人可以持有在当地注册成立的公司的股份，尽管政府、执政党和军方继续在卢旺达的私营部门发挥主导作用，但政府仍继续将部分国有资产私有化。外国投资者可以购买不动产，本地投资者可以通过最长为 99 年的租赁协议获得土地，但对外国投资者的土地所有权有更严格的限制。2015 年 5 月，卢旺达政府公布了一项新的投资法规，旨在提供税收减免和其他激励措施，以促进外国投资。《投资法》规定，外国人和国民在资金自由转移和征收补偿等方面享有平等待遇。

第三章　卢旺达贸易法律制度

第一节　贸易主管部门

贸易主管部门为卢旺达贸工部和卢旺达发展委员会（RDB），是卢旺达政府为进一步改善卢旺达的投资环境，促进商业和贸易发展，全面发展人力资源、信息技术和保护环境而设立的促进经济快速发展的综合性机构，由包括原卢旺达贸易和投资促进局在内的8个机构合并而成立的。在贸易投资管理方面的主要职能是批准设立贸易型公司，为出口企业开具相关证明材料、退税证明等，引导促进贸易和出口，为国外的投资者提供企业注册设立、政策咨询及项目推介等服务。卢旺达发展委员会提供“一站式”企业服务，新注册企业能够上网申请并在24小时之内得到批准。

第二节　对外贸易法律制度及基本内容

卢旺达制定了较为完整的对外贸易法律体系，并建立了有关检验检疫、海关等相关法律规则，是规制卢旺达对外贸易的重要法律渊源。

（1）贸工部2003年3月15日第5号令《关于任命监督和促进商业活动的官员令》；

（2）贸工部2002年1月19日第3号令《关于建立卢旺达标准局的令》；

（3）2007年第50号法规《卢旺达合作社成立、组织结构和功能规定》；

（4）2008年第5号法规《商务仲裁和调解法》；

（5）1991年8月5日颁布的1991第35号法律《内贸组织法》，2001年1月28日，经过2001年第15号法修订和补充；

（6）2007年7月30日出台的2007第32号法《关于卢旺达商业登记服务局的建立、职责和组织结构的规定》。

一、贸易便利化措施

（1）预先支付制度。此项制度允许从海外进口商品的企业及其代理商开立海关清关账户以方便在物资申报前进行货物清关；

（2）预办入境手续。此项制度能够使货物抵达前进行申报并办理有关结关手续，以使货物抵达后迅速提货；

（3）超级绿色（蓝色）清关通道。这项便利措施的主要对象是装载单一商品品种的集装箱，建立的目的是免办低风险交易的正常海关审查手续，以便受惠方无须通过海关检查就可以提货；

（4）自行核定。此项制度允许纳税人自己按时核定、申报、缴纳其准确的税款；

（5）分期付款支付。所得税法允许商家在预付25%定金的前提下，12个月内分期付款；

（6）过境清关。在繁忙关卡，海关过境清关的门槛已从20万卢郎提高到100万卢郎；

（7）税务清关证（完税证明）。对守法纳税人配发税务清关证以使他们的进口货物减免5%的代扣所得税，现已扩展到减免30%的公共招标付款进口货物的代扣所得税；

（8）保付支票。高于50万卢郎（含）的付款须附有保付支票或银行转账单，以便加快完税；

（9）赋税证的核发由2周内改为2天内。

二、进出口商品检验检疫

卢旺达进出口商品检验机构是卢旺达贸工部下属的卢旺达标准局（RSB），进出口检验有如下规定：（1）所有进口货物（除外交、军事、研究和医药样品、私人物品和私人捐赠物品外）都要经过检验；（2）进口商或其代理人在进口商品进仓库时通知卢旺达标准局派人来对货物进行检验；（3）实地检验的文件需要与货物描述相符，必要时监管部门可以提取样品进行实验分析，如果不符合非关键标准要求，给进口商警告，如果不符合关键性标准要求，通知进口商自费运回或销毁；（4）卢旺达标准局向进口商收进口货物 C&F 价格的 0.2% 作为检验费；（5）卢旺达标准局规定自 2014 年 5 月 8 日起，进口商品需提供 SGS 商检报告方可报关。

三、海关管理制度

卢旺达设立海关管理体系的法律是 2006 年 4 月 28 日颁布的 2006 第 21 号法律《建立海关体系法》。该法规定海关体系建立在卢旺达税务局之下。据世界贸易组织（WTO）最新数据统计，卢旺达 2018 年对 WTO 成员方实施的平均关税税率为 11.3%，农产品税率为 20.0%，非农产品税率为 9.9%。

四、关税制度

卢旺达加入东非共同体后，同时加入了东非共同体海关联盟。进口关税分为两种情况：（1）对东非共同体成员国进口的商品符合原产地规则的，免关税；（2）对从东非共同体以外国家进口的商品，进口税率分三级：对成品征收 25% 的关税，对半成品征收 10% 的关税，对原材料和资本设备征收零关税。

第四章　卢旺达工程承包法律制度

第一节　卢旺达基础设施现状及规划

按照卢旺达政府2020年规划，卢旺达未来发展目标将会建设成与新加坡类似的国家。卢旺达与新加坡具有相似的国土面积、人口、地理位置，同时该国家发展规划由新加坡公司完成，重点发展物流业和金融领域，同时发展旅游行业。在此情况下，政府大量资金用于改善基础设施，主要集中在物流业下游行业。同时，目前该国经济发展良好有序，有海外的卢旺达人和国内投资者在当地投资，为顺应工程承包领域的潮流，当地政府目前对大部分较大工程项目实施 PPP 模式。但是由于缺乏资金，很多想法可行性较小。例如布奇塞拉国际机场项目，一期投资3.25亿美元，初步设计已经由英国公司完成。但由于政府希望该项目按照 PPP 模式进行运行，同时资金没有到位，项目目前仍在停滞状态。另外伊萨卡－基加利铁路项目，计划投资47亿美元，该项目将把卢旺达和布隆迪与坦桑尼亚的港口城市达累斯萨拉姆用铁路连起来。但是卢旺达和布隆迪境内都没有铁路，当地自然环境比较恶劣，均属于多山国家，铁路建设成本极高。同时坦桑尼亚境内的铁路需要改扩建，成本也较高。最本质的问题在于铁路沿线并没有足够的经济增长保证其运营和盈利，因此项目前景并不乐观。目前政府通过物流业带动交通业和加工制造业的发展，规划了首都工业园区和省会城市工业园区项目。例如首都工业园区项目建设内容包括14万平方米办公区和10公里道路，有供水、供电管网、电信管网和钢结构厂房等。上述工作内容均单独招标。

在卢旺达的“母亲河”那巴龙格河上，由中企承建的卢旺达最大单体工程项目那巴龙格河二号水电站近期全面进入实施阶段。项目建成后，不但将极大改善能源结构，还将缓解卢旺达粮食短缺的问题。2020年10月28

日，中国电建签署卢旺达那巴龙格河二号水电站项目联营体协议，工程进入全面实施阶段。据了解，这一项目是中卢两国领导人关心的“一带一路”经济合作旗舰项目，也是卢旺达建国以来的最大单体项目。

根据卢旺达政府规划，电站开发任务为防洪、发电，下游生态流量泄放，兼顾下游灌溉用水。项目距卢旺达首都基加利20.5公里，由黏土心墙堆石坝、左岸开敞式溢洪道、左岸引水发电系统、冲沙兼放空洞和输电线路组成。电站总库容为8.038亿立方米，装机容量43.5兆瓦，是那巴龙格河上装机容量最大的水电站。

电站建成后，年发电量将达到2.819亿千瓦时，极大改善能源结构，降低燃油发电占比和发电成本，极大缓解基加利等附近城市的用电需求。同时，电站下游有近2万公顷的沼泽地，可开发为良田，将改善卢旺达开垦山地为主的农业种植模式，缓解卢旺达粮食短缺问题，有效促进当地农业产量提高。大坝水库建成后，也将促进当地旅游业发展，创造较多就业岗位，拉动当地经济水平提升。

第二节　卢旺达工程承包的法律风险与防范

第一，卢旺达政治权力集中。目前国家军队、政府和执政党均为现任总统实际掌权，近次大选，现任总统的得票率超过90%，反对派实力极弱。如在本届任期届满之后，政局变换尚属未知。同时，总统因为在流离失所的环境里成长，在枪炮声中夺取政权，对所有事物均亲自过问，当地各政府高官、包括部长和内阁成员经常在任期内被换掉，导致各层面高官对大小事务不敢作出最终决定，均汇报给总统决定，一定程度上降低了行政效率。

第二，国内民族问题没有得到根本性解决。1994年大屠杀之后，虽然政府采取措施缓解民族矛盾和融合各民族，如当地人的居民身份证忽略民族一项的内容，均视为卢旺达人，但几百年的民族矛盾需要彻底解决恐怕尚待时日。现在整个国家的政权有图西族掌握，国家经济命脉也被图西族把控，各种优势资源均被图西族垄断，目前整个国家实力和经济的良好发展隐藏了这一现象。在未来贫富差距被进一步拉大和国家资源分配进一步不平衡的情况下，卢旺达随时会爆发因阶级矛盾进而演化成民族矛盾的冲突。在日常交往中，卢旺达人忌讳大屠杀事件，忌讳谈民族区分，不要询问其民族。卢旺达每月的最后一个星期六为义务劳动日，卢旺达是“贡献”的意思。这天的上午7点到11点全体成年人都要参加包括卫生清扫、除草、社区活动在内的各种义务劳动，店铺全部关闭，路上禁止车辆通行。

第三，国家管理存在上下层面脱节的情况。目前政府机关、各大企事业单位的主要管理者均来自周边国家图西族难民的后代，如乌干达、布隆迪和坦桑尼亚等，从小在颠沛流离环境中成长，通过自己的努力学习在欧洲或美国完成高等教育。内战之后图西族重新掌权，回国担任要职。虽然他们拥有发达国家的教育背景，但是对国内现实情况基本闻所未闻。这就直接导致规划和现实完成情况是两张皮，根本行不通。同时该部分掌权的图西族难民后代成长环境比较恶劣，大部分人较为自卑多疑，与其沟通有一定难度。

第四，由于政府在成立之初得到过美国的帮助，因而国家政治体系直接效仿美国。但是以目前的国民素质和国家实际情况，根本无法驾驭美国制造的国家引擎。在工程承包领域，欧洲国家直接规划和建设了卢旺达的水网、电网、广播通信网、道路和交通网，因此当地政府和公司对中资企业，尤其是中国制造或标准有排斥性。当地对美国和欧洲的文化比较推崇，对环保的要求也比较高。例如，在非洲国家中，卢旺达较早也较为彻底的实施禁塑令，在集装箱清关时，必须将塑料包装去除掉。在全国大部分区域，禁止使用炸药，这就导致工程用地材价格较高。

第五，国家财政收入有限，国内税收占很大部分。中资企业在当地都属于较大型的外企，当地审计部门一直对中资企业采取较为严格的审计制度，每年都有个别中资企业因为审计问题被处罚的情况。另外，卢旺达是非洲廉洁度最高的国家之一，对贪污腐败采取零容忍态度，在其他国家中资企业惯用的各种“公关手段”在这里阻力非常大。

第六，当地物流价格高、运距长、时间久。卢旺达进出口货物主要通过三个出海口：其一，从基加利到乌干达抵肯尼亚的蒙巴萨港，全程1721公里；其二，从基加利到布隆迪的布琼布拉，然后经水路再经坦桑尼亚的基戈马转铁路抵达累斯萨拉姆港口，全程1762公里；其三，从基加利到鲁苏莫经坦桑尼亚的因萨卡转铁路抵达累斯萨拉姆港，全程1638公里。从国内发出的货柜基本上需要三个月，海运和陆运运输时间对半，运费也基本对半，陆运运费略高于海运。

第五章　卢旺达劳工法律制度

第一节　卢旺达劳动法律制度及主要内容

卢旺达现有劳工制度继承了原宗主国德国、法国、葡萄牙和比利时等国家的大陆法系和普通法系，融入了伊斯兰法系、习惯法系和混合法系。卢旺达劳动法律体系为2018年颁布的第66/2018号《劳动法》，相比2009年版本，缩短了试用期限，扩大了适用范围，规定了纪律处分和一般行为的雇佣终止，放宽了终止补偿条件。

第一，劳资纠纷是雇员与雇主之间在工资，条件或任期方面的任何争议。新《劳动法》区分了集体和个人劳资纠纷。集体劳资纠纷是指“一个或多个之间的分歧一方面是雇主，另一方面是部分或全部雇员，这是由于集体惯例或工作条件”造成的。个人劳资纠纷被定义为“一个或多个雇员与雇主之间因违反雇佣关系而产生的分歧。

侵犯员工权利、延误付款、付款失败、工作场所事故、失业、低薪、无薪加班、管理不善是劳资纠纷的常见根源，缺乏申诉的渠道使争端升级。根据国际劳工组织（2017）的统计，卢旺达18.9%的员工每周工作超过48小时。这是一个潜在的争议根源，尤其是如果员工没有获得加班费的补偿。

2018年8月30日第66/2018号《劳动法》，废止并取代了《卢旺达劳动法》（2009年5月27日第13/2009号）。新《劳动法》于2018年9月9日在《政府公报》上发布后生效。该法律规定了私营部门雇员，公共部门的合同制雇员，实习生，学徒制和自雇人士的所有就业事宜，但仅涉及职业健康和安全方面的规定（第2条）。因此，除非有关公共部门雇员的法规另有规定，否则新《劳动法》不适用于其他在公共服务部门工作的雇员。

颁布新法律是为了使其与卢旺达已批准的《国际劳工组织（ILO）公

约》保持一致，并解决利益相关者对已废除的《劳动法》规定的质疑，例如，没有规定对劳工违法行为的制裁。劳动法阐明和保护雇员和雇主的基本权利。

卢旺达通过法律禁止童工、工作歧视、强迫劳动和性骚扰。入职的最低年龄为 16 岁，但 13 至 15 岁的儿童可以在学徒期从事轻工。这对教育、健康和身体发育或儿童兴趣没有不利影响（第 3 条），至于“轻工”的界定由部级命令。

第二，劳动合同可以是固定期限的，也可以是不确定的，可以是书面的也可以不是书面的。未成文的劳动合同不应超过 90 天，劳动法对雇佣合同的最低要求作了详细规定，同时具有自身的特色：当企业更改状态时，现有合同仍然有效；未经雇员同意不得将雇佣合同转让给另一雇主；合同可以基于某些理由被暂停一段时间（法律罢工/停工、纪律处分、行政调查、技术/经济困难、不超过 6 个月的监禁/拘留、不可抗力等）。法律禁止将雇员调至与所申请的职位不同的另一职位并降低薪水和福利，除非员工同意更改。禁止在未经雇员同意的情况下，将雇员调任至另一个职位工作，从而导致薪资水平降低。

第三，职业健康与安全。雇主必须保持安全健康的工作环境。法律特别要求雇主在职业健康与安全方面的以下要求：

①雇主确保房舍内的安全和健康状况，由雇主承担费用；

②在组织中建立职业健康与安全委员会；

③为危险工作提供个人防护设备及使用说明；

④采取急救，消防和保护措施；

⑤要求雇主对职业病进行评估、预防等；

⑥雇主向劳动监察员申报职业病引起的事故和死亡。

法律要求雇主应向卢旺达的社会保障机构缴纳社保费用，如果雇主没有为雇员缴纳社会保险金，则在发生事故或疾病时，雇主应支付与雇员注册时社会保险机构应支付的数额相等的费用。雇主不能解雇受职业病或伤害影响的雇员，除非医生书面声明该雇员不适合恢复服务，如果雇员被解雇，则应提供替代性工作，如果没有替代性工作，则应支付报酬。根据部长的命令，向已故雇员的家庭支付丧葬和死亡津贴。如果是分包合同，则根据分包合同保证雇员的工资和雇主的社保缴款以及其他义务（第 19 条）。

第四，工作时间。卢旺达的《劳动法》规定每周工作时间（不包括每天和每周的休息时间）不超过45小时，但经与雇主达成协议可以加班（第43条）。提供不少于24小时的每周休息时间（第44条）。根据卢旺达《劳动法》，雇员的休假权利可归纳如下：

①产假（第56条至第61条）

分娩的女雇员有权享有12周的产假，可能包括分娩前2周，应提供医院开具的产程证明/可能的产期证明。产假后，雇员有权享有每天1小时的带薪哺乳假，为期12个月。产假后，雇员应恢复原职，并且在产假期间不得解雇，应为母乳喂养或怀孕的员工提供安全的工作条件。

②年假（第46条至第50条）

雇主必须提供不超过21天的带薪年假，且除法律另有规定外，不得以现金方式抵扣。法定的公共假日不包括在计算年假中。与其他休假重合的暂停的年假在其他休假结束后恢复，年假权利的有效期为两年。雇主应制定年假时间表以适应员工的休假愿望，年假申请应采用书面形式，年假可以分两个阶段进行。年假补偿是在合同到期或终止时仍有未休年假的，雇主应以现金予以补偿，即使在职第一年的雇员也享有此项权利。

③病假

在提供医院开具证明其无能力工作的医疗证明后，雇员可享受不超过15天的短期病假（第54条）。长期病假由三名获得认可的医生组成的委员会确定，可给予带薪3个月和不带薪3个月的假期（暂停雇用合同）。

④暂时休假

这是带薪休假，用于家庭中的不幸事件，雇员可享有暂时休假，此为带薪休假，暂时休假的范围和程序由劳工部长的命令确定。

第五，薪金和工资。卢旺达的《劳动法》规定，雇员有权获得薪水，除非合同或法律另有规定，并且未进行任何工作，工资的支付频率（每天，每周，每两周，每月）取决于雇用员工的合同条款；有权获得详细的个人每月工资单；不得未经雇员授权而扣除工资，否则将以卢旺达国家银行（NBR）确定的利率偿还员工的工资；获得授权的扣除额不得超过工资的一半。如果雇主向某人或组织发出招标书而分包商未向雇员支付工资，则雇主应保留与工资相等部分的款项，直到分包商支付工资为止。如果分包商不支付，则雇主将从保留的资金中向雇员支付工资（第23条）。这意味着在雇主可以发放保留的资金之前，需要分包商证明已经向工人支付了工资。如果分包商在45天内未提供此类证明，则雇主将向工人支付应得的薪水（第

122条)。

第六，结社自由。《劳动法》赋予了雇员成立、加入协会的权利，协会必须依法进行注册，并且在章程发布后享有法人资格，也即意味着协会具备法律资格代表雇员就劳资争端提起诉讼。在获得企业管理层同意的前提下，协会有权在企业中招募会员或者召开会议，如果未获得此类同意，则可以将此事交给该地区的劳动监察员（第88条）。

第七，集体协议。劳动法明确规定了集体协议的适用范围，包括招聘和解雇的条件、雇员加入工会的权利、适用于每个专业干部的工资、加班费、试用期、休假、年资津贴、集体协议的修订、如何解决因执行协议引起的争议以及集体协议的生效日期等。经双方同意，雇主应将集体协议告知所有雇员，并且还将向该地区的工人代表和劳动监察员提供该协议的副本（第99条)。

第八，争端解决。雇员与雇主之间的劳资纠纷应由工人代表在工作场所友好解决，但如果失败，应将纠纷提交企业或工厂所在地区的劳动监察员。如果此时仍未解决争端，则根据案件的性质和情况将其提交给法院或国家劳动监察员（第102条)。集体劳资纠纷还需通知组织所在地的劳务督察员，并转交给国家劳务督察员。

第九，罢工和停工。雇员和雇主都有罢工和停工的权利，但是在采取这些行动之前，必须提前4天发出通知，而且其他解决争端的机制已经用尽，罢工和停工期间的基本服务不应受到影响。劳动争端解决机制包括仲裁、和解和诉讼。如果超过15天仍未作出仲裁决定或未实施调解解决方案或未作出判决，则应进行罢工或停工（第105条)。法院有权审查罢工或停工是否违法，并且雇佣关系不受罢工或停工的影响（第107条)。雇主或其代表以及雇员或其代表不得进行非法罢工或停工，否则应承担法律后果，雇员将赔偿非法罢工造成的损失，并且无权获得罢工期间的工资，而雇主则将丧失六个月内的投标权、注销登记以及暂时或永久停业（第109条)。

第十，违法。新《劳动法》规定了违法行为及其处罚措施，以下行为可判处有期徒刑：雇佣童工、非法罢工和停工以及违反职业健康和安全规定。大多数违法行为适用于雇主，但有些违法行为也是适用于雇员的，例如非法罢工和违反职业健康与安全的行为。

第二节　与卢旺达进行劳务合作的法律风险与防范

第一，谙熟劳动法律，创新制度模式谙熟当地劳工法律，尊重风俗习惯和宗教信仰，以法律为基础，拟定翔实的雇员管理制度，特别是岗位职责、雇佣合同以及薪酬标准等规定，实行管理业务制度化和程序化，完善考勤、警告、辞退等流程，根据不同岗位差异调整合同、职责和规定，翔实拟定一般和严重过错行为，以制度弥补法律遗漏或模糊条款，规范违法违纪行为，及时在当地劳动监察部门备案相应制度，为劳动纠纷提供支撑依据。创新属地管理制度，建立核心人才培训、考核机制，筹划岗位薪酬级别分类；探索班组标准化建设，实行 1 + N 管理模式（1 个中方人员 + N 个当地雇员），提高班组效率；探寻简易劳务分包等模式，尝试计件薪酬，考虑劳务外包，为企业管理带来便利。

第二，善于运用法律，规范雇员行为熟悉劳动法律各项保护性规定，善于用法律武器维护自己的合法权益，以劳动法律和规章制度规范管理中方和当地雇员的行为，做到行为规范化，有效减少法律纠纷，合理有效运用试用期，及时评估技能水平，及时解雇不满足要求的雇员；合理运用劳动法律和管理制度进行过程管理，建立档案制度，完整记录保存雇员管理过程资料，以备劳动监察部门检查；合理运用非法和严重过错行为、雇佣终止条款，合法合规解雇，避免随意行为导致诉讼纠纷。

第三，妥善维护关系，依法处理纠纷积极妥善维护与政府、议会、工会、部落、媒体和大使馆的关系，并保持良好合作、和谐监督的关系，认真践行劳动法律要求和社会责任，定期协调沟通，主动邀请工会参与企业管理，选送工人代表到劳动局、总工会脱产培训；主动主张、维护雇主权益，引导雇员工会合理正确维权，收集留存雇员非法和违纪行为；建立劳动纠纷协调机制，聘请法律顾问常驻工地答疑释法，主动应对纠纷、调解和诉讼；建立应急反应预案，借助媒体披露澄清事实。

第六章　卢旺达财税金融法律制度

第一节　卢旺达财税金融情况

一、财政情况

卢旺达政府一直致力于建立现代化的税收体制，以改善国家税收结构和提高管理水平，为此进行了多次税收体制的改革。最初是根据15/97号法令成立了国家税务局负责税务征收工作，2004年，国家税务局改制，按照税收的性质将其分为三部分，大纳税人科、所得税科和国际贸易税科。除了税收结构的变化，具体税率的变化也是比较大的，公司税率在2005年以前是35%，2005年卢旺达加入东非共同体后下降为30%。增值税在2001年替代营业税时基本税率保持在15%左右。在进口税率上，2005年前的税率是：制成品30%，半成品15%，原料5%。2005年以后，为与东非共同体保持一致各项税率均下调了5%。2005年第16号法令《个人所得税法》取消了报酬收入20%免税的规定，意味着月收入超过212500卢郎的个人将缴纳更多的所得税。根据2019年报告，从政府手续到税率而言，卢旺达的税务环境在非洲地区具有较强竞争力。该国的总税率为利润的33.2%，而对比撒哈拉以南非洲国家为46.8%，经济合作与发展组织成员国则是39.8%，卢旺达的税率利润占比还是呈高水平发展。此外，由于卢旺达的税务机构效率高、税种少、缴税时间短，很多企业都可以从中受益。再加上卢旺达又降低财产税率和商业贸易许可证收费，并且实施强制性电子报税，方便卢旺达的企业进行纳税业务。

二、金融情况

卢旺达金融行业发展在非洲地区还处于一个较低水平，金融行业主要由五家商业银行组成，储蓄额占总储蓄额的70%以上，但其中只有36%的人口拥有银行账户。为了应对低水平问题，卢旺达政府目前正在推行“金融行业发展计划”，要求金融机构最低资本金由2万美元提高到8万美元，并要求其达到国际标准才能取得资质。同时卢旺达政府正在发展资本市场，并着重推行电子线上支付系统。截至2019年，卢旺达银行的资本充足率为24.1%，银行业税后净利润同比增长14.4%。融资方面，卢旺达银行也给予外资企业以本地企业的同等待遇。但卢旺达基准利率水平较高，商业银行贷款利率也很高，因此企业贷款通常以短期的形式，再加上当地银行缺乏贷款方面的经验，卢旺达商业银行贷款平均利率约为15.5%。其中大多数银行对贷款申请人有以下基本要求：（1）具备项目投资额8%以上的启动资金；（2）根据项目所在行业和具体情况的不同，能够提供相应比例的担保、抵押或质押。当地大多数银行开具保函需要提供正式信函、合同副本、相关有效文件副本等并存入担保现金。

保险方面，卢旺达主要的保险公司为SORAS和SAHAM，经营人寿健康、机动车辆、财产安全、火灾气候等险种。外国企业在当地银行开设账户需要填写申请表；致银行经理的公司开户申请函，该函要指明账户的签字人；公司证明或投资注册证明的复印件；护照复印件；若干张照片等。

第二节　卢旺达财税金融法律及基本内容

一、卢旺达财税法及其内容

卢旺达的税收体系由一系列法律、部令和总监察的裁定构成。其主要的税法以《增值税法》《进口税法》《收入直接税法》《税收程序法》《进口税体系法》以及《部分进口和本地产商品的消费税法》组成；部令以2007年《关于税收申诉委员会的建立、组成和职能的规定》、2007年《执行税收程序法的规定》、2007年《进口税法律体系建立的执行规定》、2007年《执行收入直接税法的规定》以及2003年《归于增值税条例和程序的规定》组成；总监察裁定以《增值税管制法例》《关贸总协定估体系》《执行收入直接税法部令》《执行税收程序法部令》以及《执行建立进口税体系法部令》。

卢旺达的税种结构分为企业所得税、个人所得税、增值税、预扣所得税、消费税、预扣税以及其他税种，而其中针对投资和进口，卢旺达采取了优惠税收政策，机械和原材料、动产和设备、教育设施、特殊车辆、观光用飞机、医疗设备，药品，农业设备，畜牧和渔业投入、旅游和酒店业设备、酒店设备的进口物品采取免税。在卢旺达颁布的新《投资法》中其鼓励大型外资进入泥煤、太阳能、地热、水力、生物质能、旅游、出口加工、沼气和风力的发电、输电和配电以及低造价住房领域，对于符合要求的外资给予公司所得税减免的优惠，包括对跨国公司来卢旺达设立总部或地区分支机构，在符合卢旺达政府要求的条件下给予公司所得税减免，对其他符合政府要求的外资给予公司所得税减半的政策。

卢旺达的税制一般采用属地和属人两种并行。一般而言，企业税税率为30%，特殊情况除外。税期为1年（1月1日至12月31日），企业应向卢旺达税务局报税，填报报税单、资产负债表、报税期的利润表、相关文件等，并于下年度的3月31日之前支付上个报税期的公司税。

二、卢旺达金融法及其内容

在当地金融业的投资层面，卢旺达非常欢迎外资对其进行投资。卢旺达国家银行作为央行，是金融行业的主管部门，没有外资股比要求，其资本金不得低于800万美元，并支付0.5%毛收入的管理费用，一般在申请3个月内办理许可证。申请许可时要提交高管股东经理的个人申明和信用记录，外国申请人应出示文件，证明其本国的监管部门批准其在卢旺达设立分公司（或办事处）或者对此无异议，而且申请公司的主席、经理、高管和股东均为合适人选。在金融监管层面，2015年通过的《客户确认、可疑交易报告和报告记录相关法令》《金融机构顾客服务法令》以及2009年通过的《保险公司许可证规定》，其中规定卢旺达金融行业的主管部门是卢旺达国家银行，证券交易和债券经纪经营由卢旺达证券管理局主管。

第三节　卢旺达财税金融法律风险与防范

一、财税风险与防范

外资企业在卢旺达要注意报税的相关程序，首先注意报税的相关时间，（1）企业所得税在会计年度结束后的6个月内，次年6月30日前；（2）个人就业所得中，就业所得、营业利润和各类投资所得在会计年度结束后的6个月内，次年6月30日前；（3）预扣税中，发薪时预扣在发薪水的次月的前15天内，付款时代扣所得税在付款后15日内，进口预扣税在海关提货前，公开招标预扣税季度预缴在付款时，季度预缴税在6月30日付第一季度、9月30日付第二季度；12月31日付第三季度预缴税、3月30日付全年余额；（4）增值税在以商业发票上的日期月为准的次月的15日前；（5）消费税在货物离开工厂交给消费者使用时。其次注意报税渠道，卢旺达税务局执行税收规定较为严格，处罚严苛，纳税者稍有不慎即被课以重罚。正规企业报税一般通过会计师事务所办理，以避免由误解、时间上延迟或未及时处理报税业务而带来的损失。再者注意报税手续，（1）税务登记：公司成立后7天内到卢旺达税务局进行税务登记；公司在上一纳税年度应纳税业务额超过2000万卢郎的或在前一纳税季度应纳税业务额超过500万卢郎的需要进行增值税登记；如果纳税人的任何信息发生变化，需要在变化发生后的7天内到卢旺达税务局进行变更登记，登记时需要填写登记表。（2）取得纳税人识别号：纳税人提交护照复印件、护照照片和相关登记表格，企业取得纳税人识别号。（3）按照应缴税项目发生的时间和相应的报税时间要求，提交申报单，然后缴税。

二、金融风险与防范

外资企业应积极利用保险、担保、银行等保险金融机构和其他专业风险管理机构的相关业务保障自身利益。包括贸易、投资、承包工程和劳务类信用保险、财产保险、人身安全保险等，银行的保险业务和福费廷业务，各类担保业务（政府担保、商业担保、保函）等。外资企业可以在开展对外投资合作过程中使用中国政策性保险机构，如外资企业可以使用中国出口信用保险公司，公司可以提供包括政治风险、商业风险在内的信用风险保障产品，支持企业对外投资合作保险产品包括短期出口信用保险、中长期出口信用保险、海外投资保险和融资担保等，并对因投资所在国（地区）发生的国有化征收、汇兑限制、战争及政治暴乱、违约等政治风险造成的经济损失提供相应的风险保障；也可使用中国进出口银行等政策性银行提供的商业担保服务。

第七章　卢旺达环境资源法律制度

第一节　卢旺达资源法律概述

卢旺达自然资源相对贫乏，已开采少量的矿藏有锡、钨、铌、钽、绿柱石、黄金等。锡储藏量约10万吨。铌钽蕴藏量估计为3000万吨。尼亚卡班戈钨矿是非洲最大的钨矿之一。根据2019年卢旺达地质和矿业局数据，卢旺达锡矿出口额为3610万美元，钶钽铁矿出口额4479万美元，钨锰铁矿出口额1680万美元。基伍湖天然气蕴藏量约600亿立方米。森林面积约62万公顷，占全国面积的24%。卢旺达泥煤储量大约135亿立方米，主要分布在南部地区。其自然资源分别由土地管理局、水和林业管理局、石油和天然气管理局进行管理。为了对其自然资源进行开采和保护，卢旺达先后颁布了《卢旺达环境保护和改善法》《土地使用和管理法》《采矿法》《环境法》等，其中卢旺达《环保法》对投资者的要求：投资项目需要向卢旺达环境管理局提交项目环境影响评估报告，在取得环保证明之后才能进行公司登记注册。工业、道路建设、房地产、旅游、水力、能源、铁路、机场、渔业、采矿、农业和林业等项目的投资人在项目开始前需要提交项目环境影响评价报告。项目开工后，企业每月都要提供环境影响报告。《环保法》中企业必须遵守的基本原则为采取预防措施进行环境保护原则；可持续发展原则；谁污染谁治理原则；所有公民和社区对环保都有知情权、参与权和参与义务原则；合作原则。

第二节　卢旺达的土地和矿业法律主要内容

卢旺达2005年颁布《土地使用和管理法》，其规定卢旺达的土地分为国有、私人所有和国家私人所有（即排除在公共基础设施之外的国有土地，包括无主的土地），私有土地可以继承和转让，土地使用权男女一律平等。湖泊、河流和地下水为国家所有，但私人可以参与管理使用。所有土地均可以转让、租赁、抵押和买卖，租赁期应该在 3 年以上并可以延期，但不能超过 49 年（农业用地租赁期不超过 99 年）。2015 年新《投资法案》中关于土地权规定进行修改，其规定所有的投资者能够购买和拥有土地的所有权。

在外资企业获得土地层面，《土地使用和管理法》第 6 条第 1 款明确规定在卢旺达投资的外国人拥有与卢旺达本国人相同的土地所有权。卢旺达发展署（RDB）在其官方网站中规定了投资者取得基加利地区土地的程序步骤，同时表示外国人只有在国际条约、双边条约有明确的规定下才能取得土地拥有权，外国投资者在特别经济区内可以享有土地方面的国民待遇购买土地。在 RDB 发布的外国投资者手册中，明确规定外国投资者可以租借私有土地和国家私人土地，租用私有土地的最长年限是 49 年，租用国家私人土地用于林业、农业、养殖和旅游业的最长期限是 49 年，用于商业、社会、科教文化的最长期限是 30 年，用于住宅开发的最长期限为 20 年，在湿地开发的最长期限是 20 年，租用水面进行渔业开发（需要获得有关许可证）的最长期限是 15 年。该租赁权可继承、终止和抵押。

在外资参与当地农业投资合作层面，卢旺达允许外资获得农业耕地的所有权和承包经营权，公共所有的农业耕地租用期限为 49 年，私人所有的农业耕地租用期限为 99 年并可以续期，符合要求在卢旺达土地注册局注册即可。在外资参与当地林业投资合作层面，卢旺达允许外资获得林地的所有权和承包经营权，林地租用期限为 49 年，符合要求在卢旺达土地注册局注册即可。

卢旺达《矿业法》分为矿产许可证的内容、采集矿产许可证、矿产许可证的申请、通过公共采购程序申请矿产许可证、颁发矿产许可证、对授予矿产许可证的限制、许可证持有人的责任、吊销矿产许可证、对损坏区域的修复等内容。其中主要是规定政府参与采矿活动，通过行政管理以有效地管理矿产部门，规范商业实体在采矿作业中的许可和参与；规定手工采矿的正规化，并确定地方政府在其监管中的作用提供采矿业务的国家内容；提供有效和安全的采矿作业，提供矿山关闭和采矿基础设施退役的规定等。在开采方面，《矿法》规定，投资者有权开采大型、中型、小型的矿产资源，还可以与国内外的合作者共同开发。此外，卢旺达政府为了吸引投资者开设矿业装备公司，成为其矿业装备供应商，为此，他们规定，投资者在一天时间内就能完成公司注册并获得经营许可，还享有税费方面的优惠待遇。卢旺达境内主要有 6 个可供投资的地区，卢旺达政府对有潜力的矿床组织开展各种形式的勘探，发现和圈定可利用的矿产资源产地，外商投资企业可以根据自身实际情况提交申请许可，其中可申请的许可种类包括 118 种采矿许可、89 种勘探许可和 50 种工业采石许可。

第三节　卢旺达环境资源法律风险与防范

卢旺达的环境资源法律制度比较容易引发企业的环境违法风险，外国投资者对这些特殊规定相对陌生，再加上卢旺达环境资源法律的日益完善使其处罚程度越来越严厉，外资企业在卢旺达的投资建设容易引发不必要的麻烦。对外投资企业须在投资开采之前，及时开展环境影响评价，企业内部可以颁布环境影响评价规章、条例或细则，对需要采取环境影响评价的建设项目列举比较详细的清单。在项目投资建设开始前，对外投资企业必须及时明确项目授权申请人、并积极邀请环境影响评价师、配合环境资源主管部门履职工作、公布重要环境资源信息、积极保障环境保护的公众参与。在此基础上，预估项目潜在的不利环境影响，并向环境主管部门提交必要的环境信息，便于卢旺达政府公开环境信息，公民参与环境保护，有效控制项目在存续周期内对环境资源的影响。若在此期间出现承包工程情况，承包商在卢旺达施工过程中要按照当地《环境资源法》的要求，避免破坏生态资源环境，保持施工现场的环境卫生，要按照有关规定每月提供环境影响报告。在分包情况下，分包合同要明确责任分工，总承包商要确保分包商能够遵守卢方法律要求，否则将承担连带责任。与此同时，外商投资企业还需注意项目结束后的环境修复义务。中国在卢旺达投资的矿业等特殊项目显然具有较强的环境影响属性，因此，除了投资前必要的环境影响评价以及项目运营过程中的环保授权和环境许可之外，在采矿结束时，还必须对土地进行修复、对废弃物进行回收。外商投资企业必须积极保护矿区环境，在矿业开发结束后进行闭坑与环境修复。同时还需注意对矿区员工工作环境的保护，对外国企业投资卢旺达的矿产、雇佣当地矿工予以较高的要求，确保矿业工人的工作环境不至危害其身体健康和安全。

对外投资企业结合对卢旺达的投资实践，从卢旺达地区和资源行业两个领域，注意极易引发投资风险的环境法律规制。企业内部要对我国及卢旺达的环境法律制度进行相应的了解，为了避免环境法律风险、保障投资利益，重点关注与投资企业利益相关的环境影响评价制度、环境监测制度、环境修复制度、生态红线制度等，由此了解卢旺达的资源环境管理和治理的制度。企业应当突破传统看问题的视角局限，转变对卢旺达国家的相关法律的了解方式和目标，企业内部加强对卢旺达环境资源法律研究的指导性和针对性，为卢旺达环境法律纠纷的防范和化解提供具备可操作性的实务指引。

第八章　卢旺达其他法律制度

第一节　知识产权法律制度

一、简介

卢旺达的知识产权法律制度，其核心法律是卢旺达议会于2009年10月26日通过的《保护知识产权法》（N 31/2009 of 26/10/2009），涵盖了专利、商标、著作权等的取得、存续、限制、使用和保护等。同时卢旺达是世界知识产权组织的成员国，也是《保护工业和知识产权的巴黎公约》和《世界版权公约和伯尔尼著作权公约》签约国、非洲工业和知识产权组织（ARIPO）成员国，还加入了《马德里公约》和《海牙公约及专利合作公约（PCT）》。投资者拥有的知识产权可以依据该国《保护知识产权法》和上述公约向卢旺达贸工部申请知识产权的保护执法，知识产权的登记则向卢旺达发展署（RDB）下属的总注册办公室申请。

根据卢旺达《保护知识产权法》的规定，该法所称的知识产权是指：（1）与文学、艺术和科学作品有关的权利；（2）表演权；（3）录音制品权；（4）无线广播；（5）发明创造、科学发现；（6）工业设计和模型；（7）商标和服务标志；（8）商号；（9）反不正当竞争；（10）工业、科学、文学或艺术领域等智力活动所产生的其他任何权利（该法第3条）。在这之中分为两个主要分支，即工业产权和版权，工业产权涵盖发明创造、创新和实用新型、产品或服务标志、工业设计和模型、商标商号、地理标志、集成电路布局设计所有权以及要求消除不正当竞争的权利；版权涵盖著作权等版权相关权利、表演权、录音和无线广播（该法第4条）。

二、工业产权

卢旺达工业产权的保护集中于发明专利、实用新型、工业设计和模型、集成电路布局设计、商标商号、地理标志。

（一）发明专利

卢旺达知识产权法要求发明专利具有新颖性、创造性和工业适用性（该法第 14 条），其专利权属于发明人，可以继承、转让、抵押或担保（该法第 19 条），根据劳动合同的一部分实施的发明行为，该发明的专利权属于用人单位，合同另有规定的除外，发明专利的经济效益远高于合同签订时所预估的经济价值的，发明人有权获得公平报酬（该法第 21 条）。在专利权的保护范围内，排除了发现、科学理论、数学方法、贸易手段、纯粹心理活动、游戏规则、医学治疗手段（不包括使用的物品）、动植物种类、动植物整体或部分、卢旺达所加入的国际公约中规定的药品、商业用途与公共秩序和道德相悖的发明（该法第 18 条）。

发明专利的申请遵循优先原则，两人以上发明同一专利的，以第一申请人作为发明专利的发明人，同时申请的，该发明属于共同发明，申请人共享专利权，共享专利权的授权需要签订联合许可协议。在卢旺达境外已经申请该项发明专利权的发明人，可根据《巴黎公约》和卢旺达加入的双边、区域或多边公约申请获得优先权，优先权期限为 12 个月（该法第 20 条、30 条）。实用新型专利的申请人可以在专利授予或拒绝授予专利前将其申请改为发明专利申请，新申请权享有原申请的申请日期（该法第 73 条）。

发明专利的申请应向授权机构递交申请，申请书应包括申请授权的专利、发明的描述、主张的权利、必要的发明图纸、内容摘要，同时提供申请人和发明人的相关信息及发明专利的命名，以及该专利与相应的外国申请有关的信息（该法第 22、23、24、31 条）。

发明专利具有限制作用，任何利害相关者可以要求法院宣布专利无效，但当只请求专利部分无效时只能寻求索赔，如果专利所有权发生争议，胜诉的利害关系人可以请求法院将该专利所有权进行转让（该法第 36、37 条）。除专利权人许可外，卢旺达政府可以依据公共利益和司法机关或授权机构的决定进行强制许可（该法第 52 条）。

卢旺达发明专利的期限为自专利申请之日起 20 年，为保持专利申请或专利有效，需每年在专利申请日前一年内缴纳年费，6 年未缴纳专利费用的视为撤回专利申请或者专利失效（该法第 42 条）。当专利所有人或经其同意的合法将专利产品投放市场的有关行为，专利权人专利权用尽（该法第 40 条）。

（二）实用新型

卢旺达知识产权法要求实用新型应具有新颖性和工业实用性（该法第 57 条），其权利属于发明人，实用新型专利权可以继承、转让、抵押或担保（该法第 60 条），根据劳动合同的一部分实施的发明行为，该实用新型专利权属于用人单位，合同另有规定的除外，实用新型专利权的经济效益远高于合同签订时所预估的经济价值的，发明人有权获得公平报酬（该法第 62 条）。在专利权的保护范围内，排除了发现、科学理论、贸易手段、纯粹心理活动、游戏规则、医学治疗手段（不包括使用的物品）、天然物质、发现新用途的已知物质、动植物种类、动植物整体或部分、卢旺达所加入的国际公约中规定的药品、商业用途与公共秩序和道德相悖的发明（该法第 59 条）。

实用新型专利的申请遵循优先原则，两人以上发明同一实用新型的，以第一申请人作为实用新型专利的发明人，同时申请的，该实用新型属于共同发明，申请人共享实用新型专利权，共享实用新型专利权的授权需要签订联合许可协议。在卢旺达境外已经申请该项实用新型专利权的发明人，可根据《巴黎公约》和卢旺达加入的双边、区域或多边公约申请获得优先权，优先权期限为 12 个月（该法第 61、71 条）。发明专利的申请人可以在专利授予或拒绝授予专利前将其申请改为实用新型专利申请，新申请权享有原申请的申请日期（该法第 73 条）。

实用新型专利的申请应向授权机构递交申请，申请书应包括申请授权的实用新型、发明的描述、主张的权利、必要的实用新型图纸、内容摘要，同时提供申请人和发明人的相关信息及实用新型的命名，以及该实用新型与相应的外国申请有关的信息（该法第 63、64、65、72 条）。

实用新型专利权具有限制，任何相关人员可向有管辖权的法院申请实用新型证书失效（该法第 78 条），与专利权不同，实用新型专利权的强制许可只有在不能正常使用或使用不足的情况下进行（该法第 88 条）。

卢旺达实用新型专利权期限为自申请之日起 10 年，自申请之日起第 5 年，实用新型专利权人应当缴纳后 5 年的维持费，维持费的缴纳期间为 6 个月（该法第 83 条）。当实用新型专利所有人或经其同意的合法将实用新型产品投放市场的有关行为，实用新型专利权人专利权用尽（该法第81条）。

（三）工业设计和集成电路的布局设计

卢旺达知识产权法要求工业设计具有新颖性（该法第89条），其权利期限为自申请之日起15年，可以续期2次，每次五年，续期时应在权利截止日期前提出申请，6个月内缴纳相关费用（该法第105条）。

集成电路的布局设计应具有创造性（该法第109条），其权利期限为自申请之日起10年（该法第120条）。

工业设计的其他相关内容与实用新型专利相似，而集成电路的布局设计与发明专利相似。

（四）商标和商号及地理标志

商标、商号和地理标志以登记方式取得（该法第141条），商标权利有效期为自登记申请之日起10年，可无限期续期，每期10年，但需在到期之日前支付续期费，续期费享有到期之日后10个月的宽恕期（该法第153条）。

第二节　争议解决法律制度

卢旺达的法律体系缺乏独立性，受政府干预较大。美国传统基金会经济自由度指数指出，影响卢旺达经济自由的最大因素之一就是法律救济体系缺乏独立性。外国投资者在卢旺达发生商业纠纷可通过其国内司法系统或仲裁机构寻求救济。

1958年，卢旺达签署《纽约公约》。外国投资者与东道国之间的商业纠纷可诉诸国际投资处理解决中心（ICSID），寻求国际仲裁。1989年，卢旺达签署并成为多边投资担保机构的成员，保证外国投资者在卢旺达的投资免受非商业风险的影响。2012年，卢旺达政府成立基加利国际仲裁中心（Kigali International Arbitration Center，KIAC），为国内商业纠纷提供仲裁解决，为投资者降低司法救济的时间和成本。卢旺达仲裁法律中规定，若在合同中有规定、实质商业关系涉及其他国家、双方认可纠纷争议涉及其他国家，均可使用国际仲裁；仲裁在双方达成一致的任何仲裁地点均可，若双方发生分歧，则要在卢旺达仲裁。

第三节　投资卢旺达其他风险防范提示

一、投资方面

卢旺达政府近年来采取了很多鼓励投资的措施，投资者进入卢旺达门槛很低，程序简便。但是卢旺达税收、环保等法律对在卢旺达经营的企业要求比较严格，有关执法部门的执法力度也较强，对外国企业罚款较重。同时卢旺达有关审批部门负责人更换频繁，不同的人对政策的解读差别较大，自由裁量权较大，政府政策稳定性不足，内部缺乏协调，存在一定的政策性风险。中国企业在卢开展产能合作应注意遵守当地法律，了解合作相关政策，同时订立详细具体的合同。

卢旺达经济资源主要由执政党和军队管控，军警在卢旺达社会生活中占有强势地位，投资者在投资合作的过程中需书面订立尽可能详细的合同，以便发生争执陷入司法纠纷时，维护自身正当权益。

二、贸易方面

卢旺达与中国之间的直接贸易往来相对较少，其银行与中国银行之间的业务联系较少，因此交易过程中可能出现信任问题、银行业务不畅等困难。当地商人往往过于看重成交价格而忽视产品质量，因此在合同签订前要明确产品质量条款，以免引起不必要的纠纷。

三、承包工程方面

承包商在卢旺达施工过程中要按照当地环保法的要求，避免破坏生态环境，保持施工现场的环境卫生，要按照有关规定每月提供环境影响报告。

在分包情况下，分包合同要明确责任分工，总承包商要确保分包商能够遵守卢方法律要求，否则将承担连带责任。

遵守当地劳动法律，妥善处理与当地员工的劳动纠纷。聘用和解雇当地员工都需要符合卢旺达《劳动法》。

四、劳务合作方面

中国劳工在卢旺达要按照卢旺达法律规定办理工作签证，工作签证主发给卢旺达当地劳动市场无法提供的技术工种的申请人，需要提供的材料多，审批周期较长。在卢旺达工作期间要尊重当地风俗习惯，不谈论大屠杀和卢旺达种族问题。

五、其他方面

（1）卢旺达的卢郎兑美元汇率一直呈下跌趋势，和卢方签订合同时应明确支付币种，考虑到货币汇率的风险；虽然卢郎可以自由汇兑美元，但在自由市场上短时间内大数额的卢郎兑换美元比较困难。

（2）卢旺达属内陆小国，交通运输周转环节多，运输周期相对较长。卢旺达人多地少，投资人在申请厂址、土地时会遇到一定困难。卢旺达办事程序大多沿袭西方做法，比较注重文字依据，因此办任何事情都要注意与对方留有文字材料，做到紧要之处有依据。

（3）卢旺达市场狭小，竞争激烈，资源贫乏，国民经济缺乏支柱性产业，经济主要依靠外援。由于地处内陆，运输成本较高，进口消费品和燃油价格偏高；当地技术工人较少，劳动力价格相对较高。

（4）卢旺达地区的疟疾、阿米巴痢疾、肝炎等肠道传染病感染率比较高。在卢旺达和拟赴卢旺达的中国公民要了解有关防疫知识，采取必要防护措施，如遇感染或有疑似症状请及时就医。

（5）卢旺达总体治安状况良好，但近年来社会治安开始出现一些问题。赴卢旺达工作的中国公民应特别注意人身安全，避免受到伤害。人口密集街区小偷较多，近期出现多起骑摩托车的抢匪抢劫路人财物案件。请勿随身携带大量现金，出门注意人身和财产安全。

（6）因新冠肺炎疫情的影响，卢旺达及国际社会的疫情防控管制措施持续时间难以预计，对卢旺达的投产会有工程项目进度受阻、企业的成本增加、开拓新项目受阻的影响，而海外项目储备预计也将进一步放缓。

附　录

附录1：卢旺达主要法律法规

1.1 与投资合作相关的主要法律

（1）新《公司法》；

（2）新《投资法》；

（3）《私有化和公共投资法》；

（4）《土地法》；

（5）《环境保护法》；

（6）新《劳动法》（2009年生效）；

（7）《担保交易法》；

（8）《破产法》等；

（9）《知识产权法》。

1.2 贸易相关法规体系

（1）贸工部2003年3月15日第5号令《关于任命监督和促进商业活动的官员令》；

（2）贸工部2002年1月19日第3号令《关于建立卢旺达标准局的令》；

（3）2007年第50号法规《卢旺达合作社成立、组织结构和功能规定》；

（4）2008年第5号法规《商务仲裁和调解法》；

（5）1991年8月5日颁布的1991第35号法律《内贸组织法》，2001年1月28日，经过2001年第15号法修订和补充；

（6）2007年7月30日出台的2007第32号法《关于卢旺达商业登记服务局的建立、职责和组织结构的规定》。

1.3 税收法规体系

卢旺达税收体系由一系列法律、部令和总监察的裁定构成。

1.3.1 主要税收法律

（1）2001 年 1 月 20 日颁布的 2001 年第 6 号法律《增值税法》；

（2）2002 年 7 月 18 日颁布的 2002 年第 25 号法律《进口税法》；

（3）2005 年 8 月 18 日颁布的 2005 年第 16 号法律《收入直接税法》；

（4）2005 年 12 月 4 日颁布的 2005 年第 25 号法律《税收程序法》；

（5）2006 年 4 月 28 日颁布的 2006 年第 21 号法律《进口税体系法》；

（6）2006 年 5 月 27 日颁布的 2006 年第 26 号法律《部分进口和本地产商品的消费税法》。

1.3.2 税收相关部令

（1）2007 年 5 月 9 日 08/03 号总理令《关于税收申诉委员会的建立、组成和职能的规定》；

（2）2007 年 5 月 9 日 002/07 号部令《执行税收程序法的规定》；

（3）2007 年 5 月 9 日 003/07 号部令《进口税法律体系建立的执行规定》；

（4）2007 年 5 月 9 日 004/07 号部令《执行收入直接税法的规定》；

（5）2003 年 1 月 13 日 001 号部令《归于增值税条例和程序的规定》。

1.3.3 税收总监察裁定

（1）2001 年 8 月 1 日发布的 2001 年第 1 号总监察裁定《增值税管制法例》；

（2）2001 年 12 月 30 日发布的 2002 年第 2 号总监察裁定《增值税管制法例》；

（3）2004 年 7 月 16 日发布的 2004 年第 1 号总监察裁定《关贸总协定评估体系》；

（4）2005 年 6 月 2 日发布的 2005 年第 4 号总监察裁定《增值税管制法例》；

（5）2007 年 6 月 15 日发布的 2007 年第 1 号总监察裁定《执行收入直接税法部令》；

（6）2007 年 6 月 15 日发布的 2007 年第 2 号总监察裁定《执行税收程序法部令》；

（7）2007 年 6 月 15 日发布的 2007 年第 3 号总监察裁定《执行建立进口税体系法部令》。

1.4 金融监管规定

（1）2015 年《客户确认、可疑交易报告和报告记录相关法令》；

（2）2015 年《金融机构顾客服务法令》；

（3）2009 年《保险公司许可证规定》。

1.5 环保法律

（1）2005 年 4 月 8 日颁布的 2005 第 4 号基本法《卢旺达环境保护和改善法》；

（2）2006 年 4 月 13 日颁布的 2006 第 16 号法规《关于卢旺达环境管理局的成立、职能和责任的规定》；

（3）2006 年 2 月 16 日批准的《禁止危险废物输入非洲和控制危险废物在非洲内部越境转移及管理公约》。

附录 2：卢旺达主要政府部门、司法机构

2.1 政府机构

卢旺达的政府机构分为中央政府机构和地方政府机构，在此处同时列出主要的经济部门。

2.1.1 中央政府机构

总统府、总理府、地方政府部，农业和动物资源部，外交、合作和东共体事务部，财政和经济计划部，国防部，司法部，卫生部，内阁事务部，贸易和工业部，教育部，基础设施部，土地和森林部，环境部，文化和体育部，信息产业部，青年部，公共服务和劳动部，性别和家庭促进部，灾害预防和难民事务部，发展署，矿业、石油和天然气署。

2.1.2 地方政府机构

4 个省政府和基加利市政府，40 个县市和 416 个乡（镇）政府。

2.1.3 主要经济部门

（1）财政和经济计划部，职能：为保持国家宏观经济环境稳定，低通胀率，适度财政赤字和外债，制定国家财政预算，调动国内外资源，推动建立高效、稳定、活力的金融市场。采用国家最高标准来进行公共财政管理；

（2）贸易和工业部，职能：为建立商业政策体系，推动外国和本地投资，便利大、中小企业发展，推动旅游业发展，推动和便利内、外贸发展，通过参与双边和多边机制来推动全球性贸易，在贸易和商业过程中建立和推行国家标准体系；

（3）基础设施部，职能：改善道路交通条件，提高安全性和便利性，

建立现代化通信网络设施，规划城市和农村住房方案，增加电力供应和推动能源多样化，减少环境污染和破坏；

（4）农业部，职能：发展农、牧、渔业的多样性和集约化，增加农村人口收入和就业，建立农产品进入国内国际市场的通道，保护自然资源，保持水土，建立农产品的专业化和现代化生产体制，为农业企业的投资和发展建立有利环境；

（5）卢旺达发展署（RDB），卢旺达对外经济的主管部门，职能：通过各种政策吸引外来资本，推动私营企业的发展。

（6）2017 年，卢旺达自然资源局（RNRA）将拆分为三个独立的专门机构，分别是土地管理局、水和林业管理局、石油和天然气管理局。卢政府表示将加大矿产勘探力度，增加矿产品出口，重启油气勘探活动。

2.2 司法机构

卢旺达的司法机构由最高司法会议、最高法院、上诉法院、初审法院、县法院组成。最高司法会议由最高法院正副院长及 2 名法官、各上诉法院 1 名法官、各上诉法院辖区内的初审法院和县法院法官各 1 名组成，负责除最高法院正副院长外所有法官的任免、升迁等事宜。初审法院以上各级法院均设检察院，分为初审法院共和国检察院、上诉法院总检察院和终审法院总检察院三级。

2.2.1 最高法院

最高法院是全国最高法院，包括法院法庭局、终审法院、行政法院、宪法法院、审计法院。最高法院的判决除请求行使宽恕特权或修改司法判决的请求外，不得上诉。其决定对有关各方具有约束力，无论是国家机关、公职人员、平民、军事、司法官员还是个人。

2.2.2 上诉法院

上诉法院主要审理上诉案件，但同样有权在一审中审理在卢旺达犯下的某些严重罪行以及法律规定的在卢旺达境外犯下的一些罪行。

2.2.3 初审法院

卢旺达的每个省设立有初审法院，基加利市设有一个初审法院。

2.2.4 县法院

全国各区、镇和市分别设立了区、镇和市法院，其级别均为县法院。

2.2.5 专门法院

卢旺达于 2008 年 3 月成立了专门的商事法庭，专门审理商业类纠纷。

塞内加尔经贸投资法律环境报告

第一章　塞内加尔基本概况

塞内加尔因其独特的地理位置、历史意义、政治示范作用、文化特性以及国际关系领域的作为广受世界瞩目。迄今为止，塞内加尔仍是萨赫勒地区和西非地区面向大西洋、走向世界的对外贸易“窗口”。1971 年 12 月 7 日，中国同塞内加尔正式建交。尽管两国的邦交曾在 1996 年短暂中断，但已在 2005 年 10 月 25 日恢复。复交以来，两国政治、经济、贸易、技术等往来愈发频繁，各领域成果日益丰硕。中国已然成为塞内加尔的第二大贸易伙伴、第一大花生进口国与第一大融资来源国。2020 年，中塞双边货物进出口额为 287867. 7 万美元，同比增长 14. 6%；中国向塞内加尔出口商品总值为 256343. 3 万美元，同比增长 15. 9%；中国自塞内加尔进口商品总值为 31524. 4 万美元，同比增长 4. 8%；中塞贸易差额为 224819 万美元。① 另据中国商务部统计，2020 年，中国企业对塞直接投资额达 7131 万美元；中国在塞新签工程承包合同额达 14. 89 亿美元，同比增长 45. 3%。②

目前，中华人民共和国条约数据库共收录中塞双边法律文件共 25 部，其中与经贸相关的主要有《中华人民共和国政府和塞内加尔共和国政府贸易协定》(1973) 与《中华人民共和国政府和塞内加尔共和国政府关于成立经济、贸易和技术合作混合委员会的协定》(2009)。③ 除官方政府间的经贸往来外，中国海洋渔业总公司于 1984 年与塞内加尔的两家渔业公司签署了

---

① 华经情报网：2015－2020 年中国与塞内加尔双边贸易额与贸易差额统计［EB/OL］.（2021－02－02）［2021－05－02］. https：//www. huaon. com/channel/tradedata/686004. html.

② 商务部西亚非洲司：中国—塞内加尔经贸合作简况［EB/OL］.（2020－08－18）［2021－05－02］. http：//xyf. mofcom. gov. cn/article/tj/hz/202008/20200802993317. shtml.

③ 中华人民共和国条约数据库［EB/OL］.［2021－05－02］. http：//treaty. mfa. gov. cn/Treaty/web/index. jsp.

渔业合作合同；中国水产总公司于1994年收购了塞内加尔渔业有限公司，均被誉为20世纪末期中塞合作的典范。①

一、塞内加尔国家概况

加纳的索宁克王国（Soninke Kingdom）于公元4世纪在塞内加尔河北部出现，后壮大成为“加纳帝国”（the Ghana Empire）。6个世纪后，图库洛尔人建立塔克鲁尔王国（Takrur Kingdom），王国逐渐成为马格里布、欧洲及撒哈拉以南非洲间的贸易中心，后皈依马里帝国与朱洛夫帝国。② 1659年，法国在圣路易港建立殖民点。1864年，塞内加尔沦为法国殖民地，1909年塞内加尔并入法属西非洲。1959年4月，塞内加尔与苏丹（后更名为马里共和国）结成马里联邦。1960年6月20日，马里联邦独立。同年8月20日，塞内加尔退出联邦，成立独立共和国。列奥波尔德·塞达·桑戈尔（Léopold Sédar Senghor）任塞内加尔首任总统。自桑戈尔总统1980年12月31日离职后，阿卜杜·迪乌夫（Abdou Diouf）、阿卜杜拉耶·瓦德（Abdoulaye Wade）先后接任。塞内加尔现任总统为争取共和联盟（APR）领袖麦基·萨勒（Macky Sall）。

（一）塞内加尔的人文和地理环境

塞内加尔共和国（法语：La République du Sénégal，英语：Republic of Senegal）位于非洲大陆凸出部位的最西端。塞内加尔国土面积为196712平方公里，海岸线长约700公里，属热带草原气候。塞内加尔东部与马里相邻，南部与几内亚、几内亚比绍相接，西部濒临大西洋，北部毗邻毛里塔尼亚。塞内加尔国家统计与人口办公室（Agence Nationale de Statistique et de la Démographie）的最新数据显示，塞内加尔2021年的人口数量达到了1722.35万。塞内加尔共有20余个民族，其中沃洛夫族、颇尔族与谢列尔族为塞内加尔的主要民族。在语言的类型与分布上，受法国殖民的影响，塞内加尔当前的官方语言为法语，主要用于政治、经济、文化及国际交流，沃洛夫语则在使用人数与影响力上占据主导。在行政区域的划分上，塞内加尔

---

① 潘华琼，张象编著，列国志新版：塞内加尔［M］．社会科学文献出版社，2018：332.

② 潘华琼，张象编著，列国志新版：塞内加尔［M］．社会科学文献出版社，2018：56－57.

目前共有14个行政区（régions），45个省（départements），113个县（arrondissements），其中，14个行政区按人口数量降序排列分别为达喀尔区（Dakar）、久尔贝勒区（Diourbel）、坦巴昆达区（Tambacounda）、圣路易区（Saint - Louis）、捷斯区（Thiès）、法蒂克区（Fatick）、卡夫林区（Kaffrine）、考拉克区（Kaolack）、凯杜古区（Kedougou）、科尔达区（Kolda）、卢加区（Louga）、马塔姆区（Matam）、塞久区（Sedhiou）与济金绍尔区（Ziguinchor）。达喀尔（Dakar）作为达喀尔区的首府，同时也是塞内加尔的首都、全国的政治、经济和文化中心、国民议会及总统官邸所在地、最大的港口城市以及国际交通枢纽。除达喀尔外，塞内加尔的主要城市包括河中、上游广大地区树胶、黄金等物产的集散地圣路易（Saint - Louis）、西部平原主要的经济中心捷斯（Thiès）等。塞内加尔已然成为非洲文明、伊斯兰文明与欧洲文明的交融之地。

（二）塞内加尔的政治和经济环境

塞内加尔在西非地区素有“稳定之锚”与“和平绿洲”的美誉。塞内加尔作为“马里联邦”的一部分，随联邦在1960年6月20日宣布独立。同年8月20日，塞内加尔立法议会决定退出“马里联邦”，成立塞内加尔独立共和国。[①] 进步联盟政党领袖列奥波尔德·塞达·桑戈尔（Léopold Sédar Senghor）任共和国第一任总统，1960年至1980年共执政塞内加尔20年。塞内加尔国民议会于1960年8月25日通过了独立后的第一部新宪法，双元首与三权分立体制得以确立。[②] 宪法于1963年、1967年、1970年、1976年、1979年、1983年、1984年、2001年等年份经历多次修改，现行宪法于2001年1月经全民公决通过。新宪法共分为十二章，分别对国家主权、公共责任与人权、经济、社会与集体权利、共和国总统、政府、反对派、国民议会、行政权与立法权的关系、司法权、国际条约、高等法院、地方政府、文本修订以及过渡性条款等内容进行了规定。目前，塞内加尔在国际社会中享有较高的声望，同时是联合国、世界贸易组织、不结盟运动、法语国家组织、伊斯兰合作组织、非洲联盟、西非国家经济共同体、西非经济货币联

① 潘华琼，张象编著，列国志新版：塞内加尔［M］．社会科学文献出版社，2018：80.

② 双元首体制主要指的是总统为国家首脑兼管外交事务，总理是行政首脑负责政府日常事务，二者分享行政管理权。

盟、科托努协定和萨赫勒-撒哈拉国家共同体等组织成员国①，西非国家中央银行总部设在塞内加尔首都达喀尔。

在经济领域，塞内加尔作为西非地区工业较发达的国家之一，经济发展潜力巨大，整体由现代经济区、主要花生产地、缺乏获取利润的生存农业区等三个经济地理区域组成②，渔业、花生、磷酸盐、旅游业是塞内加尔四大出口创汇、外汇收入的主要来源与传统支柱产业。在产业结构上，塞内加尔第一、二、三产业产值分别占国内生产总值的 18.6%、25.2%和 56.2%③，第三产业是其国内生产总值的主要贡献者。世界银行统计数据显示，2019 年塞内加尔国内生产总值（GDP）为 235.78 亿美元，人均为 1446.8 美元，增长率为 5.3%，较 2018 年 6.38%的增速有所下降，属于中低等收入国家。塞内加尔政府于 2014 年 3 月推出塞内加尔振兴计划（the Plan Senegal Emergent，PSE），由塞内加尔总统府“振兴塞内加尔计划”事务部进行统一部署，目前计划已实施到第二个阶段，成效显著。塞内加尔将长期致力于摆脱低经济增长及贫穷问题，提振经济。

近年来，塞内加尔不断致力于推动国有企业的私有化改造，其中涉及水、电信、能源等重要领域与部门。④ 2020 年，塞内加尔外债总额约为 158.73 亿美元，外汇储备约为 30.11 亿美元；2019 年塞内加尔吸引外国直接投资 9.83 亿美元。⑤ 世界经济论坛《2019 年全球竞争力报告》（The Global Competitiveness Report 2019）显示，塞内加尔在全球最具竞争力的 141 个国家和地区中，排名第 114 位；世界银行《2020 年营商环境报告》

---

① 中非合作论坛官网：塞内加尔国家概况［EB/OL］.（2018-09）［2021-05-08］. http：//www.focac.org/chn/ltjj/ltffcy/snje/

② 潘华琼，张象编著，列国志新版：塞内加尔［M］. 社会科学文献出版社，2018：141.

③ 商务部国际贸易经济合作研究院，中国驻塞内加尔大使馆经济商务处. 对外投资合作国别（地区）指南：塞内加尔［R］. 商务部国际贸易经济合作研究院，2020：14.

④ 农业农村部对外经济合作中心国际二处：与世行合作系列研究之十一投资塞内加尔的 7 大理由［EB/OL］.（2018-12-28）［2021-05-10］. http：//www.fecc.agri.cn/gjhz/201812/t20181228_331255.html.

⑤ 中华人民共和国外交部：塞内加尔国家概况［EB/OL］.（2021-02）［2021-05-10］. https：//www.fmprc.gov.cn/web/gjhdq_676201/gj_676203/fz_677316/1206_678404/1206x0_678406/t9446.shtml.

（2020 edition of the Doing Business report）中，塞内加尔在列表中的190个国家和地区中，排名第123位。①

二、塞内加尔法律概况

因长期受法国殖民的影响，塞内加尔属大陆法系国家，其法律体系由成文法、习惯法、批准的国际条约或公约以及部分穆斯林宗教法构成。宪法、国际条约或公约、国民议会颁布的其他法律是塞内加尔法律的主要渊源。其中，宪法是塞内加尔的最高法与根本法。②

（一）塞内加尔的立法体系

塞内加尔国民议会（Assemblée nationale du Sénégal）是塞内加尔的最高立法机关，自2012年9月以来重新实行一院制，代表人民行使立法权。每届议会任期5年，由直接普选产生③，可连选连任。国民议会主要有立法权、预算权和监督权等权力。最新一届议会于2017年9月组成，共165个席位，现任国民议会主席是参政党进步力量联盟总书记穆斯塔法·尼亚斯（Moustapha NIASSE）。

关于选举的具体程序与要求由塞内加尔1991年5月20日颁布的《选举法》以及《关于修订选举法的第2017－412号总统令》规定。在该届议会的选举中，90个议席从塞内加尔的45个省份及选区中选出（依据人口数量决定议员人数，每个选区代表不得超过7人）④，60个席位通过比例代表制选出，余下的15个议席从海外选区中选出。经统计，共同希望联盟（BBY）获得了125个议席，瓦德领导的民主党胜利联盟获得了19个议席，复兴联盟获得了7个议席，团结大会党获得了3个议席，其余席位由小党派获得。

（二）塞内加尔的行政体系

在塞内加尔，行政权独立于立法权与司法权。塞内加尔政府由共和国总统任命，独立行使行政权。自2019年5月14日塞内加尔废除总理职务以

---

① 商务部国际贸易经济合作研究院，中国驻塞内加尔大使馆经济商务处．对外投资合作国别（地区）指南：塞内加尔［R］．商务部国际贸易经济合作研究院，2020：14－16.

② 见塞内加尔《宪法》第108条。

③ 见塞内加尔《宪法》第60条。

④ 见塞内加尔《选举法》第147条。

来，现任国家总统马基·萨勒（Macky Sall）接任总理的职务，成为政府首脑。塞内加尔最新一届政府于2020年11月1日重组，由33位政府部门的部长以及4位国务秘书组成。

目前，塞内加尔的政府部门共计33个，分别为武装力量部、财政和预算部、司法和掌玺部、外交和海外侨民部、内政部、基础设施、陆路运输和改善地区交通部、经济、计划和合作部、公职和改善公共服务部、健康和社会事务部、妇女、家庭、性别和儿童保障部、矿业和地质部、农业和农村设施部、水利和环卫部、旅游和航空运输部、地方发展、领土整治和政府发言人部、国民教育部、高等教育、研究和创新部、石油和能源部、社区发展、社会和领土平等部、工业发展和中小型工业部、渔业和海洋经济部、劳工、社会对话和与国家机构联系部、环境和可持续发展部、体育部、城市化、住房和公共卫生部、贸易和中小企业部、文化和新闻部、畜牧业和畜牧生产部、青年部、小微金融和互助社会经济部、就业、学徒职业培训和融入部、手工业和非官方部门转型部、数字经济和通信部。除此之外，塞内加尔政府内设4位国务秘书，分别为海外侨民事务秘书、促进人权与善治事务秘书、基础设施部铁路事务秘书及住房事务秘书。

（三）塞内加尔的司法体系

塞内加尔《宪法》第88条规定，塞内加尔的司法权独立于立法权与行政权，司法权由宪法委员会、最高法院、审计法院、各级地方法院和法庭行使。① 从整体上来看，塞内加尔的司法体系与法国的司法体系基本相似。1992年，塞内加尔进行司法体制改革，成立宪法委员会、行政法院。2001年《宪法》延续该体制。2008年4月，塞内加尔国民议会通过关于成立最高法院的法案，决定将行政法院和上诉法院合并为最高法院，并于同年8月对《宪法》相关条款进行了修改。2008年11月，塞内加尔最高法院成立，帕普·奥马尔·萨科（Pape Oumar Sakho）担任最高法院院长，阿卜杜拉耶·盖伊（Abdoulaye Gaye）担任总检察长。

具有司法权属的机关各司其职。具体来说，宪法委员会在宪法、选举、公民投票、咨询等事项上具有特定的权力，其有权对国民议会颁布的法律文件以及批准通过的国际公约进行违宪审查，同时有权复审行政及立法机关间

① 见塞内加尔《宪法》第88条。

的争议,① 不得针对宪法委员会的决定提起上诉。宪法委员会成员由总统统一任命，通常包括1名主席与6名委员，任期6年，现任宪法委员会主席为曾任最高法院院长的帕普·奥马尔·萨科（Pape Oumar Sakho）；最高法院的法官有权对法律的合法性进行审查以及监督下级法院和法庭，其判决则为终审判决；审计法院的主要职权为监督财政收支及预算情况；地方各级法院和法庭主要包括普审法院与大审法院。除普通法院外，塞内加尔还设有劳工法庭与商事法庭等专门法庭。

① 潘华琼，张象编著，列国志新版：塞内加尔［M］. 社会科学文献出版社，2018：130.

第二章　塞内加尔投资法律制度

一、塞内加尔投资法律体系及基本内容

塞内加尔的投资法律体系基于法国的投资法律传统与实践，目前塞内加尔已初步形成较为完善的商事、投资法律制度以及商事争端解决、知识产权保护的法律框架。在立法上，塞内加尔与投资相关的法律文件主要包括《新民事责任法》《民事诉讼法》《投资法》《税法》《矿业法》《反垄断和不正当竞争法》等；在司法上，塞内加尔设立了商事法庭，以更好、更快、更专业地解决经贸投资争端；在机构设置上，在设立塞内加尔经济、计划和合作部的基础上，塞内加尔仍于 2000 年 7 月额外设立了投资促进和大型工程局（APIX）以更好地优化塞内加尔的营商环境，提高投资相关程序与事项的办事效率。

塞内加尔的投资法律体系相对健全和完善，立法较为完善，司法与执法过程较为公正、公平和严谨，国家清廉度较高，投资与营商环境较优。总体来说，塞内加尔现行的投资立法主要包括《新民事责任法》《民事诉讼和程序法》《投资法》《民事诉讼法》《税法》等。在具体的领域内，《矿业法》《石油法》《PPP 合同法》《BOT 法》《土地法》等法律文件对其领域内的投资行为进行了规制。其中，塞内加尔于 2007 年新颁布的《投资法》是最为具有针对性的法律。

塞内加尔新《投资法》对塞内加尔的投资进行了重新布局，规定渔业、农业、牧业以及相关的加工、包装和储存、旅游、制造业、矿产开采与加工等成为塞内加尔的重点投资领域。在股份的比例上，塞内加尔特别允许以非独资为前提的外国资本在供水、电力、采矿、通信以及安全服务领域占多数股份。实质上，为大力吸引外资，塞内加尔投资法并未对外资进入门槛及领域、公司设立方式、投资方式、外资并购等内容进行过多的限制与干涉。除

此之外，塞内加尔政府向中小企业提供额外的投资优惠。①

在双边投资协定的签署上，中国与塞内加尔于2008年10月签署了特别优惠关税协议，并陆续就双边投资保护协定、避免双重征税协定等文件的成功签署进行进一步的磋商与谈判。

二、塞内加尔投资的监管与优惠

（一）塞内加尔投资监管部门及监管制度简介

塞内加尔经济、计划和合作部与2000年7月成立的投资促进和大型工程局（APIX）共同负责对发生在塞内加尔境内的投资行为进行监管。两个部门各司其职，相互配合。

塞内加尔经济、计划和合作部主要负责制定和执行经贸投资等相关的国家政策与计划，协调投资相关部门的工作，监控投资市场及其发展态势，逐步推动私营企业与经济的发展，以不断提升塞内加尔对外资的吸引力与竞争力。塞内加尔经济、计划和合作部下设融资与公私合营伙伴关系司（DFP-PP）与国家公私合营伙伴关系保障委员会（CNAPPP），负责与PPP相关政策的制定与执行，并提供相关服务、咨询与技术支持。除此之外，塞内加尔经济、计划和合作部仍下设私营部门发展司（DDSP），以推动和促进塞内加尔私营经济的发展。②

投资促进和大型工程局参与塞内加尔基础设施建设项目的融资和投资监管，负责为塞内加尔国内及国外的投资者提供最为高效的服务，推动投资手续与关税制度的简化，降低投资的税收及相关成本。该局已成功设立受理投资手续审批的"一站式窗口"（Guichet unique），其与企业创立办公室（BCE）、简化行政程序中心（CFPA）一同为投资行为保驾护航。③ 投资促进和大型工程局承诺申请过程全程免费、高效且免预约，并于24小时内为投资者办理完毕企业注册登记手续。为保障投资的高效性，塞内加尔进行了更为有利于投

---

① 商务部国际贸易经济合作研究院，中国驻塞内加尔大使馆经济商务处．对外投资合作国别（地区）指南：塞内加尔［R］．商务部国际贸易经济合作研究院，2020：44－45.

② 塞内加尔经济、计划和合作部官网［EB/OL］．［2021－05－14］．https：//www. economie. gouv. sn/fr.

③ 塞内加尔投资促进和大型工程局官网［EB/OL］．［2021－05－14］．https：//investinsenegal. com/.

资者的改革，目前，赴塞内加尔投资的投资者可通过线上渠道报税与缴税，可于10天内完成进出口交易，可于40天内于线上获得建筑许可证，可于50天内完成资产的撤离。①

（二）外资企业投资塞内加尔的程序与优惠

塞内加尔允许独资企业、单人责任有限企业（SURL）、有限责任公司（SARL）、股份有限公司（SA）、无限公司（SNC）、两合公司（SCS）及经济利益集团等企业形式的注册与存在。无论选择设立何种形式的企业，外国投资人均需向投资促进和大型工程局提交无犯罪记录证明、公证处或银行开具的资本额证明、企业或集团章程、工商登记（RCCM）、国家企业和协会识别码（NINEA）等文件，并于《官方公报》刊登发表公司成立的通告。②

在投资优惠上，由于塞内加尔为西非经济货币联盟成员国之一，因此投资者在享受其国内投资优惠的同时也可享受联盟提供的投资便利。就塞内加尔国内的投资优惠而言，《投资法》根据投资规模、地点等条件划分了不同的投资优惠等级。为鼓励特定的投资领域，《投资法》规定，投资额达1500万西非法郎的农业、渔业、卫生、工业领域的外资企业、新创立企业、项目扩容企业等均可享受关税、增值税、雇主税等投资优惠或减免；为促进投资领域的平衡发展，《投资法》规定，分属A、B、C、D四大地理区域的外资企业可享受为期5—12年的优惠政策。投资者亦可与塞内加尔政府就额外的投资优惠展开协商和谈判。经济特区依法依规享受额外的投资优惠。总结说来，塞内加尔的投资优惠包括但不限于关税减免、增值税缓缴、开放自由出口通道、放宽劳动合同形式限制等方式。

三、BOT/PPP投资模式

BOT模式主要指的是“Build - operate - transfer”，即“建设 - 运营 - 移交模式”。这一模式以政府和私人机构之间达成协议为前提，是基础设施国有项目民营化的体现，风险通常由政府和私人机构共同分担。在塞内加尔，BOT模式主要面向基建项目展开，目前塞内加尔境内采用BOT模式的

① 塞内加尔经济、计划和合作部官网：塞内加尔简介［EB/OL］．［2021 - 05 - 14］．https：//www. economie. gouv. sn/fr/investir - au - senegal/le - senegal - en - bref.

② 塞内加尔企业创立办公室官网［EB/OL］．［2021 - 05 - 14］．http：//www. creationdentreprise. sn/votre - entreprise - en - 24h.

项目数量较少。在塞内加尔，只有经历项目审批、项目公开招标、合同签订与获批等环节后，BOT 项目才得以开展。塞内加尔议会于 2004 年 4 月 13 日表决通过了《BOT 法》，该法共 24 条，分别对项目运营者的选择、工程项目合同的履行、争议、制裁和终止进行了规定，从而进一步提升了塞内加尔 BOT 项目运营的透明度，完善了 BOT 项目运营的法律体系与框架。

PPP 模式主要指的是“Public - Private - Partnerships”，即新型“公共部门 - 私人企业 - 合作模式”。这一模式以实现“双赢”或“多赢”为基本理念，因此近年来成为塞内加尔热衷的投资合作模式。PPP 模式大多适用于国家大型公共基础设施的公共材料与设备采购、公共服务等环节。就塞内加尔而言，隶属于塞内加尔经济、计划和合作部的融资与公私合营伙伴关系司（DFPPP）、中央公共采购司（DCMP）、公共采购监管局（ARMP）等机关和机构一同主管 PPP 事务。除此之外，国家 PPP 支持委员会与基础设施委员会负责 PPP 项目的评估、普及、推广和争端解决工作。目前，充分的法律、制度、机构、环境保障使得 PPP 模式已被广泛应用到了交通运输、电力、矿业、油气、能源、通信等多个领域。法国 Eiffage 公司以 7.6 亿美元（610 亿西非法郎）投资经营的达喀尔 - 加姆尼亚久 - 新机场高速公路项目、威海国际经济技术合作股份有限公司参与的加姆尼亚久部分房建项目、Transrail S. A. 股份有限公司投资经营的达喀尔 - 巴马科铁路项目正是塞内加尔成功施行 PPP 项目的典型范例。[①] 目前，塞内加尔与 PPP 模式相关的法律主要包括第 65 - 51 号《行政机关义务法》、第 2014 - 1212 号《公共采购法》与第 2014 - 09 号《合伙合同法》。

四、塞内加尔投资的法律风险与防范

塞内加尔主要沿袭法国法律，隶属于大陆法系。其投资法律制度与体系相对健全，通过出台一系列鼓励和保障投资的政策、措施以吸引外国投资，投资环境稳定且优越。但机遇总是与风险相伴，结合世界经济论坛对塞内加

① 商务部国际贸易经济合作研究院，中国驻塞内加尔大使馆经济商务处．对外投资合作国别（地区）指南：塞内加尔［R］．商务部国际贸易经济合作研究院，2020：45 - 46.

尔投资环境风险因素的评估结论以及实际案例可知①，金融、外汇、税务、劳工、政局更迭、管理与合规等作为显著的法律风险仍遍布在赴塞内加尔投资的各个环节之中。

（一）塞内加尔投资的主要法律风险

塞内加尔《太阳报》曾对一起中企塞内加尔大型水电项目带资建设案（以下简称“水电项目案”）进行过报道②，结合塞内加尔现有的投资法律框架、制度和政策，可以大致将塞内加尔的投资法律风险归纳为金融与外汇管制风险、税务风险、劳工风险、政治风险与语言、文化隔阂下的管理与合规风险五大类。

1. 金融与外汇管制风险。由于金融体系的不健全以及抗风险能力较弱，塞内加尔实行严格的外汇管制制度，法律对非西非法郎的本地交易和结算、出口收汇、境外汇入、对外直接投资、投资贷款、证券交易、外汇保存与携带等均进行了规制，存在外汇管理上的“亲法”歧视与倾斜现象，金融手续较为繁杂，手续费等相关收费高，惜贷情况较为多见。加之西非法郎正处于向埃科（Eco）迈进的改革过程中，货币汇率、汇差、政策等不确定性极强。例如在上述水电项目案中，项目组因塞内加尔外汇限制遭受了极大的差额损失以及现实打击。

2. 税务风险。塞内加尔税收种类较多，包括增值税、印花税、企业所得税等税种在内的税收类型多达几十种，加之在塞内加尔报税、缴税等手续、需提交的文件相对烦琐复杂，投资者无法依据全面、及时的税收事务指导性文件处理投资过程中的税收事务，极易引致行政处罚甚至诉讼。与此同时，部分企业无法开具合规的发票，从而无法进行正常的报税与抵税申报，也成为部分中企遇到的大难题。③ 例如，塞内加尔的企业所得税需分三次缴纳，投资者需在规定的日期内依据不同阶段的企业所得缴税，并配备相应的

---

① 世界经济论坛：塞内加尔：投资风险因素［EB/OL］.［2021－05－15］. http://chinagermany.org/CountryProfiles2/Company_DisadvantageFactor.aspx?CountryID=159.

② 钟冬阳．中国企业在西非投资的法律风险与应对［D］．对外经济贸易大学，2018.

③ 中国税务报：“中国建造”遍布非洲，税务风险如何防控［EB/OL］.（2020－11－23）［2021－05－15］. http://www.ctaxnews.com.cn/2020－11/23/content_973382.html.

证明文件。如若企业未配备当地或熟知塞内加尔税收制度的会计及顾问，则极有可能错过不同税种的缴纳时间或漏缴特定税种。

3. 劳工风险。塞内加尔的投资与劳工法律体系以法国法律体系为蓝本，劳工保护意识较强，罢工及游行示威多发，针对劳工问题的调解、仲裁、诉讼较多，塞内加尔国内专门设立的劳工法庭正是其劳工维权与保障意识的体现。塞内加尔《劳工法》《社会保险法》《塞内加尔劳动报酬条例》等对劳工相关问题做了详细的规制，其中的规定与中国劳工相关法律有一定区别。部分中企赴塞内加尔投资时会先入为主，以国内投资与设立企业过程中的用工习惯为基准处理当地的劳工问题，这就导致了涉诉频率的增加。更重要的是，大多赴塞内加尔投资的中国企业难以平衡劳工争议解决与完全履行雇主义务间的关系，以致处理劳工问题的时间成本与金钱成本大大提升。

4. 政治风险。虽说塞内加尔的政局基本稳定，但仍然存在政权变更和交叠的风险，而政权变更往往与政策变动、市场波动相关联。中企在赴塞内加尔投资的过程中，如若投资项目的周期较长，极有可能因新旧政府的更替面临全面的投资制度与政策更新风险。以“公共利益”等抽象、兜底条款为依据的政府行为极易导致投资与项目的失败或受阻，从而造成难以挽回的损失。加之中国与塞内加尔尚未就双边投资保护达成共识，通过外交介入等手段挽回损失的有效程度大幅度降低。在上述水电项目案中，塞内加尔新一届政府正是通过援引“公共利益”条款，声称“依照国内法定程序”提升税收比例、经营门槛，同时进行间接征收，这使得项目组间接损失了上百亿资金。

5. 语言、文化隔阂下的管理与合规风险。虽说中国与塞内加尔在经贸投资上的往来与合作逐步增多，但与英语非洲国家相比，投资总量、投资频率与企业数量仍存在较大区别。塞内加尔的官方语言为法语，其投资相关的法律文件均为法语版本，在投资前期、中期及后期的各个环节都无法避免需要填写各类法语材料及与当地的投资相关部门沟通。这就导致在赴塞内加尔投资前，投资者对当地的投资风险评估不到位，尽职调查与法律意见书不够全面，从而为后期的投资争端埋下隐患。

（二）塞内加尔投资风险防范

针对上述五种显著的投资法律风险，中企在赴塞内加尔投资前应借助第三方机构、塞内加尔中资企业协会、当地投资相关法律服务及人员等途径，充分了解并分析塞内加尔最新的投资环境，以法律文件为基础蓝本，派出相关人员进行实地考察，秉持长远眼光制定具有针对性、灵活性的整体与阶段发展规划。与此同时，赴塞内加尔投资的中企有必要就投资的各个阶段可能存在的法律风险制定风险应对策略。如遇投资争端或纠纷，企业应积极运用非诉手段，并通过保险、担保等形式获取救济。具体来说，赴塞内加尔投资的中企应：

1. 密切关注外汇管制政策与风险，打通外汇资金流动的多样化渠道。鉴于塞内加尔严格的外汇管制制度，赴塞内加尔投资的投资者需密切关注塞内加尔外汇管制现行及新兴政策的制定与施行动向，聘请专业的法务、财务团队对塞内加尔当地的金融及外汇管制风险进行全程把控。赴塞内加尔投资的企业可在遵守中塞两国法律及相关国际税收协定的基础上，充分借助公司内部组织或第三方非关联公司的外汇资金流通渠道最大限度地降低外汇管制带来的损失。如若投资项目涉及国家层面的官方交往，则可尽力争取通过协议的方式免除塞内加尔当地常规化的外汇管制限制。同时，投资者可通过投保汇兑险的方式转嫁因金融外汇管制带来的风险。

2. 充分遵守与利用现有的税收规则与双边税收协定，优化投资布局与经营模式。针对塞内加尔当地复杂的税收环境与程序，赴塞内加尔投资的企业有必要在尽职调查与风险评估报告中充分阐明企业应需缴纳的相应税款、需上交的材料清单以及分别应缴纳的最后期限等内容，并配备当地专门的法务、财务主控塞内加尔的财务风险，并由中国员工对其税务工作进行监督与管理。投资者亦可依据项目及企业的具体情况，选择适宜的项目模式（如BOT、EPC 等模式），以加强与塞内加尔政府的联系与沟通。

3. 对照塞内加尔劳工相关规定，建立切实可行的劳工管理及工会交流机制。塞内加尔《劳工法》中对于劳动关系建立的标准、劳动合同的种类、劳动合同的订立程序、试用期限、劳动合同解除、终止与赔偿、工资标准、加班报酬、社会福利等内容的规定与中国不尽相同。① 赴塞内加尔投资的企业应注重对劳资纠纷的预防，聘请当地的劳资管理人员或机构对投资项目或企业进行劳动合同、工资结算、劳资纠纷、工会联通等事项的统一管理与处理。在聘用当地员工前，应对员工的基本素质、加班意愿、工作能力等进行合理的评估，并建成相应的员工档案，从而最大限度地降低劳资纠纷风险。

---

① 杨长飞．塞内加尔劳动法比较研究与实践［J］．国际工程与劳务，2016（03）：76－78.

4. 以信用保险与多边投资担保机构为后盾，抱团抵御政治风险。面对塞内加尔政治更迭导致的投资政策变动，中国企业应积极利用中国“本土因素”，优先考虑向中国出口信用保险公司投保，并借助中国为创始会员国的多边投资担保机构（MIGA）构建全方位的政治风险规避与救济保障体系。[①] 与此同时，为更好地抵御紧迫性的政治风险，企业可借助中国驻塞内加尔大使馆、经商处、塞内加尔当地中企商会社团等的力量，抱团与新政府进行协商与谈判，并通过平日经营过程中在当地形成的良好形象获得当地人民、企业的支持。

5. 借鉴与吸取赴法语非洲国家投资企业的经验，配备具有法语语言与非洲法律研究综合能力的法务人才或团队。塞内加尔的法律体系同其他法语非洲国家一样，具有浓厚的法国特色。中企在赴塞内加尔投资前，有必要联络或走访具有法语非洲国家投资经验的企业，同时配备具有法语语言与非洲法律研究综合能力的法务人才或团队，以推动企业合规管理结构的完善，及时辨别与处理相关风险，定时进行企业内部合规培训，为企业信息申报、反腐败、财务审计、竞争法、企业社会责任等领域的合规保驾护航。

① 杜飞阳. 中国企业投资非洲的政治风险规避研究［D］. 中共中央党校，2015.

第三章　塞内加尔贸易法律制度

一、塞内加尔贸易法律体系及基本内容

塞内加尔的贸易管理体系主要参照了西非经济货币联盟（UEMOA）相关的贸易法规。塞内加尔与贸易相关的法律有《海关法》《税法》《投资法》《租赁法》《货物仓单法》《关于价格、竞争和经济纠纷法》等。

在塞内加尔，进口货物按照监管方式分为一般贸易，减免税货物和暂时进出口货物三种，贸易进口基本呈现自由化的状态。进口货值超过25万西非法郎的进口商可通过电子系统预先报关，塞内加尔海关、贸易部外贸司等主管部门及农业部畜牧司、植物检疫司等专门机关将在规定时间内对报关材料进行审核。在完整填写报关单后，进口商可通过电子申报系统直接申报关税，而后在向海关提交纸面单证并支付后即可提货。如若通过免税通道进口，进口商则需提供免税证明和其他免税相关文件。塞内加尔2014年新《海关法》对报关手续进行了简化，大型企业无须通过代理公司即可完成报关手续。[1] 所有进口商皆需申请换汇许可，部分进口商需额外申请进口许可证、进口证明。除此之外，塞内加尔对于食品进口申报、动植物检验检疫证书与健康证书、食品质量证书、药品进口许可证等有较为严格的要求。

总体上说，塞内加尔对进口货物的数量没有过于严格的限制，除武器弹药、炸药、毒品等违禁物品被明令禁止，黄金及相关制品、药品等需获得国家批准外，其他物品的进口通道基本顺畅。塞内加尔对出口货品免征关税和增值税，对花生油、大豆油等征收特别关税，对土豆、香烟、小米等征收

---

① 中华人民共和国海关总署：塞内加尔进出口货物通关须知［EB/OL］．(2017－07－02)［2021－05－16］．http：//www.customs.gov.cn/customs/302427/302446/302451/zymyhbhgtgjs/snje/712278/index.html.

"临时"附加税。在出口发展战略计划（STRADEX）和出口促进局（ASEPEX）的推动下，塞内加尔大力发展出口贸易，具有浓厚塞内加尔特色的农产品、海产品、文化产品等相继被出口到世界各国。

中国与塞内加尔于2008年10月签署了特别优惠关税协议，对塞内加尔出口中国的部分商品给予零关税待遇。在中塞双边贸易如火如荼之际，中国政府逐步扩大了针对塞内加尔的产品零关税待遇范围。目前，中国政府给予原产于塞内加尔97%的产品零关税待遇。①

二、与塞内加尔进行贸易的法律风险与防范

由于塞内加尔的贸易政策、市场环境、贸易法律制度仍有较大的完善空间，中国企业在与塞内加尔进行经贸往来时，极易产生货物运输风险、信用证与保函风险、检验检疫风险与货物交付风险。

（一）我国与塞内加尔经贸往来存在的法律风险

近年来，中国与塞内加尔经贸往来日益频繁，发展势头大好。然而，机遇总是与风险相伴。中国企业在与塞内加尔进行经贸往来的过程中，由于现实、政策等多种类型的原因，货物运输风险、信用证与保函风险、检验检疫风险、货物交付风险等时常会幻化为现实案例与难题，使得相关中国企业蒙受利益的损失。

1. 货物运输风险。目前，中国与塞内加尔间的贸易往来与货物交流大多通过海运途径实现。达喀尔港作为塞内加尔第一大港口，对船舶征收的就船上财产申报不符而征收的海关罚款、货物过量或短缺的海关罚款、移民当局征收的罚款等三种罚款日益普遍，数额亦日益增加，部分中国船舶因被处以高额罚款被迫延误。

2. 信用证与保函风险。由于塞内加尔为前法属殖民地，相关信用证与保函大多以法语书写，信用证与保函的文法结构与国际普遍的结构与习惯有所区别。对于为企业提供融资担保的银行来说，业务审核过程战线将进一步拉长。加之中企在与塞内加尔进行经贸往来的过程中涉及的保函多为独立保函，其难免滋生欺诈、索赔的风险。

---

① 商务部国际贸易经济合作研究院，中国驻塞内加尔大使馆经济商务处．对外投资合作国别（地区）指南：塞内加尔［R］．商务部国际贸易经济合作研究院，2020：40.

3. 检验检疫风险。塞内加尔长期以来执行撒哈拉南部非洲检疫公约，所有动植物的进口均需提供出口国的检验检疫报告。随着全球疫情的爆发，中国至塞内加尔的货物运输过程极具不确定性，运输途中招致的细菌与病毒极易招致塞内加尔当地的检验检疫处罚，甚至导致货物的遣返。

4. 货物交付与货款支付风险。由于经济发展水平存在的局限性，塞内加尔当地的企业大多为中小型私营企业，经济实力较为薄弱，无法通过约定方式进行货款支付的情况较多。加之塞内加尔境内适用的西非法郎正处于改革阶段，汇率极不稳定，如若遇到货物交付周期较长的经贸订单，极有可能因汇率的变动而产生较大的损失。

（二）风险防范措施

为防范上述经贸法律风险，中企在赴塞内加尔进行经贸活动前需对风险进行翔实的事前调查与评估，并在经贸活动进行的过程中对相关风险进行规避与管理。赴塞内加尔投资的中企可借助保险、专业风险管理机构的相关业务、担保等规避风险，从而保障自身利益。与此同时，中国企业应在遵守当地的经贸、税收与检验检疫等规定的基础上，形成与塞内加尔进行经贸往来的支付、进出口运行体系。

1. 以中国与塞内加尔贸易法律法规为基础进行贸易活动。中国企业在塞内加尔进行经贸活动前，需了解并遵守中国与塞内加尔经贸活动相关的法律法规，同时注重其经贸活动在塞内加尔是否合规。可适当考虑聘请塞内加尔当地专业的法律顾问对知识产权、合规等领域的风险进行充分评估。与此同时，中国企业可借助中国出口信用保险公司等金融机构提供的保险服务，合理转嫁风险。

2. 充分了解货物运输与海关工作规则，通过船舶代理获取相关信息与协助。在抵达停泊的位置前，可要求船舶代理提供海关的最新规定清单，并准确检查运输货物是否属于清单范围，连同报关单及其他文件交由海关人员查验。如遇罚款，应及时与保赔险当地代理协商。

3. 适用成熟且完善的交易规则。中企在塞内加尔进行经贸活动时，可借鉴《联合国独立保证与备用信用证公约》、国际商会《见索即付保函统一规则》（URDG758）等的成功经验，适用成熟且完善的交易规则，并在保函中明确条款的适用顺序。

4. 关注全球及塞内加尔卫生与防疫进展，充分保障货物及运输人员的安全。在进行经贸运输与往来的过程中，应尽量避免在新冠疫情高发的国家、城市及相应港口停泊，并切实关注全球及塞内加尔当地的卫生与防疫情况，充分保障货物及运输人员的安全。

5. 约定较为稳妥的、双方皆可接受的结算方式，合理规避货款支付过程中的汇率及汇兑风险。在与塞内加尔中小型私企开展贸易活动前，中企有必要与其签订较为严谨的书面合同，约定采用现金、信用证等相对稳妥的结算方式，避免通过赊销方式进行贸易。同时仍应在贸易合同中订立保值条款，从而合理规避汇率风险。

第四章 塞内加尔工程承包法律制度

一、在塞内加尔进行工程承包的业务流程

塞内加尔国内和国际招标信息一般通过当地主要报纸、期刊发布，如《太阳报》、《非洲青年》杂志等。

国内招标主要针对在塞内加尔已经注册的企业，一般要求在递交标书时，必须同时提供有关投标证明。如完税证明、遵守当地劳动法证明、缴纳退休基金证明、社会福利局证明等；国际招标时，参加投标企业无须提供以上当地证明，但必须按照标书要求提供相关文件。中资企业在决定参与境外工程项目后、进行投（议）标前，需要办理项目备案手续。企业登录“商务部业务系统统一平台——对外投资合作信息服务——对外承包工程数据库系统”在线填报《对外承包工程项目备案表》，备案通过后方能进行投（议）标。在获知发标信息后，企业可以到指定的地址购买标书，按照标书文件的要求制作投标资料，按期递交到指定地点。评标委员会评标议标后，会在塞内加尔当地主要报纸上刊登授标信息。

无论任何种类的招标，均必须按标书要求提供投标保函。塞内加尔工程发标的技术规范属于法国规范。施工合同条件执行的是菲迪克（FIDIC）条款。

二、塞内加尔对外国公司工程承包法律制度

（一）许可制度

塞内加尔政府对承包由国际金融机构提供资金的工程项目，没有特别的限制规定，但个别招标文件中规定了对当地企业实行标价优惠政策，优惠比例一般为7.5%。享受优惠的当地企业并不仅仅指在当地进行工商登记注册的公司，还必须是当地法人或自然人占股份50%以上的股份制公司。

投标资格包括如下条件：（1）法人，国内招标限塞内加尔法人；（2）3年以上财务报告，须经审计师审计；（3）同类工程3年以上业绩，且该业绩高于投标工程标的额；（4）根据具体工程需要，须满足对施工硬件、专业技术人员配备提出的具体要求。

承包工程执行和工程验收均须以签订的合同为准，合同特殊条款的法律效力大于一般条款，若出现与塞内加尔政府的相关规定出现冲突，以现行规定为准。塞内加尔采用的是法国技术规范，合同适用FIDIC条款。建设过程中，业主代表、监理单位与承包商同时监控项目实施，确保项目在合同范围内得到有效执行。工程验收由业主、监理和承包商共同开展预验收和技术验收，第三方监理会出具一份对结构物的独立报告以用于购买10年责任险，除业主认为可以在维修期内完成的施工内容，其余内容必须在签发临时验收证书前实施完毕。临时验收之后1至2年是维修期，至最终验收证书签发，项目才正式竣工。

（二）禁止领域与招标方式

欧洲银行出资的工程项目，中国公司无投标资格。一些伊斯兰开发银行出资的工程项目，只允许该银行成员国企业参与投标，中国公司无资格。一些美国出资的工程项目，中国国有企业无投标资格。

塞内加尔目前有两种形式的工程发标，一种是国内招标，另一种是国际招标。国内招标限定须本地公司，须在当地注册且当地资本不低于50%；国际招标根据出资机构的要求看企业是否有资格参与投标。①

三、塞内加尔工程承包的法律风险与防范

（一）塞内加尔工程承包的法律风险

国际工程承包市场竞争激烈，中国工程企业进入塞内加尔的工程承包市场时，需注意预先了解在塞内加尔开展工程项目可能涉及的法律风险，以便及时评估风险、把控风险、应对风险。

1. 人员安全风险。近年来，塞内加尔整体的社会治安总体呈良性发展趋势，但仍存在一些不安定因素。并且，由于新冠疫情在非洲并未得到有效

① 商务部国际贸易经济合作研究院，中国驻塞内加尔大使馆经济商务处. 对外投资合作国别（地区）指南：塞内加尔［R］. 商务部国际贸易经济合作研究院，2020：59.

控制，员工极有可能暴露在新冠病毒之下，此外疟疾、黄热病、登革热等疫情也值得关注。

2. 合同风险。菲迪克合同（Fidic）是目前国际工程中最为普遍的合同范本之一。实践中业主与承包商也常以菲迪克合同条款为蓝本，再根据实际情况进行调整，但由于业主与承包商间地位不平等，以及中国承包商长久以来，在国内形成的轻条款、重报价的惯性思维，导致最终签订的合同文本中删除了很多保护承包商的条款，一旦因履行发生争议，将很有可能导致项目失败。

（二）风险防范措施

为规避上述法律风险，中国企业要在参加工程承包招投标前，需详细了解工程业主的资金能力以及工程资金是否到位，以免做完工程收不回资金。在了解工程原材料的产地和价格，价格浮动程度等细节后，承包价格中应考虑预留一定比例的风险金。此外，要求赴塞内加尔投资的工程承包公司具备相应的资质要求，有一定的管理和处理问题能力，客观评价自身实力，量力而行。具体来说，在塞内加尔进行工程承包需要制定以下风险防范策略：

1. 建立政治风险应对体系。为应对政治风险，企业需高度重视政治风险防范，做好事前调查，比如在进入塞内加尔前预先对其政治环境、社会环境、经济环境等进行评估，并制定政治风险防范预案，还可结合当地实际情况采取相应的公关措施，例如取得塞内加尔中央政府、地方政府、执法机构及当地人民的理解与支持，建立互信合作关系。一旦突发冲突、游行等政治风险，按照预案方式采取应对措施，并且与中国驻塞内加尔使领馆保持联系，以便根据最新局势调整措施。

2. 重视合同条款审查。承包商在与业主签订国际工程合同时，应尽量选用国际认可的标准合同。如果业主方强势需变更部分条款时，承包商需关注支付价款，尤其是针对预付款、付款期限、币种及汇率变更条款；关注工程项目调整条款，特别是因物价上涨、法律变化、劳动力等原因导致成本上升时，可按一定方式调整价款；关注误期损害赔偿条款，因国际工程期间较长存在较多不可控因素，可尽量将赔偿上限设为工程总金额的一定比例，以减轻责任；关注不可抗力条款，当下新冠疫情仍未在非洲得到疫情控制，仍可能因疫情爆发导致进度受阻。

3. 购买保险控制风险。保险是多数国际工程承包企业控制风险的措施之一，通过保险可以很好地转移、控制风险。通常企业开展国际工程前可以考虑购买工程一切险（包括建筑工程一切险和安装工程一切险）、施工器具和设备险、第三方责任险和货物运输险等险种。菲迪克合同对承包商的投保义务也有相关规定，承包商可根据塞内加尔实际情况以及业主要求，选择购买相应的保险，以减少风险。

4. 选择合适的争议解决机制。因项目价款支付、工程鉴定、质量验收等原因导致承包商与业主发生争议时，如选择在塞内加尔法院诉讼，可能会因对当地法律体系不熟悉、地方保护主义等原因而难以得到公正的判决。企业在制订争议解决机制时，除诉讼外仍可考虑将争议提交争议评审委员会（DRB）进行处理，委员会可以作出具有暂时约束力的决定，并促使双方自行达成解决方案。此外，还可以将法律体系完备、第三国的仲裁机构作为最终争议解决机构，以保证双方获得公正审理。①

① 刘晓轩．海外工程承包风险管理研究［D］．北京交通大学，2017.

第五章　塞内加尔劳工法律制度

塞内加尔最新《劳动法》是1997年颁布实施的，全文共15章，对工会、劳动合同、集体协议、企业劳工规章、劳动条件、薪酬福利、卫生安全、劳资纠纷以及违法处罚等方面做了规定。与之配套的还有《社会保险法》和《塞内加尔劳动报酬条例》等法规，需要说明的是，塞内加尔每个大区设有劳动局和法院，分别负责辖区内的劳动督查和司法事务，省和县并没有劳动局和法院机构。①

一、塞内加尔劳工法律的主要内容

（一）劳工法的核心内容

塞内加尔《劳工法》于1997年12月1日颁布，对劳工关系的产生、内容、劳资双方的权利、义务、福利报酬及劳资纠纷解决作出了规定。

关于劳动合同种类，塞内加尔雇佣合同分为定期合同（CDD）与不定期合同（CDI），定期合同的合同期限最多不超过2年，定期合同只能够续签一次，第三次就必须签署不定期合同。但根据2008年3月6日发布的第1887号条例，一些特定行业不需要签署CDI类合同，故可多次签署CDD合同，可超过两年。

关于试用期，按小时或按天数雇佣的员工，试用期不超过8天；按月雇佣的普通员工（级别A/B/E/AM类），试用期不超过1个月；管理人员或工程师（级别P类），试用期不超过3个月；试用期间，雇主和雇员都可以随时终止劳动合同且无须给予赔偿。

关于解除劳动合同，对于签署定期合同的雇员，试用期结束后到劳动合

① 杨长飞．塞内加尔劳动法比较研究与实践［J］．国际工程与劳务，2016（03）：76－78.

同结束前，雇主和雇员不得随意终止劳动合同，若单方面终止劳动合同，需向对方赔偿从劳动合同终止到劳动合同结束期间的工资。如若发生双方达成协议、雇员重大过失或不可抗力等三种情况，可以终止定期合同。

在节假日加班费上，《劳工法》规定雇员应享有每月 2 天的有薪假期。工作时间为每天 8 小时，每周 5 天，每周 40 小时，每月 173.33 小时。若超过规定工作时间，雇员可申请加班费。工作时间超过 40 小时以上、但在 48 小时以内，雇主需按每小时工资的 115% 付加班费；工作超过 48 小时，雇主需按照每小时工资的 140% 付加班费。周一至周五晚上 10 点到凌晨 5 点，雇主需按每小时工资的 160% 付加班费；周六、周日及公共假期白天，雇主需按每小时工资的 160% 付加班费；周六、周日及公共假期晚上 10 点到早上 6 点，雇主需按照每小时工资的 200% 付加班费。

（二）外国人在当地工作的规定

塞内加尔《移民法》规定，外国人须持有塞内加尔长期居留签证方能工作，工作条件和要求与本国人相同。外国人在塞内加尔当地办理长期居留签证需要提供护照复印件、出生证明及公证书、无犯罪记录及公证书、医疗健康证明、当地劳工局注册的正式雇佣合同、照片、1.52 万西非法郎的印花税票、25 万西非法郎的外国人遣返费用以及本人签署的给内政部的申请。

2013 年 2 月，中国与塞内加尔两国在北京签署了关于互免持外交、公务护照人员签证的协定，持公务普通护照人员也可免签证来塞内加尔。持因私护照的人员需要在塞内加尔驻中国大使馆办理赴塞内加尔签证。在塞内加尔国内办理居住许可和工作许可要经过严格、复杂的审批。为维护本国人就业，政府严格控制企业对外籍人员的用工比例。此外，塞内加尔的用工制度和劳动保障要求较高，中国劳务人员在进入塞内加尔之前需要慎重考虑。①

二、塞内加尔劳动法律风险与防范

塞内加尔保护劳工的意识强，工会势力强大，有关法律参照发达国家内容，很严格。中国企业应认真了解当地劳工法律法规。雇佣劳工时，注意合法用工，签好用工合同并依法为劳工上各种保险，并用法律手段维护企业正

① 商务部国际贸易经济合作研究院，中国驻塞内加尔大使馆经济商务处．对外投资合作国别（地区）指南：塞内加尔［R］．商务部国际贸易经济合作研究院，2020：52－54.

当权益。

（一）在塞内加尔进行劳务合作存在的法律风险

1. 劳动合同风险。塞内加尔规定企业不得与同一劳动者签订两次以上定期合同，或将定期合同延期一次以上，否则将自动视为签订不定期合同。另外，定期合同应当通过书面的形式确定，否则也将视为签订了不定期合同。若企业与劳动者未签订任何形式的书面合同，则劳动局和法院将视劳资双方签订了不定期合同，很多中资企业由于不了解这一点，在实践中吃了大亏，需要特别引起注意。不定期合同即双方不约定终止期限的合同，这在一定程度上等同于国内的无固定期限合同。法律规定若无重大错误，企业不得解除合同，否则将支付相关赔偿金。塞内加尔并未对合同签订期限作出明确规定，但实践中通常是以试用期为限，超过试用期未签订合同将视为签订了不定期合同。实践中很多在塞内加尔的中国企业均存在长期使用工人而不签订合同的情况，埋下纠纷隐患，一旦解雇产生纠纷，通常面临巨额赔偿金。

2. 劳动合同解除、终止与赔偿风险。为保护劳动者，企业主动解除劳动合同在塞内加尔比较麻烦。因此企业当重视利用试用期来严格考察劳动者是否具备胜任条件，防止试用期后再以不合格为由解雇劳动者，这通常在法律上不会得到支持。塞内加尔法律规定只有在劳动者发生重大错误时才能提前终止合同，但是否构成重大错误是由法官来判定的。而实践中劳动者的日常迟到、消极怠工、工作失误等行为，往往不构成重大错误的条件，这一点企业应引起关注。劳动合同到期终止，若不再续用，企业当支付劳动者一笔合同到期补偿和带薪休假补贴。若无重大错误提前终止合同，除支付以上两笔补偿外，对于定期合同工，需支付剩余合同期内的全部工资作为提前解除合同赔偿金，对于不定期合同工，则参考劳动者工作年限和工资收入确定。无论是到期终止还是提前终止，都应提前一个月通知劳动者，否则雇主将支付一个月工资作为提前通知赔偿。值得注意的是，劳动者离开企业后，企业有义务为劳动者提供工作证明，否则也将面临经济处罚。

3. 工会介入及罢工风险。塞内加尔工会的使命是为工人利益服务的。如果工人的诉请或诉求不能得到满意的答复，一般会通过罢工的方式去获得更高的劳动待遇与劳动报酬。频繁的罢工在一定程度上加剧了当地紧张的劳资关系。为了对抗罢工，中国企业往往会通过“关厂”来对抗罢工，但塞内加尔“关厂”的条件和程序非常复杂，中国企业若对其缺乏足够的了解，将导致在工人举行罢工时往往束手无策，不知如何利用“关厂”去抗衡罢工。不符合法律规定的“关厂”将会遭到法律的制裁，并且极容易引发成为劳工群体性事件，严重的还会上升到政治或外交事件。

（二）与塞内加尔进行劳务合作过程中法律风险的防范

中国企业对塞内加尔投资的劳动法律风险是不可能完全消除的。我们应在研究其类型和成因的基础上，以劳动法律风险化解为导向的体系，最大限度减少在塞内加尔投资的中国企业的劳动法律风险。

1. 提高劳动法律意识。首先，及时签订劳动合同，严格遵守塞内加尔的劳动法。另外，需要当地员工加班加点的，也应该在尊重其工作文化的前提下，严格按照当地法律组织实施。同时，绝对不能采取国内的“不加班就走人”的管理模式，也不能采取侮辱性的言论去逼迫员工加班。建议中国企业运用经济激励的措施，积极引导员工自愿加班。

其次，依法化解罢工等群体性纠纷，提高维权的能力和水平。罢工起因是劳资纠纷，但极容易诱发为群体性事件。塞内加尔法律赋予劳工和工会享有罢工权的同时，也在实体和程序上进行了严格限制。对此，如能合法利用这些规定，可以最大限度地避免群体性劳资纠纷的产生，降低劳动法律风险。

最后，组建中国企业雇主协会，实现抱团集体维权。在塞内加尔投资，当企业达到一定的数量，就要好好地利用其宪法赋予的权利，及时成立雇主协会或组织。当企业数量不够时，可以加入到其他国家企业组成的雇主协会。对普遍存在的劳资纠纷采取一致行动，团结起来一起维权，增强维权实效，降低维权成本。

2. 创新与工会沟通方式。工会在促进工资增长和改善工作条件方面发挥了重要作用。中国企业应从优先录用有来华留学经历的人员入手，鼓励和扶植他们领导企业工会和行业工会。通过他们去引导工会朝有利于企业发展的方向发挥职能；培养他们成为中国与塞内加尔经贸投资健康发展的政策制定者、劳动争议处理的调停者、恶性群体性劳动争议的化解者。

3. 扛起应担的社会责任。由于中国跨国企业参与国际投资资历较浅，自身管理能力还比较弱，履行社会责任的能力不足，目前还不具有从战略高度看待企业的社会责任。但是，走进塞内加尔的企业要想赢得竞争，规避风险，自我培养社会责任意识、提高履行社会责任能力成为必不可少的一环。首先，从了解和学习塞内加尔的劳动法律开始，将劳动法律风险评估纳入走进塞内加尔的各个环节；其次，要严格遵守塞内加尔的劳动法律，并以此完善企业内部考评考核制度，制定出符合本地劳工管理体系；最后，要加强对当地员工进行职业培训，将当地员工与中国员工实行一体化管理，提高劳动用工当地化水平，树立良好的企业形象和声誉。①

① 洪永红，黄星永．“一带一路”倡议下中企对非投资劳动法律风险及应对［J］．湘潭大学学报（哲学社会科学版），2019，43（03）：66－71.

第六章 塞内加尔财税金融法律制度

一、塞内加尔财政金融情况

2019年，塞内加尔财政收入为2.648万亿西非法郎（约合45.22亿美元），支出3.203万亿西非法郎（约合54.7亿美元），赤字5550亿西非法郎（约合9.48亿美元），占GDP比重为3.9%。据预测，2020年，塞内加尔财政收入2.907万亿西非法郎（约合49.86亿美元），财政支出3.353万亿西非法郎（约合57.51亿美元），赤字4460亿西非法郎（约合7.65亿美元），占GDP比重预计降至2.9%，财政状况有所好转。

（一）塞内加尔金融环境

1. 当地货币

塞内加尔为西非经济货币联盟成员国，当地货币为西非法郎。西非中央银行负责发行西非法郎并协调制订货币政策。西非经货联盟成员国需将50%的外汇储备存放于法国国库，法国为其担保，确保西非法郎与欧元实行固定汇率制度，1欧元兑换655.957西非法郎。2020年3月31日，西非中央银行公布的数据显示，1美元兑换582.706西非法郎。2015年以来，随着欧元区经济复苏，西非法郎对美元汇率亦随之走强，较2015年610：1的汇率升值约4%。人民币与当地货币不可直接结算。

任何在塞内加尔合法居留的外国人或自然人都可以在塞内加尔当地有资质的银行开立账户。开立账户需要出具护照、居留证（有效期内）、工作证（对自然人）、商业注册证明（对法人）、登报声明（对法人）、公司章程、开户申请表、居住证明（如房产证或水电费收据）、签字样本、登记照。

2. 外汇管理

1998年12月20日，西非经济货币联盟颁布了新《外汇管理条例》（编号R90/98/CM/UEMOA）。塞内加尔以此条例为外汇管理依据。塞内加尔实行外汇管制。外国人携带现金进入塞内加尔，如携带数额较大，入境时需向塞内加尔海关申报，妥存申报单，以便出境时备查。如未申报，只能携带不超过4000美元的外汇出境。对于汇入塞内加尔境内的外汇，只要能依据相关规定证明其合法来源，并无限制。从塞内加尔汇出外汇管制较严，手续烦琐，成本较高，需向银行提供以下材料：外币兑换授权、询盘电文、形式发票或商业发票、进口许可证等；西非中央银行收取汇款的0.6%作为手续费，汇出银行也收取一定佣金，总共需交汇款金额的1.2%－2%。

除西非中央银行授权外，常驻塞内加尔的法人和自然人不得在塞内加尔境内的银行持有或者开立除西非法郎外的外币账户。外资企业在塞内加尔开立的外币账户有效期最长2年（到期可申请延长），不得接受以下方式转账或注资：所有西非中央银行发行货币的现金存款；所有合法常驻塞内加尔的外国侨民开出的支票；所有来自常驻塞内加尔外国侨民的本地账户的转账（除非该次转账有合法的证明文件，该证明文件与向国外转账的证明文件相同：外币兑换授权、询盘电文、形式发票或者商业发票、进口许可证等）。

在塞内加尔商业银行开立美元账户流程：向开户银行提交外汇账户开户申请，指明外汇来源和用途；提交后，该银行向西非中央银行报批。公司需提供注册相关文件等，还需获得财政部审批。

3. 银行和保险公司

塞内加尔银行业在西非地区是最具活力的，竞争激烈。过去几年，塞内加尔银行业一直调整重组。西非经济货币联盟开放银行市场后，一些新银行进入塞内加尔，如亚洲国际商业银行，摩洛哥Attijariwafa银行，科特迪瓦大西洋银行，地区市场银行等。2009年，西非地区第一大银行尼日利亚非洲联合银行在塞内加尔营业，尼日利亚第一银行和Acess银行，也计划来塞内加尔开展业务。

目前，塞内加尔有25家银行，4家信贷类金融机构。其中，西非银行、法国兴业银行和塞内加尔工商银行拥有整个塞内加尔2/3的存款，后两家为法国背景。花旗银行是塞内加尔最大的投资银行。此外还有一些专业银行，如住房银行、国家农业信贷银行、撒哈拉投资贸易银行、西非互助银行和西非地区银行。世界银行国际金融公司在塞内加尔设立有办公室。

中国进出口银行西北非代表处塞内加尔工作组在达喀尔办公，该工作组以塞内加尔为中心，辐射几内亚、塞拉利昂、马里、利比里亚、佛得角、冈比亚、几内亚比绍、多哥、贝宁和尼日尔11国。业务包括贷前推动和已融资项目日常贷后管理。

4. 融资服务

达喀尔是西非金融中心之一，区位优势明显，塞内加尔金融产品比较全，银行交易活跃，但是手续烦琐，收费高，风险控制严，惜贷现象普遍。西非央行对外国企业在塞内加尔融资没有限制，只要在当地注册，符合法律规定，即可融资。除25家商业银行可为个人或企业提供贷款外，世界银行国际金融公司可对基础设施项目提供投融资服务。银行普遍提高利率以防范风险。

自西非央行2013年3月16日公布数据以来，西非经济货币联盟商业银行最低拆进利率不得低于2.75%，基准利率为3.75%。但实际贷款中，各银行均大幅提高贷款利率，多数在11%—15%之间。自2014年以来，塞内加尔年均贷款利率为5.3%左右，预计2020年年均贷款利率依然为5.3%。

当地银行为外国企业开具保函，企业只需在银行拥有账户，并向银行提出书面申请，缴纳手续费即可办理。也可向塞内加尔财政部指定的保险公司ASKIA申请，费用低，申请周期短，一般3—4天可办妥。①

二、塞内加尔税收法律及基本内容

（一）塞内加尔税收体系和制度

塞内加尔建立了以关税、所得税、增值税、营业税等为核心的税收体系，全国实行统一税收和属地税收制度。外国公司和外国人同塞内加尔的法人和自然人一样同等纳税。税收种类分为直接税（个人所得税、企业所得税、预提税、营业税等）、间接税（增值税、消费税等）、注册税及税务监察四部分。塞内加尔税务总法规定了所有税项的征收、减免、检查、处罚等。

新税务总法于2013年1月1日起实施。新税法中，个人所得税有所减少，养老退休金提高了10%，企业所得税税率从25%提高至30%；此外，政府扶持出口占营业额80%以上的企业，其计算税基可减少50%，且免征增值税；新闻出版机构也享受税收优惠。

---

① 商务部国际贸易经济合作研究院，中国驻塞内加尔大使馆经济商务处．对外投资合作国别（地区）指南：塞内加尔［R］．商务部国际贸易经济合作研究院，2020：28－34.

为实施振兴计划进一步改善商务环境，塞内加尔修订税法内容，包括明确动产所得税部分结算方式、所得税增值支付方式、减征旅游业10%增值税、免除机票印花和成立公司印花税等。此外，对油脂食品税款进行修改，避免对在塞内加尔加工生产的油脂产品双重征税。塞内加尔作为世界税务透明和信息交换论坛成员，将按照国际标准进行税务透明管理，以动员更多的税收服务于国家社会和经济发展计划。

（二）主要税收种类及税率

1. 企业所得税

新税法中，企业所得税率统一为30%。企业最迟于每年4月30日前上报税务局上一会计年度财务报表。企业所得税分三次缴纳，第一次和第二次分别于2月15日和4月30日前，缴纳金额按往年会计年度利润基础应缴企业所得税的1/3，第三次于6月15日前，根据4月30日上报的本会计年度利润计算应缴税额，减去前两次预缴税款进行调整。亏损企业需按全年免税营业额的0.5%缴纳最低定额税，上下限分别为50万和500万西非法郎。外国公司在塞内加尔设立分支机构，其所得利润未用来再投资的，需缴纳10%的预提所得税。如果公司为个人经营，可在缴纳企业所得税或个人所得税两者之间选择。

2. 行政车辆特别税

指企业或机构每年需申报乘用类车辆相关税费，申报时间为每年1月31日前。如若车辆功率介于0—4CV这一区间，每年固定税率为50000西朗；如若车辆功率介于5—11CV这一区间，税率100000西朗；如若车辆功率大于11CV，税率则为200000西朗。

3. 增值税

税率为18%，经批准的酒店及餐饮服务营业机构增值税率为10%，每月15日前申报上月增值税。

4. 劳务报酬税

支付与第三方个人的服务报酬均应代扣代缴个人劳务报酬税，税率为5%，若报酬低于20000西非法郎则季度后申报，若报酬等于或高于20000西非法郎则应次月中旬前向税局申报。

5. 预提所得税

涉及股息、利息、特许权使用等动产收入，须缴纳预提所得税。如果境外公司在塞内加尔注册有NINEA号码，无须支付预提所得税。

6. 地方经济捐税

2018年初塞内加尔修订税法，对营业税改革，将“营业税”修改为“地方经济捐税”，“地方经济捐税”又分为“资产和租赁价值税”及“经济增值税”。其中“资产和租赁价值税”应于每年1月31日之前申报，税法规定所有业主及租户（若属于商用租赁），无论其运营的业务是否隶属公司所得税征税范围，其所使用的所有土地、设备和房产建筑，都在征税范围内，税费计算标准为房产、设备和土地征收1.4%，租用场所征收15%；“经济增值税”每年申报时间最迟不超过4月30日，经济增值部分为上一年度营业额减去规定经营成本的差额，此部分作为征税基础，税率为1%，或最低征税金额应不低于上一年度营业额的0.15%。

7. 合同注册税

税法要求对于一定数量的订单、工程和服务，相关单位及部门需要签订合同，且在合同签署后1个月内前往税局完成合同注册。注册费用为不含税合同额的1%。

（三）外国投资的税收优惠

塞内加尔是西非经济货币联盟成员国，可以享受到联盟规定的投资和贸易便利。此外，塞内加尔投资法还根据投资规模、地点和创造就业人数等条件分别给予不同的关税、增值税、雇主税优惠、抵免及劳动合同签订期限的放宽。

三、塞内加尔财税金融法律风险与防范

（一）塞内加尔财税金融法律风险

随着全球经济一体化发展，和中国鼓励企业“走出去”战略的不断推进，越来越多的中国企业正在积极赴塞内加尔进行投资。在欧美市场经济持续低迷、严苛的贸易保护主义和投资市场高门槛政策的衬托下，塞内加尔正以良好的投资机遇、优惠的投资政策、宽松的投资环境以及相对低廉的劳动力等优势，吸引着越来越多的中国投资者。然而，中国企业到塞内加尔投资，极为容易忽视税务问题。

1. 中国企业投资塞内加尔在居民身份认定上存在风险。塞内加尔企业所得税法将纳税人区分为居民企业和非居民企业。居民企业负有无限纳税义务，应就全球范围内的所得在注册国交税；而非居民企业仅负有限纳税义

务。投资于塞内加尔的企业是构成中国的居民企业，还是塞内加尔的居民企业，其身份认定的不同，会直接导致企业纳税义务的不同。如果不从企业全局利益出发进行纳税人身份认定，企业很有可能会面临重复征税的风险。

2. 双边税收协定无税收饶让条款，塞内加尔的税收优惠政策无法落到实处。塞内加尔为了发展经济，吸引外商投资，制订了不少税收优惠政策。中国在塞内加尔的投资企业最终能否享受到这些优惠，既取决于塞内加尔政府能否兑现承诺，也取决于中国是否与其签订有双边税收协议，以及双边税收协议是否承认这种税收优惠。在计算纳税时，塞内加尔已缴纳的税收一般可以扣除，但扣除额不得超过按中国税法计算的应纳税额。税收饶让抵免不在于避免重复征税，而在于承认对方的税收优惠。采用一般抵免方法可以避免重复纳税，但无法让投资人切实享受到塞内加尔给予的税收优惠政策。由于中国和塞内加尔并未签订具有税收饶让的双边税收协议，中国投资企业在塞内加尔少缴的税款最终会在国内补上，实际上并没有享受到税收优惠。

3. 缺乏对中国及塞内加尔税法政策全面了解，实体税务处理合法性判定不足。由于缺乏对塞内加尔当地税法和签订的双边税收协议，以及中国税法反避税条款的充分理解，中国企业对相关投资活动是否需在当地缴税、适用何税种、适用税率及计税方法，投资项目是否满足当地税收优惠条件，投资架构是否受到中国反避税条款限制等等专业判断能力不足，更没有全局性税务筹划意识。由于在决策阶段企业未全盘考虑税务因素，可能导致整个项目处于亏损状态或导致在当地税局产生信任危机。①

四、塞内加尔财税金融法律风险的防范

为防范上述税收金融法律风险，中国企业需要树立“税收先行”的理念，重视税收风险管理，搭建合理税收架构，充分利用税务机关、涉税中介机构等外部资源，做好税收筹划工作。

1. 加强对塞内加尔投资税务风险管控措施。在对塞内加尔投资或并购交易中，由于中国企业对塞内加尔的税制及实际监管情况缺乏深入的了解，通常需要对投资或并购目标进行全面的税务尽职调查。这样做可以使投资方（或收购方）对投资（并购）目标当前的主要税种的税务合规性状况、税务

---

① 香港经济导报：投资非洲的税收风险［EB/OL］.（2014－07－01）［2021－05－18］. https：//ofdi. sww. sh. gov. cn/ywjwtz/16315. jhtml.

稽查情况、潜在的税务风险等，有一个较为清晰的认识，并在谈判中对相关的税务风险责任进行准确划分，避免中国企业投资或并购目标前期的税务问题隐患。

2. 了解塞内加尔税法，选择恰当的投资架构。中国企业在塞内加尔进行投资，一般会直接在投资塞内加尔设立项目公司（直接投资架构）和在低税赋国家或地区设立中间控股公司，然后再在塞内加尔设立项目公司（间接投资架构）两种。不管采取哪种投资架构，首先要了解塞内加尔的政策法律，依法合法地化解风险。

第七章　塞内加尔环境资源法律制度

一、塞内加尔环境资源法律概述

塞内加尔政府非常重视环境保护问题，设有环境和可持续发展部，负责管理全国的环保事务。塞内加尔主要环保法律有：1998 年 4 月颁布的第 98－32 号《海洋捕鱼法》、1988 年 8 月颁布的第 88－06 号《采矿法》、1998 年 1 月 8 日第98/03 号《森林法》和1998 年 2 月 20 日第98/164 法令、2000 年颁布实施的《环境保护法》、2006 年 9 月 18 日第 2006－860 号关于城镇固体废物处理法令等，相关条例可以从塞内加尔环境和可持续发展部网站上进行查询。

2001 年 1 月，塞内加尔国民议会通过的《环境法》规定，政府通过征收“环保税”推动环境保护工作的开展，凡生产不能自然降解物质者都将缴纳环保税。《环境法》对废气、废水的排放作了规定，要求有关单位在排放废水前做净化处理。《环境法》禁止“制造可能危害人身健康、严重妨碍邻居或破坏环境的噪音”，噪音等级限制都以法令的形式加以确定。

二、塞内加尔《土地法》的主要内容

塞内加尔为发展农业生产，于 1964 年颁布了《土地法》，规定土地为国家所有，没收了占人口 15% 的地主的土地，农民对分得的土地有使用权。

塞内加尔的土地分为国有土地、公共土地和国家土地。国家把管理国有土地的权利分配给地方政府，在农村地区注册的国有土地，不包括农业用地，主要包括连接到公共建筑或公用设施的土地。国家决定是否在公共土地开设项目，但也必须先咨询当地政府有关部门。特殊土地管理计划所涵盖的领域，要由当地政府报备再经议会批准后，并由区、市或农村社区等管理。国家土地中有 95% 为农业用地，国家持有国家土地，在国家层面决定土地的使用规则，由农村委员会管理。

塞内加尔对外资企业获取土地没有限制，外国企业和本国企业享有相同的权利。在塞内加尔购买土地，可购买土地的永久产权，也可购买50至99年的土地长期所有权。到期后可根据需要申请延长对该土地的所有权，也可以通过一定程序申请转为永久产权。

塞内加尔95%的土地为农业土地，外国投资者可自由购买，超过使用期限后转为私有土地。每33年需要办理延期手续，使用期限为99年，到期后转为永久产权。租用土地短期不超过18年，长期可达50年，可以续约。塞内加尔政府欢迎外国投资者租赁和购买农业土地开发农业，不附加其他条件。塞内加尔投资法规定，外资投资者获准在塞内加尔投资促进局注册投资规模在1500万西非法郎以上从事农业、渔业、养殖业及农产品加工等企业，可以获得关税和税收优惠待遇。

三、塞内加尔矿业法律规定

塞内加尔对矿产行业的公司征收的三项主要税费包括增值税，采矿和采石业的特许权使用费和薪金预扣税。在石油和天然气领域，主要的税收和征税包括非商业利润的预提税，国家在天然气生产中所占份额的收益以及工资预提税。

税收和土地局是负责收集和管理付给中央政府的税款的主要机构，而国有石油公司PETROSEN则从出售国有石油和天然气生产份额中收取收益。政府于2016年11月8日通过了新的《采矿法》，其中包括第95条，要求采矿公司参与EITI报告。

塞内加尔投资法规定，投资者获准在塞内加尔投资促进局注册，若在矿产开发或加工领域投资额度达到1亿西非法郎（约150000欧元），可享受关税优惠、增值税优惠、雇主税优惠及相关税收抵免。

四、塞内加尔环境资源法律风险与防范

塞内加尔政府非常重视环境保护问题，已将环境权写入宪法，目前环境立法与制度较为完善。鉴于中国企业在塞内加尔投资多集中于建筑工程、自然资源开发、制造业等领域，履行对塞内加尔的环境保护义务已然成为中国企业必须履行的法律与社会责任。环境保护早已成为中资跨国公司融入当地发展的重要影响因素，因此，开展绿色经营是中资企业赴塞内加尔可持续发

展的必然趋势。

（一）塞内加尔环境资源法律风险

1. 区域地理环境和自然条件风险。自然环境的突发改变使得项目无法按照预定的方案进行施工，甚至有时会破坏已有的进程而导致项目长时间被搁置。对于一些非常规的自然灾害我们无法避免，而对于某些可预知的常规灾害则应在立项决策之初予以监测预防，以降低自然灾害带来风险的可能性。

2. 当地环境法治风险。近年来塞内加尔不断提高环保标准，加大环境监管和执法力度，这就要求中国企业在塞内加尔投资之初必须将环境保护工作提上日程，尤其是应事先做好环境影响评价工作。然而，有些中国企业在对塞内加尔投资过程中并未能很好做到这一点。

（二）风险防范措施

塞内加尔政府和民众很重视环境保护，政府设有环境保护部，该部汇编了有关环保方面的法律法规文件。中国企业在开展项目前，所做的可行性报告要征求政府主管部门的意见，避免把国内淘汰的设备、工艺转移至当地，要在环保上有充足的投入，遵守当地法律，不打“擦边球”。

1. 严格遵循当地环保及环评规定。中国在塞内加尔投资的基建项目均要进行环评，基本法和条例对环评程序作了严格且细致的规定，中国企业应主动研究相关规定。塞内加尔政府及民众环保意识较强，法律又重视和鼓励公民通过环境诉讼来保护环境权，并且立法还降低了环境诉讼的提起门槛，作为投资者要主动履行环评的所有手续，特别是公众参与程序，征求意见的公众范围、形式以及公众意见的内容都要切实在环评报告中反映，避免受项目影响的公众在项目启动后提起诉讼，给项目造成中断、停止的损失。在塞内加尔投资的中国企业必须严格遵守投资地的环境保护政策法规，对生产经营活动全程监控，实时监测，要力争不违法或者尽量减少可能的环境违法行为。

2. 建立风险预警机制以提高风险防范意识。中国企业在对塞内加尔投资之前首先应做好风险评估和预测。可参照《国家风险分析报告》，对投资地政治环境、经济发展水平、法律制度、外交政策、宗教文化、投资环境、市场需求、消费能力等进行详细的调研，科学合理预测投资可能伴随的风险。对于不同行业领域可能会遭遇不同种类的风险，而同一项目在不同的投资阶段也可能会因风险的产生而陷入投资瓶颈。与此同时，企业应正视自身的实力，在投资收益与风险两相博弈之后，对于风险过大的投资项目应学会取舍和放弃。而对于经过论证和风险评估的项目则应采取措施积极预防、及时监控风险。企业在决策之初应将环境法律风险纳入评估范围和考量体系之中。其后，应按照对风险的决策规划进行风险控制和管理，并实时更新信息，反馈风险防控的具体进度。风险防控并非一劳永逸，企业应树立全程风险管理观念，做到识别风险、分析风险、评估风险、控制风险，不断增强社会责任意识。

3. 积极应对与环境资源相关的诉讼及争端。中国企业在项目运营中，如果出现环境纠纷，应仔细研究环境法律及其审判专门化制度，核查先前行为是否不符合法律规定。

4. 通过本土化经营管理化解对塞内加尔投资风险。长久以来，我国企业在塞内加尔投资时往往更加注重塞内加尔政治、经济、法治环境的考量，而对其社会风俗、历史传承、宗教信仰、生活习惯等文化背景的研究较少。文化差异在不经意间即可招致误解、猜忌、不满甚至指责。负面舆情不断滋长的结果只会让更多的中国企业不得当地民心，给企业的投资行为增加了不小的难度和法律风险。① 企业在对塞内加尔投资过程中应积极融入当地的文化之中，加强跨文化融合，实现属地性经营。②

5. 谨慎防范 NGO 滥用环境公益诉讼。目前，在塞内加尔通过 NGO 提起的环境公益诉讼较多，且不乏涉及中国的案例。在塞内加尔，宪法规定的环境公益诉讼主体资格门槛较低，可提起诉讼的主体范围宽泛，当环境权利受到侵害时，不仅受侵害人本人可以向法院起诉，其他人为了公共利益或满足特定条件的也可以提起诉讼，包括代表不能以自己的名义行使的另一个人、一个群体的成员或能代表团体利益的人、代表公共利益的人、代表一个或多个成员利益的团体。

---

① 罗会钧，黄春景．中国企业对非洲投资的政治风险管理［J］．云南财经大学学报，2009，25（04）：140－145.

② 任洋．“一带一路”背景下对外投资环境法律风险防范——以非洲为主要视阈［J］．三峡大学学报（人文社会科学版），2020，42（02）：99－107.

第八章　塞内加尔其他法律制度

一、塞内加尔知识产权保护法律制度

塞内加尔活跃于全球各大知识产权的国际公约及组织，目前是世界知识产权组织、非洲知识产权组织（OAPI）等的成员国，是伯尔尼公约、与贸易有关的知识产权协定、表演和录音制品条约、版权条约及网络犯罪公约等的签署国。非洲知识产权组织由 15 个非洲法语国家组成，成员国间保护专利、商标和工业设计权利的制度已基本形成，在一个成员国注册登记的专利、商标或工业设计产权在所有成员国都有效。专利的有效期通常为 20 年，可无限期延长。塞内加尔的知识产权保护工作主要以班吉协议为基础，以其国内于 1973 年颁布的版权及其相关权益法为具体的工作指南。

如若存在知识产权侵权，则将依据班吉协议的规定对初次侵权行为处以 100 万至 300 万西朗的罚款，对重犯判处 1 至 6 个月的监禁，对非法盗用注册商标的行为人处以 100 万至 300 万西朗的罚款，并处 3 个月至 2 年的监禁。执法上，由塞内加尔全国打击侵权假冒工作大队、塞内加尔工业产权和技术创新署、塞内加尔版权办公室具体从事工业技术、文化产业等领域的知识产权保护。①

二、塞内加尔反商业贿赂及反腐败法律制度

塞内加尔反腐败法律制度主要由刑法、第 2003－35 号法令、采购法、非法致富与洗钱法构成。塞内加尔《刑法》第 156 条至 159 条对腐败犯罪

---

① 商务部国际贸易经济合作研究院，中国驻塞内加尔大使馆经济商务处．对外投资合作国别（地区）指南：塞内加尔［R］．商务部国际贸易经济合作研究院，2020：61.

进行了规定，对具有国家公务人员身份的、犯有腐败罪、行贿受贿罪处以5年至10年有期徒刑；对参与腐败、行贿受贿行为的自然人处以1年至5年有期徒刑，并处犯罪金额2倍的罚金。

2003年11月24日，塞内加尔颁布了第2003－35号法令，依法设立国家反不透明、腐败和贪污委员会。该委员会依据国家反腐败计划与善治计划，负责预防、调查和打击不透明、腐败和贪污行为，其权力独立于国家行政权与司法权。委员会在接到相关检举后，可在司法程序前有权对腐败相关行为展开调查，并将案件移交至司法机关处理。同时，该委员会仍通过对其国内的腐败特性对相关法律的改革提出建议。①

三、塞内加尔争议解决法律制度

塞内加尔是《承认及执行外国仲裁裁决公约》（简称《纽约公约》）的签署国与成员国，但塞内加尔境内的大多数争端和争议通过国际投资争端解决中心或达喀尔仲裁中心得以妥善解决和有效执行。塞内加尔同时也是非洲法语国家《非洲统一商法协调组织条约》签字国。作为另外选择，任何商业纠纷可提交给非洲普通法和仲裁法院。普通法和仲裁法院的仲裁结果可以推翻国内法律机构的裁决。此外，国际仲裁规则一般有：巴黎国际商会和解协议或者联合国国际贸易法委员会仲裁规则等。

（一）法院的选择

中塞在经贸投资过程中难免会产生争议与纠纷，充分了解塞内加尔当地的民商事诉讼规则，并合理借助多种途径解决纠纷，是实现双赢的明智之选。

塞内加尔第2014－26号法律以及第2015－1145号法令对其国内的上诉法院、高等法庭和初审法庭的组织体系和管辖权等进行了规定。争议双方可就具体的争议类型，以管辖权为基础选择塞内加尔相应的区域、层级的法庭或法院。

整体上来看，塞内加尔的法院体系从下到上主要由初审法庭、劳工法庭、商事法庭、高等法庭、上诉法院及最高法院构成。其中，初审法庭有权

① 商务部国际贸易经济合作研究院，中国驻塞内加尔大使馆经济商务处．对外投资合作国别（地区）指南：塞内加尔［R］．商务部国际贸易经济合作研究院，2020：58－59.

审理民商事领域争议金额达到300000西朗的一审案件、争议金额低于2000000西朗的上诉案件以及争议金额低于300000西朗的终审案件；劳工法庭有权审理与判决与劳工合同、学徒合同、劳资协议、工作条件、设备保障体系相关的、不超过劳动者月薪10倍金额的劳资争议案件；商事法庭主管商事纠纷与集体诉讼，有权审理与判决争议金额不低于1000万西朗的初审案件以及争议金额低于1000万西朗的终审案件；高等法院作为上诉法院，有权审理所有不属于一审法院管辖的民商事争端案件；塞内加尔共有6个上诉法院，分别为达喀尔上诉法院、蒂艾斯上诉法院、圣路易斯上诉法院、考拉克上诉法院、济金绍尔上诉法院与坦巴昆达上诉法院，有权审理与初审判决相关的上诉案件；最高法院作为终审法院，有权对所有民商事判决以及劳动仲裁委员会裁决进行终审审判与裁决。①

（二）诉讼流程

在塞内加尔提起民商事诉讼整体上需要经历提起诉讼、案件受理、案件审理、结案等四个环节。②

提起诉讼通常需要通过向初审法庭或法院提起具体的诉讼请求的方式实现，这里的初审法庭或法院一般为地方法庭或法院，表现形式通常为请愿书或令状。法庭或法院将在诉讼请求相关材料提交后，进行统一的审核，并以书面的形式决定是否受理案件。如若法庭或法院决定受理案件，有管辖权的法庭或法院将会向涉诉当事人寄送传票。除法律援助等情形外，原告均需参照1993年9月14日的部长令向受理案件的法庭或法院缴纳特定金额印花税与诉讼押金。

进入诉讼程序后，除法定情形外，法官可酌情选择是否将调解作为案件的前置程序。如若调解成功，法庭或法院将制作调解书以规范双方当事人权利及义务；反之，案件将正式进入诉讼程序。在正式的诉讼程序中，如若原告未出席第一次庭审，案件将被自动注销；反之，如若被告未出席庭审，庭审继续。在案件调查与预审后，双方开始进行法庭辩论，庭长将就辩论及案件情况当场或依法延迟宣布判决结果。

① 塞内加尔司法部官网［EB/OL］.［2021－05－20］. https：//justice. sec. gouv. sn/.

② 塞内加尔司法程序［EB/OL］.（2015－09－28）［2021－05－20］. http：//batoumai6. unblog. fr/2015/09/28/les－pratiques－judiciaires－au－senegal－1/.

（三）争议仲裁程序与其他争议解决方式

国际商事仲裁因其独具的独立性、经济性、专业性、快捷性与保密性，成为中国与塞内加尔经贸投资争端解决中的首选。目前，塞内加尔是国际投资争端解决中心的成员国以及1958年《承认与执行外国仲裁裁决公约》（《纽约公约》）的缔约国，因此，就目前而言，通过仲裁解决中国与塞内加尔之间的民商事争议是一种可行的选择。通过仲裁解决民商事争议，当事人可以约定仲裁所适用的语言、仲裁地、甚至是仲裁程序所适用的法律，这样就可以避免通过诉讼解决方式解决争议所带来的困扰和难题，仲裁裁决的承认和执行也不会像法院判决的承认和执行那样遇到许多障碍和困境。

塞内加尔以1998年4月14日第98－30号仲裁法、1998年6月5日第98－492号关于国内与国际仲裁的法令、1998年6月5日第98－493号关于设立仲裁机构的法令等法律文本的修订，达喀尔仲裁、调解与和解中心受巴黎CMAP模式的启发开始运作，主要通过仲裁、调解与和解等非司法途径解决经贸投资争端。除塞内加尔当地的仲裁机构外，争议双方仍可选择ICSID国际投资争端解决中心、非洲商法统一组织下设司法与仲裁共同法院、CAJAC中非联合仲裁中心等较为成熟的仲裁机构。

在程序上，主要有文书控辩、组成仲裁庭、管辖权异议、预备会议、文件披露、开庭审理、给予裁决等程序。申请人通过送达仲裁申请，提出自己的索赔，被申请人收到申请后，需要在一定的期限内向对方送达抗辩并提出反请求，被申请人如果提出了反请求，申请人也会针对反请求答辩。在文书控辩过程中，一方提出仲裁申请，如果对方对申请没有异议，就需要组成仲裁庭准备对案件裁决。仲裁员的选任方式，可以由双方约定，也可以通过选定的仲裁机构的仲裁规则确定。仲裁庭将自主决定自己是否有管辖权，当事方的管辖权异议直接向仲裁庭提出，即自裁管辖权原则。在某些案件中，仲裁庭会和双方当事人及律师进行一个预备会议，共同商定仲裁的时间表和具体的程序规则。仲裁中的披露证据不像诉讼中要求自动披露和面面俱到，仲裁庭有很大的自主权决定文件披露的范围和时间点。因为双方交换控辩的一个作用就是确定披露的范围，一般仲裁庭会要求证据的披露申请和反对意见应该在双方提交了仲裁请求和答辩陈述后立刻提出。在开庭审理的过程中，争议双方将进行证据展示与陈述。

除仲裁外，中国与塞内加尔争议双方亦可选择调解或调停、中立听者协议、小型审理、简易陪审团审判等替代性争议解决方式解决争端。

附　录

附录 1：塞内加尔主要政府部门与相关机构

（1）武装力量部（Ministère des Forces armées）

地址：Building Administratif 8e étage BP 4041

电话：00221 -338497612/338497544

传真：00221 -338236338

网址：www. forcesarmees. gouv. sn

（2）内政部 （Ministère de l’ Intérieur）

地址：Pl. Washington – Bd de la République BP 4002

电话：00221 -338899100

传真：00221 -338210542

网址：www. interieur. gouv. sn

（3） 财政和预算部（Ministère des Finances et du Budget）

地址：Rue René Ndiaye – BP 4017

电话：00221 -338892100/338223347/338226642

传真：00221 -338210542

网址：www. finances. gouv. sn

（4）外交和海外侨民部（Ministère des Affaires étrangères et des Sénégalais de l’ Extérieur）

地址：Place de l’ Indépendance BP4044

电话：00221 -338891300/338235342

传真：00221 -338235496

网址：www. diplomatie. gouv. sn

（5）司法和掌玺部（Ministère de la Justice，Garde des Sceaux）

地址：Avenue Jean JAURES, ex ambassade des Etats unis - BP 4030

电话：00221 -338497216/338497055

传真：00221 -338232727

网址：www. justice. gouv. sn

（6）基层发展、社会和领土平等部（Ministère du Développementcommunautaire et de l'Équité sociale et territoriale）

地址：Immeuble Faycal, 3ème étage - BP - CP

（7）石油和能源部（Ministère du Pétrole et des Énergies）

地址：Immeuble Fatou Nourou DIOP, 6ème étage - BP 4021

电话：00221 -338892790

传真：00221 -338234470

网址：www. energie. gouv. sn

（8）公职和改善公共服务部（Ministère de la Fonction publique et du Renouveau du service public）

地址：Point E, 27 avenue Birago Diop x rue 5 - BP 4003

电话：00221 -338890092/338396600

网址：www. fonctionpublique. gouv. sn

（9）基础设施、陆路运输和改善地区交通部（Ministère des Infrastructures, des Transports terrestres et du Désenclavement）

地址：Sphère Ministèrielle de Diamniadio 2

电话：00221 -338498888/338498838/338490700

传真：00221 -338498800

网址：www. gouv. sn/spip. php? article193

（10）经济、计划和合作部（Ministère de de l'Économie, du Plan et de la Coopération）

地址：Avenue Carde x Rue René Ndiaye - BP 4017

电话：00221 -338892100/338210378/338222899

传真：00221 -338224195

网址：www. finances. gouv. sn

（11）卫生和社会行动部（Ministère de la Santé et de l' Action sociale）

地址：Fann Résidence, Rue Aimé Césaire BP 4024

电话：00221 -338694242/338694210

网址：www. sante. gouv. sn

（12）农业和农村装备部（Ministère de l’Agriculture et de l’Équipement rural）

地址：Sphère Ministèrielle de Diamniadio 1

电话：00221 -338646413

传真：00221 -338233268

网址：www. agriculture. gouv. sn

（13）水利和环卫部（Ministère de l’Hydraulique et de l’Assainissement）

地址：Sacré Cœur Pyrotechnie - BP 2372

电话：00221 -338691526

传真：00221 -338645932

网址：www. mha. gouv. sn

（14）妇女和家庭部（Ministère de la Femme et de la Famille ）

地址：Allées Papa Guéye FALL - 4050 - 10224

电话：00221 -338492640

网址：www. famille. gouv. sn

（15）旅游和航空运输部（ Ministère du Tourisme et des Transports aériens）

地址：Sphère Ministèrielle de Diamniadio 2 - Bâtiment C

电话：00221 -338692690

传真：00221 -338260777

网址：www. tourisme. gouv. sn

（16）渔业和海洋经济部（Ministère de la Pêche et de l’Economie maritimc ）

地址：Sphère Ministèrielle de Diamniadio 1 - BP 36006

电话：00221 -338498440/338890230

传真：00221 -338238720

网址：www. mpem. gouv. sn

（17）国民教育部（Ministère de l’Education nationale）

地址：Rue Docteur Calmette，BP 4025

电话：00221 -338495454

传真：00221 - 338218930

（18）地方治理和领土整治部（Ministère des Collectivités territorialeset de l'Aménagement du territoire）

地址：Dieuppeul Derklé，Rue DD 142 BP 4002

电话：00221 - 338694700/338694706

传真：00221 - 338694713

网址：www. decentralisation. gouv. sn

（19）高等教育、研究和创新部（Ministère de l'Enseignement supérieur，de la Recherche et de l'Innovation）

地址：Sphère Ministèrielle de Diamniadio 2

电话：00221 - 338898131

传真：00221 - 338224563

网址：www. mesr. gouv. sn

（20）工业和中小工业部（Ministère de l' Industrie et de la petite et moyenne Industrie）

地址：122 bis，avenue André Peytavin - BP 4037

电话：00221 - 338895757

传真：00221 - 338225594

网址：www. gouv. sn/spip. php? article183

（21）环境和可持续发展部（Ministère de l' Environnement et du Développement durable）

地址：Route des Pères Maristes - Hann - BP：4055

电话：00221 - 338890234/338890233/338497346

网址：www. environnement. gouv. sn

（22）矿业和地质部（Ministère des Mines et de la Géologie）

地址：Cité Keur Gorgui Immeuble Yaye Mariétou FALL en face de la Mosquée - BP 45 743

电话：00221 - 338890243

网址：www. mines. gouv. sn

（23）体育部（Ministère des Sports）

地址：Point E，prés de la Mosquée

电话：00221 - 338691601/02/338593858/338593838

传真：00221 - 338593849

（24）畜牧业和畜牧生产部（Ministère de l'Élevage et des Productions animales）

地址：Sphères Ministérielles de Diamniadio 1，Bâtiment C

电话：00221 - 338590631/338590633

传真：00221 - 338646311/338645090

网址：www. elevage. gouv. sn

（25）劳动、社会对话、职业组织和与国家机构联系部（Ministère du Travail，du Dialogue social，des Organisations professionnelles et des Relations avec les institutions）

地址：60 avenue Georges Pompidou – Immeuble Yoro Lam

电话：00221 - 338497368

传真：00221 - 338237429

网址：www. travail. gouv. sn

（26）城市化、住房和公共卫生部（Ministère de l'Urbanisme，du Logement et de l'Hygiène publique）

地址：Place ONU，Boulevard Dial Diop x Canal 4

电话：00221 - 338691526

（27）贸易和中小企业部（Ministère du Commerce et des Petites et moyennes entreprises）

地址：Sphère Ministèrielle de Diamniadio 2

电话：00221 - 338602440

传真：00221 - 338225594

网址：www. commerce. gouv. sn

（28）文化和新闻部（Ministère de la Culture et de la Communication）

地址：Immeuble R109 – BP 4001

电话：00221 - 338252335

网址：www. culture. gouv. sn

（29）青年部（Ministère de la Jeunesse）

地址：Lotissement Sud Foire，02 Voies Libertés 6，immeuble Moustapha NDIAYE

电话：00221 - 338696065

网址：www. jeunesse. gouv. sn

（30）小微金融和互助社会经济部（Ministère de la Microfinance et de l′Economie sociale solidaire）

地址：Sotrac Mermoz lot 90 – BP 15 455

电话：00221 -338602652/338605971

传真：00221 -338602903

（31）职业培训和手工业部（Ministère de l′Emploi, de la Formation professionnelles et de l′Artisanat）

地址：SICAP Keur Gorgui, immeuble Y1C

电话：00221 -338657018

网址：www. mfpaa. gouv. sn

（32）数字经济部和电信部（Ministère de l′Économie numérique et des Télécommunications）

地址：Rue Béranger Ferraud X Assane Ndoye BP ：4027 Dakar

电话：00221 -338897600

网址：www. numerique. gouv. sn

附录2：塞内加尔华人商会、社团及主要中资企业

1. 华人商会、社团

（1）驻塞内加尔中资企业协会，电话：00221 -771807281

（2）中国人联谊会暨中国和平统一促进会，电话：00221 -776385879

2. 主要中资企业和机构

（1）中国路桥，电话：00221 -776690902

（2）华为，电话：00221 -773633075

（3）中兴，电话：00221 -771560237

（4）中机，电话：00221 -773085735

（5）中电建，电话：00221 -777461395

（6）中水对外，电话：00221 -777403093

（7）中地国际，电话：00221 -781772510

（8）河南国际，电话：00221 -778780363

（9）中地海外，电话：00221 -774219819

（10）威海国际，电话：00221 -784657257

（11）中铁七局，电话：00221－777609566
（12）中土集团，电话：00221－770934659
（13）中交一公局，电话：00221－785268171
（14）港湾，电话：00221－778318080
（15）葛洲坝，电话：00221－781249117
（16）中航国际，电话：00221－777592607
（17）中铁建国际，电话：00221－783809723
（18）正太集团，电话：00221－773978673
（19）河南地矿，电话：00221－785309462
（20）中铁七局机械设备公司，电话：00221－777011173
（21）中铁二十局，电话：00221－773080001
（22）水电十四局，电话：00221－777383333
（23）中材国际，电话：00221－776943311
（24）南通建工，电话：00221－781096666
（25）中铁国际，电话：00221－778813388
（26）湖南建工，电话：00221－786057266
（27）上海建工，电话：00221－774168430
（28）中成套，电话：00221－784428502
（29）江苏省建，电话：00221－777387608
（30）青建国际，电话：00221－778759247
（31）中水产，电话：00221－775550317
（32）四达时代，电话：00221－772407137
（33）青岛唐风渔业，电话：00221－771940879
（34）中铁国际，电话：00221－778813388
（35）赛酷水产，电话：0221－774561599
（36）非联农机，电话：00221－772376808
（37）圣路易海产，电话：00221－771923211
（38）特福陶瓷，电话：00221－771304010
（39）森大国际，电话：00221－777168168
（40）阳光国际，电话：00221－780145879
（41）中铁八局，电话：00221－784277993
（42）第一机械，电话：00221－781708143

（43）中国重汽，电话：00221－778779795
（44）大西洋建材，电话：00221－772160730
（45）向日葵能源，电话：00221－783051616
（46）格林福德物流，电话：00221－783162020
（47）中安技术，电话：00221－770989988
（48）湖南六建，电话：00221－771413483
（49）华非国际，电话：00221－781518083
（50）同迅国际物流，电话：00221－783711028
（51）深圳传音，电话：00221－338243110
（52）达目渔业，电话：00221－338243110
（53）塞钢实业，电话：00221－706383805
（54）SSJ 花生加工厂，电话：00221－773043906
（55）进出口银行代表处，电话：00221－786396058

后　记

第二届中非经贸博览会将于2021年9月在湖南长沙举办，有关部门已确定阿尔及利亚、埃塞俄比亚、加纳、肯尼亚、卢旺达和塞内加尔为本次博览会的六大参会主宾国。据此，湘潭大学中国－非洲经贸法律研究院受湖南省商务厅委托，编写《非洲六国法律环境报告》，重点研究六大主宾国的主要部门法律，为防范法律风险提供指引。在具体内容涉及上述国家的宏观法律体系，以及投资、贸易、工程承包、劳工、金融财税、环境保护、知识产权、争端解决等具体制度。同时，对上述国家的主要法律文本、司法机构等数据进行综合介绍，以服务于政府部门和赴非投资企业，进而为中非经贸博览会提供基础法律资料，为湘非经贸合作增添法律保障。

对此，我团队组织专业人士，搜集第一手文献资料，发挥“法学＋外语”优势，及时、准确的介绍了与我国对非经贸投资活动最为相关的部门法律制度。其中，洪永红教授拟定了全书结构并负责全文统稿工作，具体写作分工如下：

《第一章　阿尔及利亚经贸投资法律环境报告》，郭炯；

《第二章　埃塞俄比亚经贸投资法律环境报告》，洪永红、易可欣；

《第三章　加纳经贸投资法律环境报告》，张智豪；

《第四章　肯尼亚经贸投资法律环境报告》，张小虎；

《第五章　卢旺达经贸投资法律环境报告》，刘功奇；

《第六章　塞内加尔经贸投资法律环境报告》，龙婷。

在编写过程中，湘潭大学中国－非洲经贸法律研究院的博士和硕士研究生积极参与，王朝乾、李敏、常芸、张宁、杨宇云、范二可、曹磊、曹童、陆智艺、杨千藜等为本书编写搜集了资料、翻译了法律、校对了文稿，在此表示感谢。

同时，本书系2021年度湖南省商务厅、中非经贸合作研究院委托课题“非洲法律研究报告”之“第二届中非经贸博览会——非洲六主宾国经贸投资法律环境报告”的最终结项成果，也是2020年度国家社会科学基金重大项目“非洲国家和地区法律文本的翻译、研究与数据库建设”（项目编号：20&ZD181)》阶段性成果之一。

最后，非洲国家的法律环境复杂、法律渊源多元、法律法规多样。因时间急促、任务紧迫，在《非洲六国法律环境报告》编写过程中难以做到全面、准确地反映上述六国全部的法律制度，不够完善之处，敬请各位读者批评指正。

洪永红

2021年7月1日

图书在版编目（CIP）数据

非洲六国法律环境报告 / 洪永红，张小虎主编. --
湘潭 : 湘潭大学出版社, 2021.8
ISBN 978-7-5687-0585-1

Ⅰ. ①非… Ⅱ. ①洪… ②张… Ⅲ. ①商法－研究－
非洲 Ⅳ. ①D940.399

中国版本图书馆 CIP 数据核字（2021）第 146937 号

非洲六国法律环境报告

FEIZHOU LIUGUO FALÜ HUANJING BAOGAO

洪永红 张小虎 主编

责任编辑：刘文情
封面设计：张 波
出版发行：湘潭大学出版社
社 址：湖南省湘潭大学工程训练大楼
电 话：0731-58298960 0731-58298966（传真）
邮 编：411105
网 址：http://press.xtu.edu.cn/
印 刷：广东虎彩云印刷有限公司
经 销：湖南省新华书店
开 本：710 mm×1000 mm 1/16
印 张：21.5
字 数：386 千字
版 次：2021 年 8 月第 1 版
印 次：2021 年 8 月第 1 次印刷
书 号：ISBN 978-7-5687-0585-1
定 价：70.00 元